Tunesien
gerien
Libyen
Ägypten
Niger
Tschad
Sudan
Djibouti
Nigeria
Hadjerai
Nuba
Nyende
Benin
Äthiopien
Oku
Zentral-Afrika
Kamerun
Somalia
Rendille
Turkana Elmolo
Äquat. Guinea
Uganda
Gabun
Rep. Kongo
Nkundu
Pygmäen
Kenia
Ru
Bur
Cabinda
Zaïre
Tansania
Tschokwe
Pogoro
Malawi
Angola
Sambia
Mocambique
Buschmänner
Zimbabwe (Rhodesien)
Südwest-Afrika (Namibia)
Botswana
Namib-Buschmänner
Sw
Südafrikanische Republik
Les
Xhosa
Ru = Ruanda
Bur = Burundi
Sw = Swaziland
Les = Lesotho

Walter Raunig
Schwarz-Afrikaner

Schwarz-Afrikaner

Lebensraum und Weltbild

Walter Raunig
Herausgeber

PINGUIN-VERLAG · INNSBRUCK
UMSCHAU-VERLAG · FRANKFURT/M.

Die Abbildung auf der Vorderseite des Schutzumschlages zeigt einen Nuba (Sudan) bei der Bemalung für den bevorstehenden Tanz. (Foto O. Iten)

Das Bild auf der Rückseite stellt einen nächtlichen Tanz der Mesakin-Nuba dar. (Foto O. Luz)

Druck: M. Theiss, Wolfsberg
Printed in Austria
ISBN 3-524-76030-9

Inhalt

Herausgeber und Verlag danken für Mitarbeit und Unterstützung:

Swantje Autrum-Mulzer
Dr. P. Walbert Bühlmann, OFMCap
Prof. Dr. Horst Bürkle
Dir. Gén. Fr. Joseph Cornet
Dr. Armand Duchâteau
Mag. Andreas Erhard
Prof. Dr. Peter Fuchs
Univ.-Prof. Dr. Martin Gusinde
Prof. Heinrich Harrer
Prof. Dr. Walter Hirschberg
Prof. Dr. Hugo Huber
Dr. Oswald Iten
Prof. Dr. Georg Kenntner
Dr. Hans Joachim Koloß
Edeltraud Ludwig
Oskar Luz
Prof. Dr. Otto Friedrich Raum
Dr. Wolfgang Rieper
Prof. Dr. Ary Roest-Crollius SJ
H. Schneider
DDr. Harry Schoenaker
Dr. Annemarie Schweeger-Hefel
Dr. Willi Staude
Prof. DDr. Anton Vorbichler SVD
H. C. B. Woodhouse
Prof. Dr. Jürgen Zwernemann

Einführung

Mit „Schwarzafrika" wird der gesamte Raum des Kontinents bezeichnet, der südlich des großen, vom Atlantik bis zum Roten Meer reichenden Trockengürtels liegt. Er wurde im Verlaufe der letzten zehn- bis zwölftausend Jahre von Negriden besiedelt. Ihre ursprüngliche Heimat lag in den weiten, offenen Savannen, die sich früher nach Norden hin ausdehnten, wo heute nur mehr Wüsten zu finden sind. Der schwarze Afrikaner war somit ein Bewohner der offenen Landschaft, erst später siedelte er sich im Waldland an. Heute ist er in dem angesprochenen Raum zahlenmäßig weitaus am stärksten, er ist aber nicht der einzige und auch nicht der älteste Bewohner. Im Osten und Nordosten sind große Teile des Kontinents von einer orientaliden Bevölkerung, vielfach auch in Vermischung mit Negriden, seit langer Zeit ansässig. In Steppengebieten gab es einst Kleinwüchsige als Jäger und Sammler, die heute nur mehr in Resten im Süden leben (Buschmänner), in anderen Teilen Afrikas jedoch fast vollständig ausgestorben sind. Waldgebiete werden von rassisch völlig anderen Kleinwüchsigen, von Pygmäen, verschiedenerorts hingegen auch noch in unseren Tagen bewohnt.

Afrika ist in den vergangenen dreißig Jahren aus mehreren Gründen zusehends zu einem Brennpunkt des Weltinteresses geworden. Es kann und darf nicht übersehen werden, daß damit die Ausbreitung der technischen Zivilisation des Abendlandes mit all ihren Vor- und Nachteilen in Afrika mehr und mehr Fuß gefaßt hat und weiterhin noch fassen wird. Die Staatenlenker der dritten Welt befürworten diesen Vorgang sehr wohl, haben doch ihre Völker auch ein Recht auf den Besitz der technisch-zivilisatorischen Errungenschaften, zu deren Schaffung ihre Vorfahren durch lange Zeiträume beigetragen haben. Es kann und darf aber auch nicht übersehen werden, daß die einheimischen Lebens-, Sozial- und Kulturformen, Werthaltungen, Weltbild, künstlerischer Ausdruck und religiöse Vorstellungen der Völker in der dritten Welt nicht einfach verschwinden, in wenigen Jahrzehnten zusammenbrechen werden. Ganz im Gegenteil, sie stellen auch in Afrika gerade in unserer Zeit ihre Lebendigkeit deutlich unter Beweis. Dem widerspricht auch nicht die Tatsache der Auflösung und des rettungslosen Verfalls einzelner Kultur-, Volks- und Stammesgemeinschaften, verursacht oder beschleunigt durch die Einflüsse der technischen Zivilisation. Aber selbst wenn es nicht zu diesem Extremfall kommt, so führen die genannten Einflüsse doch vielfach zu zahlreichen und zum Teil gravierenden Problemen und Spannungen, was uns tagtäglich in vielfältiger und oft erschreckender Art und Weise vor Augen geführt wird. Es wäre nun völlig falsch, den Grund dafür immer und überall in bösen Absichten der einen oder der anderen Seite suchen zu wollen. Vielfach liegt er in Irrtümern und Fehlhaltungen, die aus der Unkenntnis und dem Nicht-Verstehen des anderen, vor allem seiner geistigen Werte und seines Weltbildes resultieren. So ist es in erster Linie die Verpflichtung des Europäers, in verstärktem Maße die tragenden, geistigen Fundamente der Völker Afrikas kennen und das Wertvolle darin auch schätzen zu lernen. Nur auf diese Weise kann eine Brücke der Verständigung gebaut werden.

Namhafte Wissenschaftler ermöglichen durch Freigabe ihrer Arbeiten einen Einblick in das Weltbild verschiedener Völker Schwarzafrikas. Die aus dem gesamten, großen Raum von der Westküste bis nach Südafrika stammenden Beispiele machen dabei deutlich, daß die zum Teil heute noch in einfacher technologisch-wirtschaftlicher Entwicklung stehenden Völker Afrikas bei vielfach gemeinsamer Grundhaltung eine große Fülle verschiedener und uns sehr fremder gesellschaftlicher, weltanschaulich-geistiger, künstlerischer und religiöser Formen entwickelt und auch — trotz Plastikeimer und Transistorradio — lebendig erhalten haben. Mögen die Arbeiten in diesem Buch zum Verstehen der Menschen unseres südlichen Nachbarkontinents beitragen.

Walter Raunig

Die katholische Kirche in Afrika

Walbert Bühlmann

Afrika, das fruchtbarste Missionsland der katholischen Kirche in diesem Jahrhundert, hatte dreimal im Lauf der Geschichte die Möglichkeit, sich dem Christentum zu erschließen. Die erste Chance dauerte rund sechs Jahrhunderte und beschränkte sich auf Nordafrika. Die blühenden Christenheiten sind aber dann unter dem Islam fast völlig ausgestorben. Die zweite Periode begann mit der Entdeckung Schwarz-Afrikas durch die Portugiesen, dauerte drei Jahrhunderte und ließ ebenfalls nur kleine Reste überleben. Der dritte Anlauf begann mit dem allgemeinen Kolonial- und Missionsaufbruch und scheint nun als bleibende Frucht die vielen Ortskirchen Afrikas zurückzulassen.

Zahlenmäßig sind die Katholiken Afrikas von 1900 bis 1976 von 2,378.824 auf 50,221.000 (= 12,2% der 411,894.000 Bewohner) angewachsen. In einzelnen Ländern sieht die Proportion so aus:

Uganda	mit	4,223.000	Katholiken = 35,3%
Zaïre	mit	11,094.000	Katholiken = 43,3%
Angola	mit	3,067.000	Katholiken = 45,1%
Burundi	mit	2,120.000	Katholiken = 54,9%

Der erste afrikanische Priester der neuen Epoche wurde 1864 geweiht, 1972 gab es deren 4.763 (auf eine Gesamtzahl von 17.180 Priester). Seither wird in den Statistiken nicht mehr zwischen einheimischen und fremden, sondern nur noch zwischen Diözesan- und Ordenspriestern unterschieden. Die ersten zwei afrikanischen Bischöfe wurden 1939 geweiht, der dritte 1951. Heute haben drei Viertel der 373 kirchlichen Sprengel einen afrikanischen Bischof.

Auf Grund der gegenwärtigen Wachstumsrate hat D. Barett die zukünftige Lage von ganz Afrika so berechnet (in Millionen):

	1950	1980	2000
Katholiken	14	71	175
Andere Christen	20	75	176
Muslims	92	190	326
Traditionelle Religionen	96	113	91
Gesamtbevölkerung	222	449	768

Demgemäß würden die Christen im Jahre 2000 46% der afrikanischen Bevölkerung ausmachen, in Afrika südlich der Sahara jedoch 57%. Das zahlenmäßige Wachstum sagt freilich noch nicht viel aus. Es ist eine leicht meßbare Größe. Aber das eigentliche Wachstum und die dahinter liegenden Probleme können nicht mit quantitativen Massen ausgedrückt werden. Wir heben vier solcher Problemkreise hervor.

Von der hierarchischen Kirche zur Kirche Volk Gottes

Eine der Hauptideen des II. Vatikanischen Konzils war die, daß die Kirche nicht in erster Linie Hierarchie ist (wie in der Zeit der Gegenreformation betont wurde), sondern Volk Gottes, und daß die Diözesen, die Pfarreien, die Basisgemeinden nicht bloß zur einen Kirche gehören, sondern selber Kirche sind; daß diese vielen Ortskirchen Recht und Pflicht haben, nicht bloß Kopie der römischen Kirche zu sein, sondern das Evangelium in ihren Kulturen zu inkarnieren und dadurch einen legitimen Pluralismus hervorzubringen.

Das blieb nicht bloß eine Idee, sondern hatte rasch seine konkreten Auswirkungen in Afrika. Vorher herrschte das hierarchische System vor. Der Bischof hatte und bezahlte seine Missionare, die Missionare hatten und bezahlten ihre Katecheten, die gleichsam der verlängerte Arm des Priesters waren. Die Gläubigen hatten sich je nach Distanz jeden Sonntag oder jeden Monat zum Gottesdienst auf der Zentralstation einzufinden.

Seither wurde den Außenposten viel mehr Gewicht und Eigenverantwortung gegeben. Man hat dort einen Rat von Verantwortlichen, welche die verschiedenen Ämter unter sich aufteilen: Leitung des priesterlosen Gottesdienstes, Unterricht der Katechumenen, Besuch der Kranken, Initiativen für die Entwicklung. Beim Gottesdienst werden nicht bloß vorgedruckte Texte aufgesagt, sondern in echter Spontanität und Kreativität verbringt man ein, zwei Stunden mit Singen und Beten, mit Lesen und Deuten des Evangeliums. Die Bischofskonferenzen verschiedener Länder und Regionen haben der Bildung von verantwortlichen Gemeinden die erste Priorität gegeben. Solche Gemeinden ziehen durch ihr bloßes Dasein neue Katechumenen an. Vorher hatte man das organisierte Apostolat. Jetzt ist die Strahlungskraft der Gemeinde das Hauptmotiv des Wachstums.

Damit will nicht gesagt sein, daß in diesen Gemeinden alles ideal sei. Auch sie kennen ihre Spannungen und Menschlichkeiten, wie es schon in den ersten Jahrzehnten des Christentums der Fall war. Kirche hat schließlich nie ihre innere, menschliche Evidenz, sondern bleibt immer Gegenstand des Glaubens und der Hoffnung.

Von den fremden Missionaren zu den einheimischen Kadern

Mehr als in den protestantischen Kirchen machten in der katholischen Kirche die ausländischen Missionare noch bis in die neueste Zeit die Mehrzahl des kirchlichen Personals aus, mit allen Vor- und Nachteilen. Die Proportion verschiebt sich nun von Jahr zu Jahr zugunsten der afrikanischen Kräfte. Bei den Schwestern ist es schon in vielen Ländern so, daß die schwarzen Schwestern die Mehrheit bilden. Für die Priester steht es jetzt in mehreren Ländern ungefähr halb zu halb. Das kommt von der (freilich recht langsamen) Zunahme der afrikanischen Priester und zugleich von der Abnahme der fremden Missionare her, die wegen Alter, Krankheit, Anpassungsschwierigkeiten oder auch als grundsätzliches Rückzugsmanöver in die Heimat zurückkehren, und nur von sehr wenigen jungen Missionaren ersetzt werden. Aus diesen Gründen ist die Zahl der 17.180 Priester von 1972 bis 1976 auf 15.853 zurückgegangen — bei gleichzeitiger Zunahme der Katholiken um jährlich rund zwei Millionen!

Das ist vielleicht eine heilsame Notlage, um die katholische Kirche im richtigen Sinn zu entklerikalisieren und den Laien viel mehr Verantwortung zu geben. Ich glaube ebenfalls, daß die Missionskrise, die sich u. a. im radikalen Rückgang der Missionsberufe äußert, eine providenzielle Notwendigkeit sei, um den jungen Kirchen Raum und Anlaß zu geben, ihre eigenen Kräfte zu entfalten. Bisher besaß der Westen eine Art Missionsmonopol. Nur wir missionierten in den anderen Kontinenten. Das wird nun automatisch anders. Jetzt sind die Kirchen aller Kontinente daran, nicht mehr bloß Objekt, sondern Subjekt der Missionierung zu sein. So ist die Missionskrise ein ausgesprochen westliches Phänomen. Die Missionstätigkeit als ganze ist — trotz unserer Krise — tatsächlich vervielfacht.

Von der Kolonialstruktur zur politischen Unstabilität

Das Kolonialsystem, vor allem das britische und belgische, schuf eine günstige Voraussetzung für ein ruhiges und gesundes Wachsen der Kirche (wie immer man heute grundsätzlich über den Kolonialismus denke), vor allem durch die vom Staat unterstützten Missionsschulen, durch die die Jugend gewonnen wurde.

Heute sind die Schulen in den meisten Ländern verstaatlicht. Das hat der Kirche viele verwaltungstechnische Lasten abgenommen. Ob der Staat diese und viele andere Lasten besser trägt? Die Euphorie der ersten Uhuru-Jahre ist praktisch überall einer starken Ernüchterung gewichen. Tribalismus,

Korruption, Staatsstreiche, Bürgerkriege markieren — neben einem ehrlichen Bemühen voranzukommen und die Situation der Unterentwicklung zu überwinden — die neue Geschichte Afrikas. Die Mehrzahl der Länder hat sich dem Sozialismus (afrikanischer Prägung) verschrieben und eine ganze Anzahl nennen sich offiziell in der Konstitution marxistisch-leninistisch.

Die Kirche, die nicht mehr ein Staat im Staat ist, leidet mit an dieser Unstabilität. Man tut gut daran, nicht allzu schnell zu verurteilen, an unser frühes Mittelalter zu denken, als auch Fehden und Kriege einander ablösten, ebenso wie in unserer nicht allzu fernen Vergangenheit. Wir müssen jenen jungen Staaten Zeit lassen, sich zu festigen und zu organisieren. Die Kirche ihrerseits muß erkennen, daß mit bloßer Religiosität der Sache nicht mehr gedient ist. Der Religionsunterricht geht heute darauf aus, nicht mehr bloß an das übernatürliche Heil zu denken, sondern auch um das irdische Wohl aller Menschen besorgt zu sein. Die Bischofskonferenzen verschiedener Länder haben schon wiederholt bei den Regierenden nicht bloß die Rechte der Kirche verteidigt, sondern ihnen auch in klarer Sprache gesagt, was sie der Menschenwürde und den Menschenrechten schulden.

Es gab bisher — etwas vereinfacht — zwei Kategorien von Christen: die guten, braven Leute, die sonntags in die Kirche kamen, an Prozessionen teilnahmen, den Rosenkranz beteten, aber im übrigen in der Öffentlichkeit nichts änderten. Sie waren unpolitische Christen. Daneben jene Klasse von Karrieremachern, meist aus den Missionsschulen herausgewachsen, die die neureiche Elite bildeten und eigentlich das Volk ausbeuteten. Sie waren unchristliche Politiker, auch wenn sie getauft waren. Es ist nun die dritte Kategorie der christlichen Politiker oder der politischen Christen im Kommen, die wirklich, weil sie Christen sind, eine bessere und gerechtere Gesellschaft aufbauen wollen. Die Vereinigung für Theologie der Dritten Welt, die 1976 in Dar es Salaam gegründet wurde und 1977 in Ghana ein zweites Treffen hatte, betont sehr diesen Aspekt des Christseins.

Vom Skandal der Spaltung zur Ökumene

Bis noch vor zwanzig Jahren kam es da und dort vor, daß die verschiedenen Kirchen einander die Katechisten abwarben, die Schulplätze sprengten, die Schulen anzündeten. Dann kam vor allem dank Papst Johannes XXIII. ein neuer Frühling übers Land. Auf beiden Seiten schmolzen Schnee und Eis, und man entdeckte in den Feinden plötzlich Brüder. Es ist gar nicht zu schildern, was sich seither alles geändert hat. In manchen Ländern hat man einen gemeinsamen Christenrat aller Kirchen, um gegenüber der Regierung für alle Fragen der Schulen, der Entwicklung, der Gerechtigkeit, wie eine Kirche dazustehen. An vielen Orten führt man gemeinsame Projekte auf sozialer Ebene durch, aber auch für die Verkündigung. Früher meinten die Protestanten, die Katholiken hätten nur die lateinische Bibel, und Katholiken, wenn sie schon eine protestantische Bibel in die Hand bekommen hatten, waren verpflichtet, sie zu verbrennen. Heute gibt es in Afrika an die 80 gemeinsame Bibelprojekte, bei denen die verschiedenen Kirchen zur Übersetzung, Revision, Drucklegung und Verbreitung der Bibel zusammenarbeiten. Da und dort trifft man sich regelmäßig oder bei bestimmten Anlässen, nicht bloß zu einem gemeinsamen Essen, sondern auch zum gemeinsamen Beten und Planen. Ein Blatt hat sich gewendet. Die neue Zeit ist für die Kirchen Afrikas trotz allem Dunkel eigentlich viel heller. Früher besaßen sie wohl mehr Macht und Autorität. Heute sind sie glaubwürdiger, weil evangelischer geworden.

Das protestantische Christentum in Afrika

Horst Bürkle

Wer nach dem Weltbild des afrikanischen Menschen heute fragt, kann von den Einflüssen und Orientierungen nicht absehen, die die christlichen Missionen diesem Kontinent vermittelt haben. Allzu leicht werden heute koloniale Interessen und missionarisches Wirken in einen Topf geworfen. Aus der Tatsache, daß beide zeitlich zusammenfielen, wird bei oberflächlicher Betrachtung allzu häufig auf eine Gemeinsamkeit geschlossen, die bei näherer Kenntnis der geschichtlichen Sachverhalte nicht zutrifft. Dabei soll nicht übersehen sein, daß die Zeit der beginnenden kolonialen Unternehmungen und des neuerwachenden Interesses an Land und Leuten Afrikas für die im 19. Jahrhundert anhebende protestantische Missionstätigkeit in Afrika wichtige Voraussetzungen waren.

Von den heute in Afrika südlich der Sahara lebenden Menschen bekennen sich 52,9% zum Christentum. Dabei entfallen etwa 40% auf die katholische Kirche, 11% auf die Orthodoxe Kirche und die restlichen 49% auf die protestantischen Kirchen und Freikirchen. Nimmt man den durchschnittlichen jährlichen Zuwachs des Christentums in Afrika mit 2,2% durch Bekehrungen und 2,8% durch Bevölkerungswachstum an, so ergibt dies einen Zuwachs von 7,5 Millionen Gläubigen im Jahr.

Mehr als die Statistik auszusagen vermag, hat der Einfluß des Christentums neben dem des Islams die Entwicklung und das Wesen des modernen Afrikas mitbestimmt. So sehr seine stärksten Einflüsse in die Zeit des 19. Jahrhunderts als des „großen Jahrhunderts christlicher Mission“ (Latourette) fallen, so wenig darf man vergessen, daß diesem Missionsjahrhundert eine Geschichte des Christentums in Afrika vorausliegt, die bis in die Zeit der frühen Kirche zurückgeht. Im nördlichen Afrika waren es die Gebiete, die heute von Ländern wie Tunesien, Lybien, Marokko, Algerien, Ägypten, dem Sudan und Äthiopien umfaßt werden, die frühzeitig unter christlichen Einfluß kamen. Zu den großen theologischen Zentren der frühen Christenheit zählte Alexandrien. Mit ihm verbinden sich die Namen großer Kirchenlehrer wie Tertullian, Cyprian, Lactantius, Clemens und Origenes. Kein geringerer als Augustinus war Bischof eines nordafrikanischen Bistums. Aber lediglich die Kirche in Äthiopien und Teile der Koptischen Kirche in Ägypten haben die Zeiten der Verfolgung seit dem 7. und 8. Jahrhundert durch den Islam überdauert. Diese frühe Kirchengeschichte Afrikas darf nicht aus dem Auge verloren werden, wenn man von der Entfaltung der protestantischen Missionstätigkeit im 19. und 20. Jahrhundert spricht.

In dem von den Holländern seit 1652 besiedelten südlichsten Teil Afrikas begannen 1792 die Herrenhuter mit einer Missionsarbeit unter den Hottentotten. Ein weiterer Anfang protestantischer Missionsarbeit geschah seitens der britischen Church Missionary Society 1804 und durch die Methodisten 1811 unter den freigelassenen und freigekauften und seit 1787 in Sierra Leone angesiedelten ehemaligen Negersklaven. Amerikanische Missionen arbeiteten dort unter den aus den USA zurückgeführten ehemaligen Sklaven, die 1824 den unabhängigen Staat Liberia ins Leben riefen. Die zahlreichen um diese Zeit in anderen Küstengebieten West- und Ostafrikas einsetzenden überseeischen Missionsgesellschaften sollen hier im einzelnen nicht aufgeführt werden. Es lag nahe, daß sich die Anfänge jeweils in den Einflußgebieten der betreffenden überseeischen Staaten abspielten, in denen die Missionsgesellschaften zu Hause waren. Erst von den Küstenbereichen aus erfolgte dann die schrittweise Erschließung der innerafrikanischen Gebiete und die Ausweitung der missionarischen Tätigkeit ins Inland. Unter den Pionieren der frühen protestantischen Missionen finden wir bekannte Namen wie D. Livingstone, H. G. Guiness, ein Freund J. Hudson Taylors, den Deutschen J. L. Krapf und andere. Manche von ihnen waren Boten des Evangeliums, Forscher und Entdecker afrikanischer Kulturen und Sprachen in einer Person.

Der Beitrag der christlichen Missionen hatte von Anfang an den Charakter einer ersten Entwicklungshilfe. Die Botschaft von der Freiheit eines Christenmenschen gewann ihre spezifische Konkretion in der Sklavenfrage am Ende des 18. Jahrhunderts. Es ist nicht zu übersehen, daß neben mancher philanthropischen und liberalen Kritik an diesen Mißständen in den afrikanischen Besitzungen die missionarische Berichterstattung und nicht ermüdende Initiativen von dieser Seite die Dinge in Bewegung brachten. 1816 hielt William Wilberforce, der Sprecher des Widerstandes gegen diese Mißstände, seine berühmte Rede im englischen Parlament. Auf der einen Seite kam der zivilisatorische Fortschritt, den die Missionsarbeit mit sich brachte, der Arbeit der Mission zugute. Richtig verstanden konnte sie Interpretament und Zeichen für das sein, was die neue Orientierung an der *libertas Christiana* an Möglichkeiten für den Menschen eröffnete. Andererseits — und darin liegt die Zweideutigkeit dieses Zusammenhanges begründet — vermochte sie von der Sache des religiösen Glaubens abzulenken und falsche Faszinationen auszulösen. Die „Service-Leistungen“ christlicher Missionen in Gestalt von Schulen, Hospitälern, technischen und wirtschaftlichen Entwicklungen hatten von Anfang an den Charakter zeichenhaften begleitenden Handelns für den Dienst, der dem Menschen Afrikas in seiner Beziehung zu Gott galt.

Nicht immer wurde dabei im Aufbau afrikanischer christlicher Gemeinden der Zusammenhang zum jeweiligen stammeskulturellen Erbe gewahrt. Hier liegen Unterschiede in Bezug auf die Missionsmethoden der konfessionell verschieden geprägten protestantischen Missionsträger. Ein entscheidender Unterschied in dieser Hinsicht aber liegt auch zwischen der Anfangssituation protestantischer Missionsarbeit und der heutigen Bemühung um eigenständigen Ausdruck des christlichen Glaubens und um die eigene kirchliche Gestalt in Afrika. Neben der zunächst noch westlich geprägten Gestalt des christlichen Glaubens gab es hervorragende Beispiele einer Einheimischmachung und einer Beteiligung traditioneller Elemente afrikanischer Stammeskulturen.

Besonders intensiv geschah dies protestantischerseits auf dem Gebiet der afrikanischen Sprachen. Die zentrale Bedeutung, die Bibel und Predigt sowie katechetische Unterweisung in der missionarischen Praxis einnahmen, machten es notwendig, die zahlreichen Stammessprachen zu erforschen und grammatikalisch zugänglich zu machen. Aber auch die Sammlung von Sprichwortgut, mündlichen Überlieferungen, Mythen und Brauchtum wurde für viele Missionare im Dienste des Aufbaus christlicher Gemeinden in Afrika unentbehrlich.

Bereits am Beginn unseres Jahrhunderts wurden in verantwortlichen Kreisen der Mission die Forderungen nach einem eigenständigen Christentum afrikanischer Prägung laut. Die volle Verwirklichung dieser in vieler Hinsicht schon partiell eingeleiteten Entwicklung erfolgte, aufs Ganze gesehen, erst nach dem Zweiten Weltkrieg. Aus der Erfahrung heraus, daß durch die Kriegsverhältnisse verwaiste Missionsgebiete und Kirchen in den betroffenen Teilen Afrikas sich als selbständig erwiesen hatten, aber auch aus prinzipiellen theologischen Erwägungen heraus, kam es zur Bildung unabhängiger Kirchen. Aus dem Mutter-Tochter-Verhältnis zwischen entsendender Kirche und Missionsgemeinde wurde ein Partnerverhältnis zwischen Kirchen. Heute stehen diese Kirchen ausnahmslos unter der Leitung einheimischer Bischöfe und Theologen. Sie entscheiden selber, in welchem Umfang und auf welchem Gebiet personelle und finanzielle Hilfen der Kirchen Europas und Nordamerikas bei ihnen zum Einsatz kommen sollen. Aber gerade in dieser so veränderten Situation wird der Mitarbeiter einer überseeischen Kirche zu einem wichtigen Mittler: Er bildet im ökumenischen Zeitalter nicht nur die Brücke zwischen „alten" und „jungen" Kirchen, sondern sorgt dafür, daß gerade im Prozeß ihrer Verwurzelung in den eigenen Traditionen und in den Kulturen dieses Kontinents auch die protestantischen Kirchen ihren übergreifenden Zusammenhang im Ganzen der Ökumene behalten.

Mit der politischen Unabhängigkeit afrikanischer Staaten ist auch den Christen Afrikas und ihren Kirchen eine besondere Aufgabe zugefallen. Diese

Staaten erleben oftmals nach einer ersten Phase enthusiastischer Anfänge, daß die alten ethnischen Loyalitäten und Bindungen stärker sind als das neue Nationalbewußtsein. Hinzu kommen die vielfältigen Probleme des geistigen und gesellschaftlichen Umbruchs dieser Länder, der mit einer kaum vorstellbaren Radikalität und Schnelligkeit bisher in sich geschlossene und intakte Gesellschaften und Individuen erfaßt. Hier stehen die Christen Afrikas vor neuen Bewährungsfeldern und Aufgaben.

Zu den Aufgaben des Aufbaus heutigen afrikanischen Staatsbewußtseins leistet die Christenheit Afrikas ihren Beitrag. Das traditionelle Gemeinschaftsverständnis der afrikanischen Gesellschaft wurzelte in dem religiös fundierten ethnischen System der Stammesgemeinschaft. Zu ihr gehörten nicht nur die gegenwärtig lebenden Mitglieder, sondern die auch im Kult gegenwärtigen, das gesamte Leben der Geburtsgemeinschaft bestimmenden „höheren Machtträger" (E. Damman), die Ahnengeister und Gottheiten des eigenen Stammes. Mit Recht machen moderne Staatsmänner wie Julius Nyerere darauf aufmerksam, daß in der alten afrikanischen Kultur Gemeinschaftswerte liegen, auf die der junge afrikanische Staat nicht verzichten kann. Zugleich aber sind es diese „urtümlichen Bindungen" (Bruno Gutmann), durch die die stammesübergreifende Gemeinschaft des modernen Staatswesens oft in seiner Einheit gefährdet ist. In dieser Situation sind die Kirchen mit ihrer die geburtsgemeinschaftlichen Grenzen übersteigenden neuen Gemeinschaft, die nicht mehr an Blut und Boden gebunden ist, ein wichtiger Faktor für die neuen afrikanischen Gesellschaften.

In diesem Zusammenhang spielt das vom christlichen Menschenbild vermittelte Verständnis des Menschen als Mitmensch in sozialer Verantwortung eine wichtige Rolle. So wird christliche Verkündigung und Theologie wie einst in der römischen und germanischen Welt zum Mittler zwischen den Wertvorstellungen der Vergangenheit und ihrer verwandelten Bedeutung für die veränderte Gegenwart. Aus der nächstenschaftlichen Verpflichtung der alten Großfamilie und Stammeszugehörigkeit vermag so neue sozialethische Verantwortung nicht nur für den Staat allein, sondern für die internationale Gemeinschaft der Menschheit überhaupt zu erwachsen. Das erklärt, inwiefern viele Christen des neuen Afrika in dem von J. Nyerere proklamierten *ujamaah*-Ideal (Einheitssinn) nicht nur ein Stück lebendiger afrikanischer Gesellschaftsethik sehen, sondern auch einen eigenständigen afrikanischen Ausdruck christlicher Soziallehre.

Viele der heutigen Führer afrikanischer Staaten haben in christlichen Schulen und Universitäten ihre Ausbildung erhalten. Das hat sich keineswegs immer in praktizierender Zugehörigkeit zu einer der christlichen Kirchen in Afrika niedergeschlagen. Gelegentlich hat es zu manifestem Widerspruch zur christlichen Tradition geführt. Kwame Nkrumah's afrikanischer Marxismus ist dafür nur ein besonders eklatantes Beispiel. Aber sein Land ist dennoch zutiefst geprägt von den Impulsen und Kräften, die von den Christen in Ghana für den Aufbau der neuen Gesellschaft ausgingen. Nkrumah selber war, wie viele andere Führer des neuen Afrika, bis in seine Sprache und Bildwelt vom einstigen Umgang mit biblischem Denk- und Sprachstil geprägt.

Die Frage nach dem Eigenständigen und dem Bleibenden afrikanischer Tradition wird heute gerade von denjenigen gestellt, die als Christen der zweiten oder dritten Generation wieder nach der Identität des heutigen Afrikaners hinsichtlich seines Afrikanerseins fragen. Männer wie Leopold Seghor sehen in den angestammten Werten und den spezifischen religiösen und geschichtlichen Erfahrungen Afrikas im Lichte ihrer christlichen Aufnahme und Weiterführung einen Beitrag für die gesamte Menschheit. Das gilt nicht nur für die äußerlichen Ausdrucksformen wie Symbole und Sitten. Nach L. Senghor ist es die Summe der Leidenserfahrung, die Afrika in besonderer Weise qualifiziert, der übrigen Menschheit Entscheidendes zu vermitteln. Hier erscheint der Reichtum afrikanischer Schicksalsgeschichte nicht mehr länger allein als Negativerfahrung, wie sie oberflächlicher säkulärer Deutung, vor allem im ideologischen Gewand, heute bei uns eigen ist. Sie erhält, wie vieles andere, was dieser Geschichte entstammt, ihren Rang und Wert im Zusammenhang einer Gegenwart, die ihrer bedarf.

In diesem Zusammenhang bemühen sich die aus den protestantischen Missionen hervorgegangenen Kirchen, ihre eigene Identität als afrikanische Christenheit zu finden. Die Voraussetzungen dafür sind in besonderer Weise gegeben, seit sie als selbständige und unabhängige kirchliche Gemeinschaften gefordert sind, Ausdruck und Gestalt ihres Christentums selber zu bestimmen. Das betrifft zunächst einmal Praxis und Gestalt ihres kirchlichen Lebens.

Die aus der missionarischen Arbeit des reformatorischen Christentums entsprungenen Kirchen sind in besonderer Weise der Predigt, dem Gemeindegesang und dem Bibellesen verpflichtet. Darüber hinaus hat das diakonische Handeln auf dem Gebiet der Erziehung, der ärztlichen Hilfe und der wirtschaftlich-technischen Entwicklung seine Bedeutung gehabt. Auch abgesehen von der Max-Weber'schen soziologischen Deutung, die der protestantischen Gestalt des Christentums auf dem wirtschaftlich-technischen Sektor eine besondere Wirkungsgeschichte zuschreibt, finden wir im Blick auf Afrika hier deutliche Zusammenhänge.

Unverkennbar aber sind heute bereits die Artikulationen eigenständiger afrikanischer Ausdrucksformen in diesen Kirchen. Im Verständnis der Bibel fällt das besondere Interesse auf Text und Überlieferungen, die im westlichen

Verstehenshorizont deutlich zurückgetreten sind oder nicht mehr verstanden werden. Die dem einseitig rationalen Verstehen des Europäers schwer zugänglichen Schichten des Unbewußten und der seelischen Tiefendimensionen treten auch in den protestantischen Kirchen Afrikas wieder in Erscheinung. Die Welt der Träume und der Auditionen, das alles Erklären übersteigende Wunderbare im Zusammenhang religiöser Erfahrung eröffnet dem afrikanischen Christen wieder Zugang zu religiösen Grundformen, die der Bibel Alten und Neuen Testaments durchaus geläufig sind. Auch der Zusammenhang von Leib-Seele-Geist, wie ihn das biblische Menschenbild voraussetzt, wird auf Grund der besonderen afrikanischen Ganzheitserfahrung wieder umfassender erlebt. Die leib-seelischen Zusammenhänge bleiben auch im christlichen Glauben bestehen. Daß Christus nicht nur gelehrt, sondern auch geheilt hat, entspricht afrikanischem Ganzheitsverständnis mehr als westlicher Denkweise. Hier erscheint der religiöse Glaube oftmals nur noch als eine partielle Angelegenheit, die mit der medizinischen Sorge um das Leibliche und den geistigen Interessen des Menschen wenig mehr verbindet.

Die traditionelle Naturverbundenheit und -nähe des afrikanischen Menschen bildet in den jungen Kirchen einen erweiterten Rahmen ihres Christentums. Das Kreatürliche, das in seinen Ursprungsmythen und seinem mündlichen Traditionsgut zum Ausdruck kommt, gewährt besondere Voraussetzungen für das Verstehen biblischer Zusammenhänge, die den Menschen integral im Schöpfungsganzen sehen. Die auf innergesellschaftliche oder gar individuelle Belange verkürzte Anthropologie, wie sie uns in nachchristlichen Ideologiebildungen im Westen begegnet, sind den Christen Afrikas fremd.

Das Spektrum des Symbolischen und rituellen Ausdrucksvermögens schöpft aus solchem reichen Anschauungsmaterial. Das Bilderbuch des Lebens wird zur vielstimmigen Partitur des christlichen Gotteslobes. Tanz und Rhythmus treten neben den europäischen Choral. In der Liturgie gewinnt in diesen Kirchen wieder das spontane und charismatische Element besondere Bedeutung. Die Beteiligung der Gemeinde im Ablauf eines Gottesdienstes läßt auch die Rolle des Geistlichen und Predigers in integraler Weise zu einem Bestandteil des Ganzen werden. Vieles, was im Zuge einer einseitigen Wirkungsgeschichte protestantischer Kritik am Mißbrauch bestimmter kultischer Elemente in den Kirchen des Westens zurücktrat oder verschwand, gewinnt im Leben afrikanischer Gemeinden neue Bedeutung und Gestalt.

Neben den in der kirchlichen Praxis sich manifestierenden Elementen afrikanischen Frömmigkeitsausdrucks zeigt sich auch in den protestantischen Kirchen ein Interesse an grundlegenden Aspekten der Religionen

Afrikas. Sie finden ihren Niederschlag in den Beiträgen afrikanischer Theologen und ihrer besonderen Thematik. Dazu gehört das umfassendere Verständnis der Gemeinschaft. Sie umgreift nach traditionellem Verständnis auch die Verstorbenen und die noch zukünftigen Geschlechter. Zeit und Raum übergreifend, eröffnet sich wieder ein Verständnis kirchlicher Gemeinschaft, die die sichtbare Institution übersteigt und ihr Geheimnis als mystische und sakramentale Leibeigenschaft im paulinischen Sinne wieder gewinnt. Die lebensbegleitenden Funktionen kirchlichen Handelns in den einzelnen Lebensabschnitten (Taufe, Konfirmation, Ehe, Bestattung) erscheinen auf dem Hintergrund afrikanischer Religionen als wichtige, keineswegs nur den einzelnen betreffende Vorgänge. Im Sinne der vorchristlichen *rites de passage* integrieren sie den Einzelnen in die Gemeinschaft der Gläubigen. Die alten Bezugssysteme zwischen den Lebensaltern und Geschlechtern werden zwar in der neuen christlichen Gemeinschaft ihrer traditionellen Ausschließlichkeit entkleidet, einem bloßen säkularen westlichen Emanzipationsdenken gegenüber aber bilden sie in den Kirchen Afrikas einen notwendigen Schutz. Autorität, Verantwortung innerhalb der natürlichen Verwandtschaftssysteme und die Ethik der Geschlechter können so in ihrem christlichen Verständnis vor Verlust und Verfall bewahrt werden.

Wo immer die protestantischen Kirchen in Afrika es versäumt haben, dem Eigenständigen und ursprünglich Afrikanischen seinen Ausdruck in christlicher Gestalt werden zu lassen, bekommen sie die Quittung dafür in Form von Bewegungen, die sich von den Kirchen trennten. Das Spektrum dieser Unabhängigkeitsbewegungen ist zu groß, um auf einen Nenner gebracht werden zu können. Zum Teil sind einzelne Elemente wie prophetisch-charismatische Begabung oder heilendes Handeln in ihnen zum zentralen und bestimmenden Wesensmerkmal geworden. Viele von ihnen haben sich in der Folgezeit wieder im ökumenischen Kontakt mit den großen Konfessionskirchen auf die allgemeine kirchliche Tradition hin ergänzt und weiter entwickelt. Für die Frage und Suche nach Wesenselementen für einen eigenständigen afrikanischen Frömmigkeitsausdruck liefern sie weiterhin Beispiele ersten Ranges.

Für das breite Spektrum gegenwärtiger Erscheinungsformen des afrikanischen Protestantismus stellt sich dabei eine dringliche Frage: Wie kann über den Gestaltenreichtum regionalen und traditionsbestimmten Christentums der gesamtchristliche Zusammenhang, in der Vielfalt die Einheit deutlich bleiben? Das protestantische Prinzip der Einheimischmachung des Christentums, wie es der reformatorischen Theologie eigen ist, muß begleitet sein von der immer neuen ökumenischen Zusammengehörigkeit in weltweiter Einheit gemeinsamen christlichen Glaubens. Dazu bedarf es enger partnerschaftlicher Beziehungen zwischen den Kirchen in Afrika und zu den Kirchen der übrigen Welt. Aus ihnen kann dann wieder ein universales Begreifen von Kirche werden, wie es den gemeinsamen altkirchlichen Bekenntnissen zur Katholizität entspricht. In ihnen liegt auf Dauer der einzige Schutz gegenüber einer Entwicklung, bei der die Begrenzungen der ethnischen oder heute der nationalstaatlichen Bindungen die Erfahrung der Christen, zu einer weltweiten Gemeinschaft zu gehören, verdrängen.

Islam in Afrika

Ary Roest-Crollius

In den Staaten südlich des großen Trockengürtels Afrikas dürften heute an die 80 Millionen Moslems wohnen, wobei die prozentual höchsten Anteile an islamischer Bevölkerung die Länder Somalia mit 99%, Niger mit 85%, Mali mit 77%, Senegal mit 76%, Guinea mit 65% und Gambia mit 64% besitzen.

Nicht die Eroberung Ägyptens unter der militärischen Führung von Amr ibn al-As im Jahre 640 war der erste Kontakt des Islam mit Afrika, sondern die Flucht der in ihrer Heimatstadt Mekka verfolgten ersten Muslime nach Äthiopien, wo sie 615 sowohl von der christlichen Bevölkerung, wie vom Negus selbst, der den Islam für eine christliche Sekte hielt (Ibn Hisham), freundlich aufgenommen wurden. Die Empfehlung Mohammeds „geht nach Äthiopien und ihr werdet einen König finden, unter dem niemand verfolgt wird, denn es ist dies ein Land der Gerechtigkeit" (Ibn Hisham, 1939:I:343) führte sogar dazu, daß einige der Muslimflüchtlinge zum Christentum übertraten, wie Ubaid Allah ibn Jahsh, der zu sagen pflegte „wir sehen jetzt klar (in Fragen der Religion), während ihr immer noch blinzelt" (Ibn Hisham, 1939 : I 418).

Die Eroberung Ägyptens 25 Jahre später war jedoch keineswegs unbedeutend für Äthiopien, da die Unterwerfung des koptischen Patriarchen von Alexandrien, des geistlichen Oberhaupts der äthiopischen Kirche, zur endgültigen Verhärtung jener Frontstellung gegen den Islam führte, die die Geschichte Äthiopiens kennzeichnet. Während das Staatsvolk der Amharen zäh seine religiöse und politische Unabhängigkeit zu verteidigen wußte, selbst gegen koptische Bischöfe aus Ägypten, die man in Äthiopien einkerkerte, weil sie dem Islam so weit entgegenkamen wie Amba Sawiros (ca. 1080), der den Bau von Moscheen im Amharenland gestattete, um, wie er sagte, den Bau von Kirchen in Ägypten zu ermöglichen, schlugen sich die von den Amharen unterworfenen und mit deren Hegemonie unzufriedenen Stämme oft auf die Seite der Muslime, um durch Zugehörigkeit zur Umma, der Muslimgemeinschaft, politisches Gewicht zu erlangen. Die eigentliche Islamisierung ging dann aber von den Sufi-Orden aus, deren religiöser Geist den Islam auch in den Herzen zu befestigen vermochte. Obschon fast die Hälfte aller Äthiopier Muslime sind, konnte sich der Islam doch nie als Staatsreligion durchsetzen. Die Frontstellung Christentum-Islam konnte bis heute nicht wesentlich verändert werden, weder durch Muslimaufstände, noch durch Bekehrungsedikte der Kaiser oder pro-islamische Vermittlungsversuche der koptischen Patriarchen und auch nicht durch das gegenwärtige sozialistische Regime. Äthiopien ist ein Teil Afrikas und doch ein Sonderfall.

Äthiopiens Nachbarn, die Somali, kamen durch arabische Händler schon wenige Jahrzehnte nach dem Tode Mohammeds mit dem Islam in Kontakt. Arabische und persische Schiiten fanden Zuflucht in Somalia, und aus kalifatspolitischen Gründen exilierte Sunniten gründeten 910 die heutige Hauptstadt Mogadischu. Sufibruderschaften zogen missionierend durchs Land und die Glaubenskriege gegen die christlichen Amharen — Ahmad bin Ibrahim, genannt Gran, wäre es in den Schlachten des Jihad von 1529—1543 fast gelungen, die Amharen gänzlich zu vernichten — ließen schließlich Somalination und Islam zu einer untrennbaren Einheit verschmelzen.

Die Geschichte des frühen Islam in Ostafrika berichtet das Kitab al-Zunudj (Chronik von Sansibar, trad. Cerulli 1957), aus dem hervorgeht, daß bereits in vorislamischer Zeit jemenitische Araber an der ostafrikanischen Küste siedelten. Später kamen sunnitische und schiitische Araber, Perser, Schirasi genannt, Inder und selbst Chinesen dazu, die von Mombasa in Kenya bis nach Beira in Mocambique die Küste mit Handelsplätzen überzogen. Der Handel verlief ungestört, und die Muslime zeigten fast eintausend Jahre lang keinerlei Missionseifer. Dieser hätte vielleicht bloß den florierenden Sklavenhandel gestört, da man zwar Heiden, keinesfalls aber Muslime in die Sklaverei verkaufen darf. Erst die Ankunft der Europäer veränderte schlagartig die Situation. Einerseits wurden die Handelsmöglichkeiten beschränkt, andererseits fanden die Europäer gerade bei den Muslimen intelligente Mitarbeiter, Bürodiener, Schreiber und Soldaten (Askaris). Mit den Europäern drang nun auch diese „islamische Elite“ immer weiter ins Innere des Kontinents vor, und aufgrund des Prestiges, das dieser neuen Elite zukam und dessen sie sich auch voll bewußt war im Umgang mit der heidnischen Bevölkerung, kam es zu einer solch ungewöhnlich raschen Ausbreitung des Islam, daß die ebenfalls jetzt überall im Einsatz stehenden christlichen Missionare dadurch in Schrecken versetzt wurden und die Kolonialverwaltungen der heimlichen Protektion des Islam anklagten. Als dann die an den christlichen Missionsschulen und später auch die an den staatlichen Kolonialschulen im westlichen Geist ausgebildeten einheimischen Eliten mehr und mehr für jene Posten eingesetzt wurden, die bislang den an Koranschulen ausgebildeten Muslimen zukamen, waren es die Muslime, die Klage zu führen begannen und sich schließlich vor die schwere Entscheidung gestellt sahen, entweder, um weiter vorwärts zu kommen, die westliche Schulbildung zu übernehmen oder sie als islamfeindlich verwerfend sich aus dem Staatsdienst zurückzuziehen. Mit dem Ende der Kolonialherrschaft und der gleichzeitigen Übernahme des westlichen Bildungssystems durch fast alle afrikanischen Staaten, schien dies Problem in Afrika allgemein dahingehend gelöst, daß den Koranschulen, ähnlich den verschiedenen Sonntags- oder Katechismusschulen der Christen, nur noch ein rein religiöser Wert zukam. Mit dem Erstarken eines neuen islamischen Staatsideals jedoch, das die westliche Bildung verwirft oder mindest nicht wie bisher zu integrieren wünscht, taucht dieses Problem abermals und besonders dort wieder auf, wo die Muslime die Bevölkerungsmehrheit bilden.

Anders als in Ostafrika, wo der Islam erst im Zeitalter des Kolonialismus im Landesinneren heimisch wurde, verbreitete er sich in Westafrika gerade im Landesinneren und vermied die sumpfigen, fieberheißen Küsten, und lange vor der Ankunft der Europäer gab es schon bedeutende Muslimreiche südlich der Sahara.

An der Islamisierung Westafrikas hatten die Araber keinen Anteil. Vielmehr waren es die Berber, die „den jihad gegen die Neger führten und sie zwangen, den Islam anzunehmen, was viele auch taten, während andere es vorzogen, die jizya (die Kopfsteuer der vom Islam Unterworfenen) zu zahlen" (Ibn Khaldun, 1847: I, 236). Als Erklärung für diese Islamresistenz und die Übernahme der jizya anstatt des Islam mag damals wie heute gelten, was Reusch über „islamresistente" Stämme in Tansania und Ruanda-Burundi festgestellt hat, daß nämlich dort der Islam leicht Zugang findet, wo eine gegenseitige kommerzielle Abhängigkeit besteht oder wo in einem Stammesgefüge eine vollkommene Abhängigkeit der Untergebenen von den Herrschenden sich findet, so daß bei einem Wechsel der Herrschaft die Untergebenen leicht auch die Religion der neuen Herrscher übernehmen, wohingegen bei kommerziell relativ autarken Stämmen mit einem Stammesgefüge, das keine Unterwürfigkeit kennt, sondern freie Zusammenarbeit zum Wohle des Ganzen, der Islam nur geringe Bekehrungschancen hat, solange er als militante Macht auftritt.

So waren es auch in Westafrika bloß bis zu einem gewissen Grad die moslemischen Berberkrieger, die dem Islam zum Durchbruch verhalfen. Die eigentliche Bekehrung der Herzen erfolgte erst durch die sich überall ausbreitenden Sufi-Orden, die selbst dann nichts an Ansehen und Bedeutung verloren, wenn sie einander bisweilen gegenseitig verketzerten. Sie waren das spirituelle Rückgrat der verschiedenen Moslemstaaten Westafrikas und gaben ihnen ihre religiöse Weihe. Sorgten die Ulema, die islamischen Rechtsgelehrten, für die Reinheit der Religion und der Sitten und für Gerechtigkeit im Staat, entsprechend den Rechtssatzungen des Korans und der Sunna des Propheten, so sorgten die Sufi-Bruderschaften vorab für Brüderlichkeit, Innerlichkeit und Herzensgüte. Ulema und Sufi wirkten und wirken auch heute noch einander ergänzend. Ohne diese wechselseitige Ergänzung kann die Bekehrung so vieler Stämme und Völker Afrikas nicht erklärt werden.

Im westafrikanischen Muslimgürtel, der von Mauretanien, Senegambien und Guinea über Mali, Obervolta, Niger, Nigeria und dem Tschad bis zum Sudan reicht, sind es besonders die Völkerschaften der Fulbe und Hausa, der Wolof, Tokolor, Malinke und Sarakole sowie der Songhay und der Kanuri, die es sich zur Ehre anrechnen, dem Islam (und seiner Kultur) anzugehören, der seine Zentren seit alters in Timbuktu und Gao in Mali sowie in Kano in Nigerien hat. Bereits im 11. Jahrhundert erstand als erster bedeutenderer Muslimstaat das Reich der Sarakole (auch Soninke genannt) von Ghana. Im 14. Jahrhundert entstanden das Reich Mali und im 15. Jahrhundert das Reich der Songhay. Ferner gab es Hausastaaten und Staaten der Fulbe, die zwar nicht von Beginn an islamisch waren, es aber durch den religiösen Eifer der Tokolor bald wurden. Die Tokolor sind ein Mischvolk zwischen Fulbe und Wolof sowie Fulbe und Malinke, das seit dem 11. Jahrhundert als erstes Volk Schwarzafrikas vollislamisiert war.

So waren vor dem politischen Auftreten der Europäer die Völker der westafrikanischen Steppenzone bereits zum Großteil islamisiert, jene der Küsten- und Urwaldzone jedoch kamen, nicht unähnlich den Ereignissen in Ostafrika, erst über die Europäer mit dem Islam in Berührung. Wiederum waren es die moslemischen Diener, Schreiber, Lehrer und Beamten, die überall für den Islam mit Erfolg zu werben begannen. „Je dankbarer sich die Afrikaner gegenüber der französischen Verwaltung zeigten, desto schneller nahmen sie auch den Islam an.“ (Froelich, 1962: 85)

Der Islam empfahl sich durch eine relativ unkomplizierte Gotteslehre, die keine langwierigen Einführungskurse erforderlich machte. Er empfahl sich ferner durch seine Modernität und durch den Respekt, den auch die Europäer ihm entgegenbrachten sowie auch durch sein brüderliches Zusammenstehen aller die zur Umma, der Gemeinschaft des Propheten, gehören, seien sie nun arm oder reich, mehr oder minder gebildet, dunkel- oder hellhäutig. Er ließ die Polygamie zu und bot spirituelle Geborgenheit durch den (Zauber-) Segen, die baraka der heiligen Männer und Marabuts aus den Sufi-Bruderschaften. Was jedoch noch vor hundert Jahren den Islam in den Augen der Afrikaner empfahl, wird heute abgelehnt oder mindest nicht mehr in gleicher Weise gesehen. Die Gotteslehre sei selbst im Vergleich mit den alten Kultreligionen viel zu simplistisch, oder es wüßten die Muslime zu wenig über die Philosophie des Islam. Dieser Mangel wird auch von islamischen Religionsgelehrten zugestanden, die, wegen des Fehlens genügender und gut ausgebildeter Persönlichkeiten, immer mehr das Radio entdecken, das ihnen die Möglichkeit bietet, weite Kreise anzusprechen und durch geeignete Vorträge in ihrer Kenntnis des Islam zu vertiefen. Das wiederum hat dazu geführt, daß bei einer Umfrage unter Neubekehrten zum Islam mehrmals das regelmäßige Hören der Islamsendungen als Bekehrungsanlaß genannt wurde.

Die Idee, daß der Islam Afrikas seine eigene Prägung hätte, wird von Muslimen kaum zugegeben, und wenn J. S. Trimingham und besonders auch P. J. Ryan überzeugend auf diese Eigenart hingewiesen haben, dann wird heute vielfach dem Marabutismus und dem unislamischen Heiligenwesen die Schuld gegeben. Sie hätten den Islam nicht bloß verinnerlicht, sondern auch veräußerlicht und durch abergläubische Praktiken den alten Kultreligionen angeglichen. Um dem entgegenzuwirken, müsse man zur Reinheit der Religion zurückkehren und nicht von einem Sonderstatus des „afrikanischen" Islam sprechen. Erst wenn man zur Reinheit der Religion zurückkehre, werde man auch wieder die Jugend gewinnen, die jetzt über den Formalismus des Gebets klagt und über die „Un-Modernität" des Fastens. Das fünfmal tägliche Gebet und das einmonatige Fasten störten den modernen Tagesablauf, und fromm vermöge daher nur der zu sein, der als Bauer oder Händler seinen Tagesablauf selbst bestimmen könne. Diese Vorwürfe sind ein Grund mehr, weshalb auch in Afrika von den Muslimen gewünscht wird, daß der Staat mehr Rücksicht auf die religiöse Praxis des Islam zu nehmen habe. Am besten sollte die shari'a, das islamische Gesetz, auch Staatsgesetz werden können. Die Sufi-Bruderschaften sollten nicht mehr „liebenswerte" Obskurantistengemeinschaften sein, sondern sich in Gewerkschaften umwandeln, wie dies zum Teil im Senegal geschehen ist. Der Parlamentarismus und die Demokratie sollten stufenweise in eine Herrschaft der Besten übergeführt werden, qualifiziert durch Kenntnis und Lebenswandel, denn westliche Demokratie sei vulgär. „Unsere Führer genießen keinen Respekt, den haben sie an die Europäer verschenkt, dafür hat man sie zu Parlamentsabgeordneten gemacht. Jetzt weigern sie sich islamisches Wissen anzuwenden, die shari'a, die doch Gott durch unseren Propheten gesandt hat. Doch ihr mögt wissen, die Europäer sind zu hassen" (Politgedicht der kulturstolzen Hausa, gekürzt zitiert nach M. Hiskett). Dies drückt zwar keineswegs die Meinung aller Muslime Afrikas aus, doch hat auch in Afrika ein Prozeß des Suchens von neuen und der Wiederentdeckung von alten Werten begonnen, die man erneut ins politische und gesellschaftliche Leben einzufügen wünscht.

Sehr schwer gerecht zu beurteilen scheint selbst Muslimen die alte und wieder neu umstrittene Frage der Polygamie. Manchen erscheint sie als Anachronismus des Islam, anderen als ein Pluspunkt, da sie dem Wesen von Mann und Frau gut gerecht würde. Afrikaner selbst werden es zu bestimmen haben, wie sie auch die Verwechslung oder Vermischung von westlich — christlich — sekularistisch — sozialistisch, die zu vielerlei Spielarten von Ablehnung Anlaß bieten kann, werden beurteilen müssen, sachgerecht, wie wir alle hoffen.

Bullom, Temne, Mende und Krio (Sierra Leone)

Walter Hirschberg

Unter den wichtigen Ethnien der Republik Sierra Leone an der Westküste Afrikas werden aufgrund ihrer Sprachzugehörigkeit zwei große Gruppen unterschieden: die sogenannten *Nuklearen Mende* mit den *Jalunka, Koranko* und *Susu* und die westatlantischen Ethnien (Semibantu) der *Bullom (Sherbro), Temne, Kissi, Limba* und *Krim* sowie die Mende-Ethnien mit den *Kokko, Vai* und *Mende* als die sogenannten peripheren Mende. Hinzu kommen noch die unterdessen zu bedeutendem Ansehen gelangten Nachkommen der aus Westindien und Nova Scotia eingewanderten ehemaligen Sklaven, die *Kreolen* oder *Krio* sowie Libanesen, Europäer und Inder, die mit das Stadtbild Freetowns bereichern. Palänegride Typen (dunkle Hautfarbe, Mittel- und Kurzköpfigkeit, oft auch an pygmide Formen erinnernder Kleinwuchs mit langem Rumpf und kurzen Beinen, flache Nasen) bestimmen zusätzlich die Welt der Negriden.

Die von zahlreichen Flüssen durchzogene und im Osten von Höhenzügen begrenzte Küstenebene war noch bis zum 19. Jahrhundert von dichtem Urwald besetzt, der seiner Abgeschlossenheit wegen zu einem relativ einheitlichen Kulturbild mit beigetragen hat. Sowohl bei den Mende und Bullom als auch bei den Temne hat *heute* die Jagd eine nur mehr geringe Bedeutung, eher noch bei den Kissi und Lokko. Fischfang ist nur bei den Bullom (Sherbro) von Bedeutung. Die Flußfischerei liegt zumeist in den Händen der Frauen; sie gebrauchen das runde Wurfnetz, große runde Netze, die in Ufernähe flußaufwärts gezogen werden, Körbe und ovale Netze. Die Verwendung anderer Wurfnetze und Angeln ist Männersache. Der mit einfachen Methoden (Einbaum und Angel, Fischzäune in den Buchten) betriebene Fischfang der Sherbro in Küstennähe wurde durch importierte Schleppnetze in den letzten Jahren unvergleichlich ertragreicher. Das Rückgrat der Wirtschaft bilden bei den Sherbro jedoch Kassave (Maniok), nur wenig Reis, Kokos- und Ölpalme; bei den Temne, Lokko und Limba Reis, Kassave, Erdnüsse, Hirse, Baumwolle, Kolanuß; bei den Mende Reis, Kassave, Palmkern, Ingwer, Kaffee und Kakao; bei den Kissi Reis, Kaffee und Kakao. Die Haltung von Haustieren (Kühe, Schafe und Ziegen) ist auf die Savanne im Norden beschränkt, spielt jedoch neben Ackerbau bei Susu und Jalunka eine geringe Rolle. Rinderzüchende Nomaden (Fulani, Fulbe, Peul) tauschen Rinder gegen Salz an der Küste. Die Bullom erwiesen sich in der Portugiesenzeit als besonders geschickte Elfenbeinschnitzer (Afro-Portugiesische Kunst), und die in den Reisfeldern gefundenen Steinskulpturen (Nomoli, Nomori) haben heute im Kunsthandel Seltenheitswert.

Als die Portugiesen um die Mitte des 15. Jahrhunderts unter Pedro da Sintra erstmals den Boden Sierra Leones betraten, hatten sie es zunächst mit den Bullom (Sherbro) an der Küste und mit den Temne im Mündungsgebiet des Großen und des Kleinen Scarcies und im nördlichen Hinterland der Bullom zu tun. Nach dem ersten Besuch von John Hawkin im Jahre 1562 wurde der ursprüngliche Handel mit Elfenbein, Gold, Bienenwachs und Fellen von einem weitaus ertragreicheren Sklavenhandel abgelöst. Seit der Rückführung ehemaliger Sklaven aus Westindien in die St. George's Bay im späteren Stadtgebiet von Freetown (1788) übernahm 1808 die englische Krone die Kolonie. Im Jahre 1819 waren es bereits 74.000 ehemalige Sklaven, die im Raum Hasting und Waterloo angesiedelt wurden. Zu den aus Westindien stammenden Sklaven, die „Liberated Africans", kamen noch zahlreiche Splittergruppen hinzu, unter denen Ibo und Yoruba die wichtigsten waren.

Bereits die erste im Lande geborene Generation nannte man Kreolen (später Krio), die Träger einer eigenen aus afrikanischen und lateinamerikanischen Elementen bestehenden Mischkultur. 1821 war Freetown eine „westindische Stadt", ein Schmelztiegel stammesmäßig nicht näher zu bestimmender ehemaliger Sklaven und ein Neben- und Ineinander von Kono und Susu Bassa und Gola, Kru, Ibo, Efik, Kalabari, Yoruba und Hausa, ganz abgesehen von Zuwanderern in späterer Zeit. Diesen allen gegenüber bewahrten Kreolen, Temne, Sherbro und Yoruba weitgehend ihre Eigenart. Christentum und Islam stellten einen nur oberflächlichen Firnis dar, Missions-, Koran- und Buschschulen wetteiferten in der Erziehung der heranwachsenden Jugend. Bestimmte Stammesgruppen bevorzugten in Freetown eigene Wohnviertel (Quartiere) unter ihrem gewählten „Headman", sie besaßen eigene traditionsgemäße Gerichtsbarkeit und hielten den Kontakt mit Geheimgesellschaften in der Heimat aufrecht. Doch machte sich nach 1870 der englische Einfluß auf wirtschaftlicher, politischer und religiöser Ebene in zunehmendem Maße bemerkbar. Freetown wuchs zu einem der bedeutendsten Kulturfaktoren Westafrikas heran, und 1896 wurde das Hinterland Freetowns britisches Protektorat. Engländer und Kreolen übernahmen die Verwaltung, Kaufleute libanesischer, europäischer und indischer Herkunft begannen den Handel zu beherrschen. Dem gegenüber blieb weiterhin das Leben der Sherbro, Temne, Mende, Lokko und Kissi von den verschiedensten Geheimbundgesellschaften bestimmt, so etwa vom *Poro* und *Bundu (Sande)*, vom *Thoma* und *Wunde* und von vielen anderen Bünden.

Gottesglaube

Valentim Fernandes, einer der bedeutendsten Drucker des 15. und 16. Jahrhunderts in Portugal, berichtete bereits zu Beginn des 16. Jahrhunderts von einem „*Crü*", einem sehr alten alleinstehenden Baum, der in allen Dörfern der Temne für einen Gott gehalten wurde. Sein Wissen darüber verdankte Valentim Fernandes den Aufzeichnungen Alvaro Velho's (1497—1499), der als Soldat oder Matrose an der ersten Expedition Vasco da Gama's teilgenommen hatte und auch der Verfasser des berühmten Bordtagebuches, des Roteiro, gewesen war. Acht lange Jahre hielt sich dieser Alvaro Velho an der Küste Sierra Leones auf. Seine Beschreibungen verraten eine eingehende Kenntnis der Sprache, der Sitten, der Pflanzen und Tiere, des Klimas, der Religion und des Brauchtums der von ihm bereisten Gebiete.

„*Kuru*" bedeutet *heute* bei den Temne nicht nur Gott, sondern auch Macht, Geheimnisvolles, höchste Macht. *Kuru* wird auch nicht personifiziert gedacht. Es bedeutet „das, woran man glaubt"; *Kuru* kann auch ein Stein sein. *Kuru* wohnt nirgends. Es besteht keine Beziehung zwischen ihm und dem Himmel. Seine Macht ist größer als die der Ahnen. Das ist alles, was ich im August 1963 im Dorf Matutuka von den Temne zu hören bekam. Die Christen nennen Gott „*okuru*"; die Animisten fassen die *krifi* (Geister) als *kuru* auf. Die Ahnen werden von den Temne *ambimba* genannt. *Kuru* heißt auch so viel wie „der, die das Allerhöchste". Hamid Taqi, ein Temne, der über das "Tene Chiefship" (Häuptlingstum) seiner Leute 1968 in Wien dissertierte, meinte als Muslim und Ethnologe zu den Gebeten angesichts bestimmter Objekte, wie etwa eines alten Baumes, des Meeres, eines bestimmten Felsens oder Steines, einer Stein- oder Holzskulptur oder eines verlassenen Termitenbaues, daß diese in Wirklichkeit an die höchste Gottheit gerichtet wären, welche durch diese besonderen Objekte repräsentiert wird, bzw. sich in ihnen manifestiert. Man bezeichnet sie deshalb als *eturu*, das ist die Mehrzahl von *okuru* (Gott). „. . . Die Tatsache, daß die Kollektivbezeichnung *eturu* statt *okuru* verwendet wird", meint Taqi, „ergibt sich daraus, daß der einzelne das auswählt, von dem er annimmt, daß es die mystische Kraft besitzt, die zur höchsten Gottheit in Beziehung steht." Den abschließenden Bemerkungen Taqi's zufolge gäbe es in der Gegenwart „keine kooperative Ausübung der traditionellen Religion mehr, wohl aber eine derartige Religionsausübung bei Moslems und Christen. Die Magie, die während der britischen Zeit noch für die gesamte Bevölkerung von Bedeutung war, kommt jetzt bloß für die älteren Leute in Frage". Die von verschiedenen Autoren geäußerte Ansicht, daß etwa islamische oder auch christliche Einflüsse an der Entwicklung religiöser Vorstellungen maßgebend beteiligt gewesen sein könnten, wurde von Taqi in Abrede gestellt.

Verfolgt man jedoch seit Valentim Fernandes die einschlägigen Quellen in chronologischer Reihenfolge, dann berichtete in der zweiten Hälfte des 17. Jahrhunderts Olfert Dapper(1670) zum *ersten* Male, daß „Temne und Bullom an einen Gott im Himmel glauben, der Himmel, Erde und die Menschen erschaffen hat"; ebenso ist auch von dem Gedanken einer Auferstehung und Belohnung bzw. Bestrafung nach dem Tode bei Dapper die Rede. In die Zeit Dapper's fiel der Höhepunkt der Kapuzinermission bei den Temne. Die ersten Kapuzinerpatres trafen im Jahre 1647 in Sierra Leone ein, nachdem bereits vor diesen der Jesuitenpater Barreira in den Jahren 1605 bis 1609 seine Tätigkeit in Sierra Leone entfaltet hatte. Analoges gilt auch für den Islam, denn schon im 16. Jahrhundert gelangten islamische Wanderprediger zu den Stämmen im Norden. Gegenüber den christlichen Missionaren waren diese Wanderprediger im Vorteil, denn sie waren von dunkler Hautfarbe wie die von ihnen zu Bekehrenden, beherrschten deren Sprache, duldeten die im Lande herrschende Vielweiberei (Polygamie) und stellten auch der Ahnenverehrung keinen Widerstand entgegen. In den frühen Quellen des 17. Jahrhunderts werden bereits bei den Susu die von den Wanderpredigern der Mandingo eingeführten und mit Koransprüchen versehenen Lederamulette erwähnt, die dann gegen Ende des Jahrhunderts auch von den Temne und Bullom an der Küste in großen Mengen getragen wurden. *Heute* erblicken Mende, Temne, Sherbro, Lokko und Kissi in Gott — *ngewo, kru, hobatoke, gebo* und *meleka* — das höchste Kraftzentrum, in das einzugehen das letzte Ziel der Ahnen ist.

Ahnenverehrung

Bereits in den frühen Quellen des 16. Jahrhunderts (Valentim Fernandes, Andre Alvares d'Almada u. a. m.) wird von strohgedeckten Häuschen mit figürlichen Darstellungen über den Gräbern ranghoher Verstorbener berichtet. Von den Europäern wurden diese hölzernen Figuren in der damaligen Zeit kollektiv als „Götzen" eingestuft. Durch Opfer (Wasser, Alkohol und Speisen) suchte man sich des Wohlwollens der Götzen zu versichern. Neben diesen Götzen wurden um 1600 auch zahlreiche Termitenhügel als Sitze der Ahnen verehrt. Vor diesen Termitenhügeln (*Cine* oder *chine*) bat man die Ahnen um Rat und Hilfe. Valentim Fernandes dürften bereits solche „Ahnensitze" bekannt gewesen sein; in den portugiesischen Quellen des 17. Jahrhunderts wird dann allgemein ein jeder „Götze" *Chine* oder *Cine* genannt, ein Name, der im kreolischen *ira* als

Bezeichnung der Ahnen weiterlebte. Dürre, Hungersnot, Krankheit und Totgeburt wären die Folge gewesen, hätten sich die Ahnen vernachlässigt gefühlt.

Magie und Zauberei

Bis zur Mitte des 17. Jahrhunderts wird in den Quellen kaum etwas über Magie und Zauberei bei den Temne berichtet. Ein gänzlich anderes Bild zeigen dagegen Thomas Winterbottom's „Nachrichten von der Sierra-Leone-Küste aus dem Jahre 1805". Da waren in allen Ortschaften der Bullom und Temne sogenannte Grigris (Jujus, Fetische) zu sehen, welche die Menschen vor den Streifzügen der Hexen und bösen Geister schützen sollten. Es waren dies alte Stoffreste, die man wie Fahnen an langen Stangen befestigt hatte, oder eine Axt, die in einem Baumstumpf stak, ein Topf auf einem Gestell oder sonst irgend etwas, und niemand durfte solche Dinge berühren. Der Hexenglaube hatte den aus älteren Zeiten hereinreichenden Ahnenkult (Manismus) weitgehend verdrängt. Die Hexen vermögen — so glaubt man auch heute noch — Kinder zu töten, bringen Krankheit und Unglück den Menschen und sind unter Umständen auch für eine schlechte Kassave-Ernte verantwortlich. Grigris (Fetische) werden in verschiedenster Gestalt (mit Kaurischnecken besetzte rote Polster, mit Stoffen umwickelte Stäbe, Kämme, Nadeln, Hörnchen) über den Haustüren, in den Wohnungen und unter dem Dach angebracht, um sich vor jeglichem Unbill zu schützen. Nur dank der Fähigkeiten eines Witch- oder Zauberdoktors können Hexerei und Zauberei unter Kontrolle gebracht werden. „Wer vier Augen hat — zwei für die natürliche, sichtbare Welt und zwei für die Dinge, die ein gewöhnlicher Mensch nicht sehen und zu erkennen vermag — kann diese seine Fähigkeit als Hexer, oder aber im Guten, innerhalb einer Geheimgesellschaft oder als Witchdoctor verwenden." (H. Kreutzinger 1965) Die Krio nennen einen solchen Witchdoktor einen Herbalisten. Dieser ist ein Heiler und Helfer. Wenn jedoch sein Bemühen erfolglos bleibt, dann wird ein Medizinmann aus dem Hinterland (up country) herbeigerufen, der den Einfluß der Hexen mit magischen Mitteln (Medizinen) bekämpft. Von allen solchen Dingen der Unsicherheit und der Angst ist bei Valentim Fernandes nicht die Rede. Ein Gutteil dieser Erscheinungen mag mit dem Sklavenhandel und mit der Rückkehr der befreiten Sklaven in Verbindung zu bringen sein. Hatte man doch auch in Amerika zahlreiche Gesellschaften gegründet, die sich mit der „schwarzen" und der „weißen Magie" beschäftigten. Wenn Mond und Sterne günstig stehen, kommen auch heute bestimmte Kreise in Sierra Leone zusammen, um die Geister anzurufen. Nach O. Dapper (1670) und Jean Barbot (1732) wurde damals aber jeder der Zauberei Bezichtigte dazu gezwungen, drei Kalebassen Bitterwasser *(Kquoni)* zu trinken. Erbrach er, galt seine Unschuld für erwiesen, schäumte aber das Wasser vor seinem Mund, war er des Todes.

Bei solchen Gelegenheiten aus der Rinde eines bestimmten Baumes hergestelltes „rotes" Wasser heißt heute noch bei den Bullom *kwon* (= *Kquoni*), bei den Temne *okwon* und bei den Susu *millee*. Th. M. Winterbottom schreibt 1803 von Ordalien (Gottesurteilen) wie Sand- und Palmnußwerfen, und auch die Wahrsagerin Demo Sisseh in Regent bei Freetown bediente sich eines dem Ifa-Orakel der Yoruba ähnlichen Wurforakels, bei dem aus der Lage der geworfenen Kaurischnecken die Zukunft abgelesen wurde. Ein weithin berühmter Wahrsager im Dorf Makurhbai im Temneland besaß sogar einen sogenannten „Bergspiegel", durch dem sich ihm die Zukunft offenbarte.

Geheimbundwesen

„Es gibt bestimmte Häuser oder Kirchen für die Götzen, wo die Frauen keinen Zutritt haben. Den einen nennen sie ‚*bas*', einen anderen ‚*picaa*' und noch einen anderen ‚*contuberia*'. Diese Häuser sind ausschließlich nur für die Männer bestimmt. Der Götze der Frauen heißt ‚*pare*'; er hat eine überdeckte Kirche (Heiligtum, Kultplatz), welche die Männer nicht betreten." So berichtete Valentim Fernandes um 1500. Etwas ausführlicher äußert sich Alvares d'Almeida (1594) zu dem Thema, wenn er schrieb: „Diese Schwarzen (die Adeligen, Solategis) haben in ihren Dörfern dem Volk eingeredet, daß an bestimmten Tagen des Jahres der Teufel, ‚der ihr Gott ist', auf die Straße kommt, was sie ‚*contuberia*' nennen. Diese ‚Teufel' und diese ‚*contuberia*' sind niemand andere als der König und die Solategis, die nackt und auf Flöten spielend im Dorf herumgehen, während niemand bei Todesstrafe sich auf der Straße zeigen darf." Rund 350 Jahre später zählt Hamid Taqi (1968) vier bedeutende Gesellschaften bei den Temne auf: *Regbenle, Poro, Bundu* und *Rebethi. Regbenle* wird als der wichtigste in Zusammenhang mit der

Rechte Seite:
Der Häuptling des Temne-Dorfes Makurhbai in Sierra Leone trägt als Zeichen seiner Würde eine Art Krone und den Häuptlingswedel. Das Lederamulett auf der Brust schützt ihn vor Unbill und Gefahr. (Foto W. Hirschberg)

Sherbro-Fischer in Laka südlich von Freetown ziehen das große Schleppnetz an Land. Der Großteil der gefangenen Fische wird versteigert und gelangt auf den Markt in Freetown. (Foto W. Hirschberg)

Linke Seite:
Die Mitglieder der Tanzgesellschaften in den Dörfern der Temne sind unermüdlich in der Erfindung neuer Tänze und Masken, die ausschließlich der Unterhaltung dienen. (Foto W. Hirschberg)

Herrscherwürde genannt. Die Mitgliedschaft beschränkt sich im wesentlichen auf den Chief und die Ältesten und nur in beschränktem Maße auch auf andere Temne. Der Bund ist für religiöse Rituale sowie für Heilpraktiken zuständig und wacht über die Durchführung bestimmter Tabus, die sich auf den Herrscher selbst und seine Kapirs (Minister) sowie auf die Mitglieder des Bundes und die Öffentlichkeit beziehen. Eine weit größere Verbreitung dagegen besitzt der *Poro*-Geheimbund. Er nimmt in hohem Maße Einfluß auf die Lebensgewohnheiten der Sherbro, Temne, Mende, Kono und Kissi. Seine Vorschriften reichen von der Politik bis zur Wirtschaft, dem Regulieren des Fischfanges und der Palmnußernte, der Verantwortung für die Instandhaltung der Straßen, Wasserstellen und Brücken. Gelehrt werden den jungen Burschen in den Buschschulen Selbstdisziplin und Gehorsam gegenüber den Alten als den Hütern traditioneller Ordnung sowie alle aus dem Alltag sich als notwendig ergebende Arbeiten. Der *Bundu* (*Sande* bei den Mende) der Frauen sorgt sich um die Erziehung der Mädchen. Ursprünglich dauerte der Besuch der Buschschule drei bis vier Monate, jetzt genügen wenige Wochen. Gelehrt werden Grundbegriffe wie Kochen, Krankenpflege, Fischen, Spinnen, Tanz und Gesang. Ähnlich wie bei den Burschen wurde auch für die Mädchen das Eintrittsalter herabgesetzt. Früher galt für die Burschen das 15. bis 18. Lebensjahr, jetzt erfolgt der Eintritt zwischen dem zehnten bis 13. Lebensjahr; die Mädchen traten früher im Alter zwischen 13 und 16 Jahren in den Bundu ein, jetzt geschieht dies mit neun bis 12 Jahren. Verbesserte und modernisierte Koran-, Volks- und Hauptschulen bekämpfen die Erziehung der Burschen im *Poro* als „heidnischen Erziehungsfaktor", während man den *Bundu* der Mädchen als harmlos betrachtet. Obgleich der Eintritt in den *Poro*-Bund ein freiwilliger ist, schreibt diesen doch die Tradition den Männern vor. Bis in die jüngste Zeit herein war ein jeder erwachsene Mann bei den Temne und Mende Mitglied des *Poro*. Der Eintritt in den Bund kann jedoch auch erzwungen werden, sobald man sich als Nichtmitglied dem Bund gegenüber durch ein Vergehen schuldig machte.

Mit Ausnahme einer einzigen älteren Frau, die in den Bund initiiert und *mamboreh* genannt wird, gibt es keine weiblichen Mitglieder im *Poro*. Nach ihrer Initiation gilt die *mamboreh* als unfähig Kinder zu gebären. Sie darf den *Bundu*-Busch der Frauen nicht mehr betreten, da sie als Mann angesehen wird; sie darf auch in keiner Weise an irgendeinem Unternehmen des *Bundu*

Linke Seite:
Tyityilig-Figur, die das Jagdglück sichern soll. Die gut 1,50 m hohe Figur steht auf einem flachen Sockel aus laterithaltiger Erde. Moba, beim Dorf Mamproussi, Kanton Bogou, Togo. (Foto J. Zwernemann)

teilnehmen, wenn sie auch vordem Mitglied des *Bundu*-Geheimbundes gewesen war. Eigen ist dem *Poro*-Bund eine ausgeprägte hierarchische Einstufung seiner Mitglieder, unterschiedlich ist jedoch bei den einzelnen Ethnien seine Einflußmöglichkeit auf die Staatsgeschäfte. Im Tene Chiefship der Temne ist er offenbar gegenüber dem *Regbenle* ins Hintertreffen geraten. Als nicht aktives, sondern als Ehrenmitglied und Patron des *Poro* fühlt sich hier der Chief an die Weisungen des *Poro* in keiner Weise gebunden. Eigene Lieder, eigene Tänze und ein eigenes Ritual sind für den *Poro* charakteristisch. Ihr *„Poro Devil"* wird von den Mitgliedern der Gesellschaft als *Panan* oder O *kaskesu* = „Vater, unser" bezeichnet, der die Wiedergeburt zum Zwecke einer vollen Integration und Teilnahme am Leben der Gemeinschaft ermöglicht. Es ist daher verständlich, wenn muslimische Temne den *Poro* meiden, weil sie in ihm Dinge sehen, die mit ihrer Religion, dem Islam, nicht in Einklang zu bringen sind. Die Initiation (Einweihungsriten), die sich unter Umständen über ein Jahr hinziehen kann, kommt einer symbolischen Tötung des Novizen und einer Wiedergeburt gleich.

Sowohl für die Burschen als auch für die Mädchen erfolgt die Initiation in völliger Abgeschlossenheit und Geheimhaltung im Busch, fern von dem Wohnort ihrer Verwandten und Freunde. Im Verlauf der Einweihungsriten des *Bundu*, die analog zum *Poro* letzthin den Übergang vom Kinde zum geschlechtsreifen Erwachsenen zum Inhalt haben, spielt u. a. die Mädchenbeschneidung (Klitoridektonomie) eine wesentliche Rolle. Dieser entspricht die Beschneidung der Jungen im *Rebethi*-Bund der Temne. Sie hat gleichfalls den Einstieg in die Gesellschaft der Erwachsenen zur Folge. Den Initianten werden die Lieder der Stammesgemeinschaft und verschiedene Tricks gelehrt, sie werden mit Verhaltensregeln gegenüber anderen Stammesangehörigen vertraut gemacht. Die Jungen schlafen während ihrer Initiation im *Poro* auf Brettern und sind zahlreichen Züchtigungen ausgesetzt, um sie in Mut, Ausdauer und Demut zu üben. Den Eltern wird eingeredet, daß sie ein Geist im Lager gut betreue. Die Entlassung der Jungen wie auch der Mädchen aus dem Buschlager und ihre Rückkehr zu den Angehörigen ist mit großen Festlichkeiten verbunden; die Jungen werden von allen Festteilnehmern als „Männer der Männer" oder als „Männer voll Mut und Stärke" gepriesen, die Mädchen dagegen treffen die Vorbereitungen zu der bald bevorstehenden Ehe. Brautgeld an die Eltern der Braut sowie die traditionell erwarteten Hilfsdienste des Bräutigams bei den Brauteltern vor der Ehe bilden die Voraussetzungen für eine noch im wesentlichen patriarchalisch geführte Ehegemeinschaft.

Außer den vier genannten Bünden *Regbenle, Poro, Bundu (Sande)* und *Rebethi* gibt es bei den Temne noch weitere, weniger bedeutende Bünde, so etwa die *Kofung*-Gesellschaft, deren Mitglieder über so wunderbare magische

Kräfte verfügen sollen, daß sie sich in Tiere verwandeln können. In analoger Weise gilt dies auch für die Mende, die neben *Poro* und *Sande (Bundu)* ihre speziellen Aufgaben gewidmeten Bünde besitzen, wie etwa den *Njayei*- und den *Humui*-Bund. Aber auch der reinen Unterhaltung dienende Gesellschaften gibt es bei den Temne, so etwa die Leute des *Kakadebul* (Teufel), *Gonkole, Taransisi* und *Almanniya.* Man könnte sie auch „Tanzgesellschaften" nennen, die zu bestimmten Feiertagen, wie etwa der Ramadan-Schlußfeier, ihre neuesten Masken und neu einstudierten Tänze zur Schau stellen.

Die Geheimbund- und Gesellschaftssymbole, die Masken und nicht zuletzt die Maskentänzer, wurden von den frühen Missionaren einfach als „Teufelswerk" abgetan. Sie wurden mit dem mißverständlichen Ausdruck „Devil" = „Teufel" belegt. Dieser Ausdruck hat sich bis in die Gegenwart erhalten.

Der Eintritt in die alten Yoruba-Gesellschaften, in die Hunting Society, den *Eje* und *Oje* im Küstenland Sierra Leones, war jungen Männern ursprünglich erst ab dem 19. Lebensjahr möglich. Doch bald nach dem Zweiten Weltkrieg rotteten sich Buben zwischen zehn und 17 Jahren in Freetown zusammen und bildeten ungeachtet ihrer Stammesherkunft nach dem Vorbild ihrer Väter eigene „Eri Devil Societies", die heute weiterleben. Eine Art Rucksack mit Kämmen, Affenschädeln, kleinen Kalebassen, Kochlöffeln und allerlei Kram, alles von einem Fischernetz zusammengehalten, stellt dabei einen wesentlichen Bestandteil des oft recht phantastischen Maskenkostüms dar. Die verschiedenen zu den einzelnen Masken gehörenden Kleider bilden den Stolz der verschiedenen Jugendbünde. Die eigentliche Stärke der Maske beruht jedoch auf der magischen Macht dieses „Rucksackes", des sogenannten *„Hamper"* (Rucksacks) mit seiner in einem kleinen Behälter verborgenen Medizin. Sie ist wichtiger als das schönste Gewand. Sie wird von einem Herbalisten in der Stadt, besser aber noch von einem „up country" hergestellt. Die Salbe wird dabei oft von einem Burschen zubereitet, der selbst schon angehender Herbalist ist, dessen Kenntnisse immerhin schon ausreichen müssen, um die Medizin „steuern" zu können, d. h. sie so zu handhaben, daß die eigene Society durch sie vor Unheil behütet und gestärkt wird, so daß sie über feindliche Mächte triumphieren kann. „Viele Devils tragen nicht nur Hamper und Schneckenbehang hinten, sondern auch vorne auf der Brust. ... Manchmal umrahmt der Schneckenbehang auf der Brust einen Spiegel, der von Kauri eingefaßt ist; dahinter befindet sich fast immer ein kleiner ‚Hamper'" (H. Kreutzinger). Auch ein Wahrsager im Dorf Makurhbai hatte seinen „Bergspiegel" mit magischen Medizinen aufgeladen, und es ist sehr naheliegend, Vergleiche mit den bekannten Spiegelfetischen an der Kongoküste anzustellen. Die besten

Tänzer, die besten Trommler und die schönsten Maskengewänder werden ausgezeichnet und verlocken die begeisterten Zuschauer zu reichlichen Spenden. Selbstredend haben diese „Jugend-Societies" nach dem Vorbild der Alten auch ihre eigenen mit Mutproben verbundenen Initiationen und ihre eigenen Regeln der Mitgliedschaft.

Spuren eines „sakralen Königtums"

Eine Reihe Insignien des Tene Chiefship der Temne erinnert in mancherlei Hinsicht an diejenigen des „sakralen Königtums" in vergangenen Zeiten. So die vor fremden Blicken sorgsam gehütete Zeremonialfigur *Keboin* im „Dorf der Kronen", das etwa vier Kilometer entfernt von der Ortschaft Matokoka gelegen ist. Diese aus Holz geschnitzte Figur gehört ohne Zweifel zu den Kostbarkeiten des Tene Chiefship der Temne in Sierra Leone. Verließ der Herrscher die Residenz, wurde sie ihm in vorkolonialer Zeit vorangetragen. Sie galt als die Personifikation des Chief und wurde wie ein Mensch behandelt. Es hieß auch, sie wäre von einem eigenen Wächter, dem *Kapir Keboin*, gefüttert worden. Zu den weiteren Insignien zählen ein goldener Nasenring, wie ihn früher die Häuptlinge trugen, Zepter und ein Armband aus Leopard- und Krokodilzähnen, ferner Gong und Trommel. Wenn der Chief auf Reisen und endlich an seinem Bestimmungsort angelangt war, dann durfte er erst das für ihn bestimmte Haus betreten, wenn der *Keboin* sein kleines, eigens für ihn errichtetes Häuschen bezogen hatte. Nur der Chief durfte das vom *Keboin* bewohnte Haus betreten und dort wohnen. Auch mußte der *Keboin* zuerst seine Mahlzeit vom *Kapir Keboin* vorgesetzt erhalten, ehe der Chief selber mit dem Essen beginnen konnte. Dabei durfte ihn kein Fremder beim Essen sehen; er aß und trank im Geheimen, wie es bei vielen sakralen Königen einstmals Sitte war.

Der Preisname des Herrschers war *oship*, das heißt Leopard. Bei den Bestattungsfeierlichkeiten eines verstorbenen Herrschers hieß es, der Leopard begäbe sich an seinen Ursprung zurück. Dieses Thema erinnert an die sogenannte *Fanany*-Mythe, wonach der König sich nach seinem Tode in einen Leoparden oder Löwen verwandle (Löwe und Leopard sind Königstiere). Hinzu kam noch eine Reihe von Vorschriften, die der König peinlichst zu beachten hatte, so durfte er ohne Erlaubnis der Ältesten die Residenz nicht verlassen, mußte, wie bereits angedeutet, im Geheimen seine Mahlzeit zu sich nehmen, durfte sein Spiegelbild nicht sehen, auch nicht seinen Nasenring, trinken mußte er mit geschlossenen Augen und die Nahrung eines anderen meiden, auf Reisen wurde er in einer Hängematte getragen und wie in sakralen Königstümern üblich, die Mutter des Herrschers nahm eine bevorzugte Stellung am Hofe des Königs ein. Schließlich wurde der Tod des Herrschers so lange wie möglich dem Volk verheimlicht. Auch die Anzeichen einer sakralen Königstötung sind im „Tene Chiefship" nicht zu übersehen, denn man befürchtete, daß der *Kapir Missim*, der dem Chief am nächsten stand und diesen in den Regierungsgeschäften vertrat, den Tod des Chiefs beschleunigen könnte, um selbst Regent zu werden. „Die für ein sakrales Königtum typischen Merkmale haben sich zwar z. T. auch in islamischen Staaten erhalten, aber voll ausgebildet sind sie in den heidnisch gebliebenen Staaten bis zur Entmachtung durch die Europäer. Großstaaten dieser Art finden wir in den vergangenen neun Jahrhunderten vom Niger bis zum Nil, dann von Äthiopien über das Zwischenseengebiet bis zum Südkongo und Rhodesien. In einer großen U-förmigen Klammer umschließen sie die Hyläa (das Waldland), lassen große Teile Süd- und Ostafrikas abseits mit bescheidenen Sippen- und Dorfhäuptlingsgemeinschaften." (H. Baumann, 1969)

Himmel, Erde und Buschgeister im Glauben der Moba (Nord-Togo)

Jürgen Zwernemann

Im Kreis Dapaong im Nordwesten Togos sowie im benachbarten Grenzgebiet Nord-Ghanas lebt eine rund 110000 Menschen umfassende Bevölkerungsgruppe, die unter dem Namen Moba — in Ghana Bimoba — bekannt ist. Rassisch sind die Moba den Sudaniden zuzurechnen. Ihre Sprache gehört zu den sogenannten Gurma-Sprachen, die im Osten von Obervolta sowie im Norden Togos und im Nordwesten Ghanas gesprochen werden und eine Untergruppe der Gur- oder Volta-Sprachen sind.

Hauptort des Moba-Gebiets ist die Kreisstadt Dapaong. Sie liegt in einer nach ihr benannten Ebene, etwa 300 Meter über dem Meeresspiegel. Im südlichen Moba-Gebiet steigt eine Schichtstufe aus Sandstein bis zu 200 Meter hoch steil aus der Ebene empor und fällt nach Süden hin langsam ab. Die Moba leben in der Trockensavanne, einer mit meist weit auseinanderliegenden Bäumen und Gebüschen bedeckten Graslandschaft. Dort herrscht sudanisches Klima mit einer Regenzeit, die von Ende April bis Anfang Oktober dauert.

Die von Großfamilien bewohnten Gehöfte der Moba liegen zumeist in einigem Abstand voneinander. Nur gelegentlich verleiht eine etwas dichtere Gehöftlage einem Ort Dorfcharakter. Die Moba leben vorwiegend vom Feldbau, der noch heute als Hackbau betrieben wird. Nur Felder nahe der Gehöfte werden gedüngt. Bei entfernt gelegenen Feldern wird Wanderfeldbau angewandt, d. h. wenn ein Feld nur noch ungenügenden Ertrag liefert, verläßt man es und rodet ein neues. Wichtigste Anbaufrüchte sind verschiedene Hirsearten, Mais, etwas Reis, Erdnüsse, Erderbsen (Voandzeia subterranea) und Gemüse. Der Feldbau wird durch Haustierhaltung ergänzt. Bei den Moba trifft man Rind, Schaf, Ziege, Schwein (selten), Esel, Hund, Katze, Huhn, Perlhuhn, Ente, Taube, hin und wieder auch ein Pferd an. Im Busch sammeln die Frauen Nüsse des *Schi*baumes (Butyrospermum parkii) zur Gewinnung von Fett sowie die als Gewürz benutzten Früchte des *Néré*-Baumes (Parkia biglobosa). Der Fischfang spielt eine untergeordnete Rolle. Noch geringeren Beitrag zur Ernährung liefert die Jagd auf Affen, Hasen, Vögel und anderes Niederwild. Mit Ausnahme einiger Städterinnen sind wohl alle Frauen am Kleinhandel auf dem Markt beteiligt. Einige Frauen töpfern oder flechten. Hier und da trifft man einen Schmied oder einen Lederarbeiter. Dagegen habe ich keinen Moba gefunden, der Weber ist. In der

Kreisstadt üben einige Moba moderne Handwerke aus. Dort gibt es Zimmerleute, Schreiner, Maurer, Klempner und Mechaniker.

Die Moba sind aus verschiedenen ethnischen Gruppen entstanden. Nur wenige Clans sind autochthon, d. h. von Anfang an dort ansässig. Die Mehrzahl stammt von Einwanderern ab, die im Verlauf mehrerer Jahrhunderte in kleinen Gruppen oder in Schüben kamen. Von Süden her wanderten im 16. Jahrhundert Konkomba ein. Gegen Ende des 15. Jahrhunderts sowie im 17. Jahrhundert drangen Gurma von Norden, in der zweiten Hälfte des 17. Jahrhunderts sowie im 18. Jahrhundert Mamprussi von Westen her ein. Außerdem sind Clans vorhanden, die von Haussa und Mossi abstammen. Ende des 19. Jahrhunderts wurden die Moba durch die deutsche Kolonialmacht unterworfen.

Traditionelles Häuptlingstum und alte Sozialstruktur sind bis heute wirksam geblieben. Nach altem Brauch initiierte Häuptlinge werden weiterhin stark respektiert. Sie und die Ältesten entscheiden noch immer manchen Rechtsstreit. Solchem Urteil traut zumindest die ältere Generation mehr als einer in französischer Sprache geführten Gerichtsverhandlung.

Mythen von der Erschaffung der Welt sind bei den Moba bisher noch nicht gefunden worden. Wenn man sie fragt, sagen die Moba, daß *Yendu*, Gott oder genauer der Himmelsgott, Himmel, Erde, Bäume, Tiere, Menschen und Geister geschaffen hat. Wie und in welcher Reihenfolge, bleibt weitgehend im Dunkel. Nur Bruchstücke von Urzeitmythen sind von einigen Alten zu erfahren. So erzählte mir ein alter Häuptling, daß der Himmel früher ganz dicht über der Erde war. Die Menschen schnitten sich Stücke vom Himmel ab, kochten und aßen sie. Eines Morgens stellten sie fest, daß der Himmel sich von der Erde entfernt hatte. Die Ursache dieser Entfernung war dem alten Mann unbekannt. Mehrfach hörte ich ein Mythenmärchen, in dem sich das Chamäleon und der Totenvogel streiten, wer von ihnen älter sei. Das Chamäleon sagt, es sei älter, weil es schon auf der Erde gewesen sei, als diese noch weich war. Es habe sich damals angewöhnt, langsam und vorsichtig zu gehen. Der Totenvogel übertrumpft das Chamäleon mit der Feststellung, als seine Mutter gestorben sei, habe es noch gar keine Erde gegeben. Er sei daher gezwungen gewesen, sie auf seinem Kopf zu bestatten, wovon heute der auffällige Federbusch zeuge.

Die autochthonen Clans überliefern, daß ihre Ahnen entweder aus der Erde gekommen oder an einer Schnur vom Himmel herabgestiegen sind. *Siginayir*, der Begründer des Clans gleichen Namens, soll zusammen mit seiner Frau und seinem jüngeren Bruder beim Dorf Nandjoare an einer Schnur aus dem Himmel herabgekommen sein. An der Stelle, an der er die Erde betreten haben soll, werden noch heute drei Dolmen gezeigt, die *Siginayir* nach Meinung seiner Nachkommen aus dem Himmel mitgebracht hat, und zwar je einen für sich selbst, seine Frau und seinen Bruder. Von den Steinen aus kletterten sie mehrfach in den Himmel zurück. Dabei halfen ihnen dort verbliebene Brüder. Die Ausflüge auf die Erde geschahen aus reiner Neugier. *Siginayir* wollte sehen, was dort los war. Manchmal soll er zusammen mit seiner Frau, aber ohne seinen Bruder, bei einem anderen Dorf auf die Erde gekommen sein, bei dem zwei weitere Dolmen stehen. *Siginayir* war es verboten, einen Hahn zu essen, der als Küken keine Federn hatte. Als seine Frau ihm eines Tages einen solchen Hahn vorsetzte und er davon aß, löste sich ein Knoten in der Mitte jener Schnur. *Siginayir* und seine Frau mußten auf der Erde bleiben.

Yendu, der Himmels- und Schöpfergott, ist eng mit der Sonne assoziiert. Viele alte Moba sagen sogar, „Yendu ist die Sonne". Diese Verbindung zwischen *Yendu* und der Sonne wird dadurch bestätigt, daß zumindest ältere Moba vermeiden, den Namen „*Yendu*" nach Sonnenuntergang auszusprechen. Man benutzt dann einen Euphemismus wie „unser Sklavenbesitzer", denn alle Menschen sind letztlich *Yendus* Sklaven. *Yendu* ist so weit entfernt und so hochgestellt, daß er keinen eigenen Kult erhält. An ihn wendet man sich durch Vermittlung der Ahnen oder der Erde.

Jeder Mensch hat einen persönlichen *yendu*, der mit seinem Schicksal eng verbunden ist. Der persönliche *yendu* existiert schon vor der Geburt beim Himmelsgott *Yendu*. Wenn eine Frau schwanger wird, so geht ein *yendu* in das ungeborene Kind. Dieser *yendu* muß zuvor *Yendu* erklären, wie sein Leben verlaufen soll. Er bestimmt alles vorher: ob der Mensch, dem er gehört, arm oder reich wird, welches Glück oder Unglück er hat, ob er ein gutes oder böses Leben führen, ob er alt werden will oder nicht, wen er heiraten wird und ob er Kinder haben möchte. Diese pränatale Äußerung vor *Yendu* ist nicht rückgängig zu machen. Allerdings kann man manches Unglück abwenden oder mildern, wenn es von einem Wahrsager im voraus erkannt wird und der *yendu* Opfer erhält. Beim Tode kehrt der persönliche *yendu* zu *Yendu* zurück und legt dort über das geführte Leben Rechenschaft ab.

Der *yendu* trennt sich nicht von dem Menschen, dem er zugehört. Eng verbunden mit ihm ist *naleng*, die Seele. Manche Moba sind sogar der Meinung, daß *naleng* und *yendu* dasselbe sind, aber im Gegensatz zu *yendu* kann sich *naleng* vom Menschen trennen. Träume sind nach Meinung der Moba von *naleng* erlebte Realitäten, denn während der Mensch schläft, kann sein *naleng* sich vom Körper loslösen und spazierengehen. Wird ein Mensch gleichzeitig an zwei Orten gesehen, so ist sein *naleng* fortgegangen und der Betreffende wird sterben, aber *Yendu* „hat ihn noch nicht gerufen". Trifft man einen Menschen, der auf Anrede nicht reagiert und man erfährt zu Hause, daß der Betreffende verstorben ist, so weiß man, daß man das *naleng* des Toten gesehen hat. Wem dies widerfährt, der geht nicht zu den Totenfeiern, weil er sonst sterben müßte. Übrigens hat alles, was lebt, ein *naleng*: Menschen, Tiere und Pflanzen.

Für das *naleng* gibt es keinen besonderen Altar oder Kult, wohl aber für den persönlichen *yendu*. Der Altar des persönlichen *yendu* wird nicht etwa gleich nach der Geburt eines Kindes hergestellt, sondern wenn der Wahrsager es rät. Das kann schon einen Monat nach der Geburt sein, aber auch erst nach einigen Jahren. Für einen Mann wird er spätestens dann hergestellt, wenn er verheiratet und sein erstes Kind geboren ist, für eine Frau bei der Heirat. Der *yendu*-Altar der Frau wird vor ihrem Haus vergraben, der eines Mannes wird entweder auf oder an der Mauer des Eingangshauses zum Gehöft oder an bzw. in seinem eigenen Haus im Gehöft aufbewahrt. Nur in seltenen Ausnahmen wird der *yendu*-Altar eines Mannes im Hof des Gehöftes errichtet. Dem *yendu big*, „Kind des yendu", genannten Altar wird immer dann geopfert, wenn der Wahrsager das empfiehlt. Der Altar hat zumeist die Form einer Lehmkugel.Über diesem Altar für den persönlichen *yendu* kann man indirekt mit dem Himmelsgott *Yendu* in Verbindung treten.

Mehrfach wurde der Wahrsager erwähnt. Dies ist bei allen Völkern des Volta-Gebiets eine wichtige Persönlichkeit. Der Wahrsager wird in allen bedeutsamen Angelegenheiten befragt: wenn eine Frau schwanger oder ein Kind geboren ist, wenn ein Mitglied der Großfamilie erkrankt oder gar stirbt, wenn jemand heiraten, eine Reise antreten oder sonst etwas Wichtiges unternehmen will. Ein verantwortungsbewußtes Familienoberhaupt geht auch ohne besonderen Anlaß regelmäßig zum Wahrsager, um noch nicht erkannte Gefahren von der Familie abzuwenden. Auch immer wenn ein Opfer bevorsteht, muß der Wahrsager befragt werden, um zu erfahren, welche Art Opfer erforderlich ist, ob ein Huhn, eine Ziege, ein Schaf oder gar ein Rind geopfert werden und welche Farbe das Tier haben muß. Der Wahrsager erhält seine Information von Buschgeistern.

Das Wahrsagegerät besteht aus acht Orakelschnüren. An jeder sind bestimmte Dinge befestigt und jede hat ihren eigenen Namen. An einer Schnur, die „Hitze" genannt wird und Krankheit bedeutet, sind rote und schwarze Früchte bestimmter Bäume befestigt. Auf eine andere mit der Bedeutung „Reise" sind Schlangenwirbel aufgereiht, an einer dritten mit der Bedeutung „Tod" Ziegenhörner. An weiteren Schnüren findet man Tierknochen und -füße, Holzstücke, Eisenteile, Kaurischneckenschalen. Die Zusammensetzung variiert von einem Wahrsager zum anderen, aber offenbar wird ein gewisses Grundschema beibehalten. Ferner hat der Wahrsager drei mit Erde von Heiligtümern der Clanahnen gefüllte, tragbare Altäre, und zwar die seines Vaters, seiner Mutter und seiner eigenen. Bei der Séance nimmt der Wahrsager alle acht Schnüre in die rechte Hand, verwindet sie, nimmt dann drei in die linke, zieht die Schnüre auseinander und nimmt zwei weitere hinzu. Er stellt fest, welche Schnüre sich in welcher Hand befinden. Dies wiederholt er mehrfach und gibt eventuell zwischendurch ein Ergebnis bekannt, sonst am Ende der Konsultation. Die Vorhersagen der Wahrsager sind erstaunlich zutreffend.

Neben dem Himmelsgott *Yendu* steht im Glauben der Moba als zweite große übernatürliche Macht die Erde. In der Religion der meisten Völker des Volta-Gebiets gibt es noch heute einen Himmel-Erde-Dualismus, wobei dem männlichen Himmelsgott eine weibliche Erdgöttin gegenübersteht. Dies trifft bei den Moba nicht zu. Vielmehr wird die Erde vorwiegend als männlich aufgefaßt, genauer gesagt, die Hauptaltäre für die Erde sind männlich. Nebenaltäre gelten als weiblich. Soweit ich feststellen konnte, spielt die Erde nur in ihrer lokalen Erscheinungsform eine Rolle, d. h. der einzelne Kultbezirk, der durch einen Hauptaltar und ein oder mehrere Nebenaltäre repräsentiert wird. Eine globale Konzeption der Erde als göttliche Macht habe ich nicht festgestellt.

Jeder Erdkultbezirk untersteht einem besonderen Priester, dem *Erdherrn*. Der *Erdherr* ist stets ein Nachkomme des ersten Siedlers des Kultbezirks. Die Amtsnachfolge wird schon zu Lebzeiten eines amtierenden *Erdherrn* durch den Wahrsager ermittelt. Ein designierter *Erdherr* hat keine Möglichkeit, die Amtsübernahme abzulehnen. Man glaubt, die Erde würde ihn töten, wenn er sich ernstlich weigerte. Der *Erdherr* verwaltet das Land für seinen Clan. Er weist Felder zu, schlichtet Landstreitigkeiten und sorgt durch die korrekte Ausführung der Opfer am Erdaltar für die Fruchtbarkeit der Felder und das Wohlergehen von Mensch und Tier in seinem Kultbezirk. Früher hielt er durch Opfer Feinde und interne Zwistigkeiten vom Lande fern. Auch konnte er Kämpfe stoppen, indem er eine Aschenlinie zwischen die Parteien streute und den Zweig eines Baumes oder Busches in die Höhe hielt. Wer danach noch weiterkämpfte, der riskierte die übernatürliche Rache der Erde. Wenn Blut bei einer ernstlichen Auseinandersetzung fließt, muß der *Erdherr* für die Beteiligten Sühneopfer bringen. Ohne ein solches Sühneopfer würde man eine Mißernte befürchten. Im Gegensatz zu früher hat der *Erdherr* heute kein Anrecht auf irgendwelche Abgaben, aber jedes Gehöft steuert zum Opfer am Erdaltar etwas Bier oder ein Huhn bei.

Jeder Altar wird *tingban*, „Haut der Erde" (Mehrzahl *tingbana*), genannt, auch wenn er gar nichts mit der Erde zu tun hat. Um den Erdaltar von anderen Altären, z. B. von denen der Clangründer, zu unterscheiden, nennt man ihn zumeist *tingetana*, „Steine der Erde", denn die eigentliche Opferstelle im Erdheiligtum ist meistens ein Steinhaufen. Das Erdheiligtum umfaßt allgemein mehr als nur die Opferstelle. Es kann ein Gebüsch, ein kleiner Hain, eine Felsgruppe oder eine Stelle sein, an der ein auffälliger Baum steht. Löwen, Leoparden, Elefanten, eine Welsart oder Krokodile sind oft in besonderer Beziehung zum Erdaltar, d. h. zur lokalen Erde gedacht. Man glaubt, daß sie deren Kundschafter und Boten sind. Im Erdheiligtum darf man kein Holz sammeln und nicht jagen. Vielfach ist es untersagt, bei der Zubereitung von Opfermahlzeiten bestimmte Gewürze zu verwenden wie z. B. Zwiebeln.

Regelmäßige Opfer am Erdaltar finden vor der Saat und nach der Ernte statt. Weitere Opfer sind erforderlich, wenn die Saat nicht aufgeht, wenn im Kultbezirk oder in dessen Nachbarschaft Krankheiten auftreten oder bei sonstigem allgemeinem Unglück. Jeder Anwesende darf am Opfermahl teilnehmen. Allerdings sollen die Teilnehmer eventuelle Streitereien untereinander vorher beigelegt haben.

Jede auffällige Stelle in der Natur wird von den Moba mit übernatürlichen Wesen in Verbindung gebracht, die als Mächte neben der Erde, aber nicht in Oppositon zu ihr stehen. So werden z. B. auffällige Wasserstellen als Wasserheiligtümer angesehen. Sofern sie in direkter Verbindung zum Kultheiligtum der Erde stehen, werden sie diesem zugerechnet. Wasserheiligtümer betrachtet man aber allgemein mit gemischten Gefühlen, denn die Moba glauben, daß dort Wassergeister hausen. Diese Wassergeister, *kpungkpale* genannt, stellt man sich meist rothaarig und hellhäutig vor. Wer an einer von Wassergeistern heimgesuchten Stelle badet, der riskiert, daß er von ihnen auf den Grund gezogen wird und dort ewig trommeln muß. Auch sagt man, wer einen Wassergeist zu sehen bekommt, der wird wahnsinnig. Wenige Clans stehen nach Meinung der Moba in enger Beziehung zu den Wassergeistern, ihnen schenken die Wassergeister gelegentlich Kinder, denen übernatürliche Kräfte zugeschrieben werden. Die Herkunft dieser Kinder von den Wassergeistern kann man entweder an ihrem Verhalten erkennen oder der Wahrsager entdeckt sie.

Im Busch gelten auffällige Stellen ebenfalls als von Geistern bewohnt. Alleinstehende Bäume, Felsen, kahle Stellen usw. sind Plätze, an denen man sich hüten muß, einem Geist zu begegnen. Denn auch wer einen Buschgeist sieht, der wird meistens verrückt oder er erkrankt schwer. Große Furcht haben die Moba vor den *sampula* (Einzahl *sampul*). Diese Geister stellen sie sich klein, mit einem dicken Kopf, schmalen Hüften und zusätzlichen Zehen an den Fersen vor. Die Haut und das lange Haar sollen schwarz sein. Bis auf einen Schamschurz sind die *sampula* unbekleidet. Theoretisch kann man sie fangen, aber man sieht sie nur, wenn man besondere magische Fähigkeiten besitzt oder wenn ein *sampul* seinen Schamschurz ablegt. Wer ganz ohne magischen Schutz ist, der wird verrückt, wenn er einen *sampul* sieht. Wer einen *sampul* fängt, der sollte ihn erst loslassen, wenn er von ihm viele Zauber erhalten hat. Gut „gefegte" Plätze im Busch, auf denen kein Gras wächst, gehören den *sampula*.

Viel bedeutsamer für die Menschen sind die *tyityili* (Einzahl *tyityilig*). Auch sie sollen nach Meinung einiger Moba Buschgeister sein, was von anderen heftig bestritten wird. Wie die *tyityili* aussehen, weiß man nicht genau, denn auch sie können, so sagen die Moba, nur von Menschen mit sehr starken magischen Kräften gesehen werden. Jeder Mensch hat einen *tyityilig*. Der positive Charakter der *tyityili* wird dadurch betont, daß einige Gewährsleute sagen, die *tyityili* kommen von *Yendu*. Der *tyityilig* ist stets bei „seinem" Menschen. Was dieser denkt und tut, entspricht meistens auch dem Denken und Handeln des *tyityilig*. Manchmal handelt der Mensch aber anders als sein *tyityilig* es wünscht. Der Betreffende hat dann Unglück. Der Wahrsager stellt fest, ob eine Figur für den *tyityilig* eines Menschen geschnitzt werden soll. Das geschieht im allgemeinen zu Lebzeiten, kann aber auch nach dem Tod eines Menschen vorkommen. So sah ich eine große *tyityilig*-Figur, die auf Verlangen des Geistes einer kinderlos verstorbenen Frau angefertigt wurde und Jagdglück sichern soll. Hier ist die Verbindung des *tyityilig* zu den Ahnen und zum Busch unübersehbar. Normalerweise werden *tyityili*-Figuren nur für Männer hergestellt. Nach dem Tod des Besitzers bleibt sein *tyityilig* in der Familie und erhält nach Angaben des Wahrsagers Opfer.

Rituale des Lebens

Religiöse Aspekte einer westafrikanischen Savannenbauernkultur

(Die Nyende in der Volksrepublik Benin)

Hugo Huber

> Der Regen sagte einmal: „Ich bin der Herr des Himmels! Mensch und Tier erhalten von mir ihre Nahrung!" — „Ich bin der Herr der Erde", entgegnete der Wasserteich, „bei mir holen die Frauen ihr Wasser! Von mir sind die Fische und Schnecken!" Kaum hatte er dies gesagt, da hörte der Regen auf zu fallen, ein ganzes Jahr. Der Teich trocknete aus. Die Fische starben dahin. Die Schnecken starben dahin . . .
> Da ging der Teich zum Regen. „Verzeihung!" sagte er, „meine Tiere sind tot. Gib mir ein wenig Wasser!" Der Herr des Himmels (der Regen) gab ihm eine Kürbisflasche gefüllt mit dem feinen kleinen Regen. Der Teich goß ihn in sein Bett. Und die Fische und anderen Wassertiere kamen wieder zum Leben. „Wahrhaftig, der Regen ist der Herr des Himmels!" sagte darauf der Teich.
> Wieder trocknete der Teich aus. Wieder stieg er hinauf zum Regen. „Du bist wahrhaft der Herr des Himmels!" sagte er, „gib mir jeden Tag Wasser!" Und es regnete und regnete nun jeden Tag. Seither gibt es den großen Regen und den kleinen Regen, der aus der Kürbisflasche kommt.

Aus dieser kurzen Erzählung sprechen Tragik und Verheißung der afrikanischen Sahelzone: Der Regen ist Herr des Himmels, er ist vor allem Herr der Erde. Von seiner Macht und Gnade lebt die Savanne. Durch seine Ungnade sterben Mensch und Tier und Pflanze.

Die Nyende, von denen diese Fabel stammt, und die im Mittelpunkt unserer Darstellung stehen, sind ein Bauernvolk nahe der Nordostgrenze der Volksrepublik Benin. Sie zählen etwa 12000 Leute und gehören zur Volta-Sprachgruppe. Ihre südöstlichen Nachbarn sind die in der Atakora wohnenden, vor allem durch ihre malerischen Lehmburgen bekannt gewordenen

Somba. Ähnlich wie diese leben sie in kleineren und größeren über das Land zerstreuten Gehöften, neuerdings auch in Dorfsiedlungen. In Jahren mit normaler Regenzeit reicht ihre im November/Dezember eingebrachte Hirse — zusammen mit Jams und Fonio ihre Hauptnahrung — bis zur neuen Ernte. Über den Eigenverbrauch hinaus ermöglicht sie in guten Jahren durch den Umsatz auf dem lokalen Markt den Erwerb von „Luxusgütern" wie Kleidern, Fischfallen, Brot, Zucker oder gar Transistor-Radios und Fahrrädern. Flüssiges Geld ist aber sehr rar. Was etwa von ihren Erdnußpflanzungen einkommt — ihre einzige bescheidene profitable Verbindung zur größeren Marktwirtschaft — geht zu nicht kleinem Teil in Steuern auf. Die wenigen Haustiere wie Haushuhn, Perlhuhn, Ziege, Schaf und Hund sind primär Opfertiere. Sie sichern deswegen aber nicht weniger, zusammen mit der eher kargen Beute an Kleinwild, das für die Ernährung notwendige Protein. Schmied und Sänger ausgenommen gibt es kaum professionelle Spezialisten. Aber auch sie sind, ähnlich wie der Erdherr oder Klanpriester, zugleich Hirsebauern.

Ihre meist gesungenen Traditionen erzählen von mythischen Ahnen, die an einer bestimmten Stelle aus der Erde oder aus einem Wasserteich stiegen, und von anderen, die in einem allseitig geschlossenen Haus vom Himmel herunterkamen. Ihr Zusammentreffen wurde zur Machtprobe, aus welcher *Bombuane*, der aus einer Erdhöhle herausgestiegene Urvater des *Bekutyebe*-Klans als Sieger und erster Erdpriester hervorging. Auf seinem autochthonen Ursprung gründet noch heute sein religiös-ritueller Autoritätsanspruch über eine Anzahl der 19 Nyende-Klane. Zuwanderer, einzelne Immigranten und kleine Splittergruppen von Ost und West, haben mit den Autochthonen zusammen zur Ethnogenese des Nyende-Volkes beigetragen. Es sind Kult- und Heiratsallianzen entstanden.

Diese heterogene Zusammensetzung weist einerseits auf erhebliche intrakulturelle Differenzierung, aber auch auf historisch begründete Gemeinsamkeiten mit Kultur und Lebensform der Nachbarvölker hin. Unter diesen erscheinen aber die durch ihre Kunstfertigkeit und ihren Handel bekannten islamisierten Tyokosi und Dendi, vor allem im Kontext der Initiationsfeiern, als die „Bekleideten", die tabuisierten Fremden. Das heißt aber nun keineswegs, daß etwa die Jugendfeiern, wie man dies erwarten möchte, Inbegriff alter Kultur und sakrosankter Tradition, Authentizität und Mitte des Volkes bedeuten. Wohl haben ihre verschiedenen Formen — *lukuntire* und *difone* als mehr religiös orientierte Mädchen- und Knabenweihe der östlichen Klane und die *kom*-Feier, die Initiation der westlichen Gebiete — heute vor allem durch ihre Symbolik und Farbenpracht eine starke emotionale Resonanz. Sie sind aber alle drei verhältnismäßig rezente, aus benachbarten Regionen importierte Institutionen. Es scheint, daß im Bereich der Autochthonen, im Gebiet von Ketutyeke, ursprünglich überhaupt keine Jugendweihen bekannt waren.

Die Gehöftegemeinschaft, d. h. die häufig polygam erweiterte Kernfamilie, bildet die Basis der territorialen und sozialen Struktur des Volkes. Nachfolge und Erbe geschehen, wie dies bei den westsudanischen Savannenbauern üblich ist, in der männlichen Linie. Brüder leben mit ihren Kindern gewöhnlich in benachbarten Gehöften. Sie treffen sich aber, vornehmlich als Opfergemeinschaft, im Rahmen der Haus-, Linien- und Klanrituale.

Diese Klanrituale richten sich zunächst und direkt an die Ahnen. Sie stehen, vor allem der tote Vater und seine unmittelbaren Vorfahren, ihren lebenden Nachkommen am nächsten. Ihnen ist in der Eingangshütte eines jeden Nyendegehöftes eine Opferstätte in Form einer bankähnlichen Lehmplattform geweiht. Sie, die früheren Besitzer der Felder und die Mittler des Lebens von Generation zu Generation, sind für ihre Nachkommen vor allem schützende und segnende Mächte, die ihnen Fruchtbarkeit verheißen. Sie sind aber auch die Wächter der alten Normen. Durch sie, so glaubt und betet man, gehen die Opfergaben weiter an die Schutzgeister von Sippe und Klan, deren Kultstätten — kleinere Haufen sakraler Steine, *litade* genannt — unter Bäumen oder in kleinen Hainen außerhalb der Siedlungen sich finden.

Näher beim Gehöfteeingang trifft man die weitverbreiteten konischen Lehmaltäre. Sie repräsentieren Seele und Schicksal jener Bewohner, deren Lebenskraft von Kindheit an schwach und durch Krankheit und Unglück bedroht ist. Das Blut der Opfertiere und die häufige Darbringung von Hirse und Jams sollen ihre Seele stärken.

Über all diesen Mächten steht *Uyenu*, die in der Sonne und ihrem Lauf symbolisierte und in ihr gegenwärtige Gottheit, „derjenige, der alles trägt, und dem alles zu eigen ist“, der Herr der Schöpfung. An ihn richten sich schlußendlich durch die Vermittlung der Ahnen und Klanschutzgeister die Opfergebete der Menschen. Er hat keinen eigentlichen Altar, es sei denn, daß man die manchmal mit den Seelenaltären verbundenen sakralen Holzpfosten „*uyendo*“ (‚Uyenu's Holz‘) genannt, als ihm in besonderer Weise zueigen auffaßt. Manche Nyende sprechen in diesem Kontext eher von einem persönlichen Schutzgeist des Menschen als von der Sonnengottheit selbst.

Uyenu ist den Menschen ein Ferner geworden, durch ihre eigene Schuld: Eine Frau, so erzählt die Mythe, ließ nach ihrem Tod ihr Kind als Waise zurück. Uyenu war damals noch mit den Menschen zusammen. Er hatte Brüste wie eine Frau, aber deren nur eine. Der Vater brachte das Kind, daß Uyenu es ernähre. Das Kind aber riß in seiner Gier so stark an der Brust, daß diese losriß. Zornig zog sich Uyenu darauf von den Menschen zurück. „Du kannst ihn nicht mehr finden“, sagt man, „er hört uns nicht mehr. Er ist zu weit entfernt. Aber noch sieht man seine Spur im Aufgang der Sonne im

Osten und in ihrem Untergang im Westen. Man gießt darum beim Opfer das Wasser nach Ost und West, und man hält das Tier gegen den Himmel, bevor man es tötet. Er spricht zu den Menschen in der Weissagung." — Mehr im „magischen" Sinn erwartet man auch von den vielfach in den Gehöften aufgestellten sakralen Medizintöpfen Schutz und Wohlstand.

Islam und Christentum haben bei den Nyende noch wenig Eingang gefunden. Die Verbindung mit den mystischen Mächten ihrer Vorfahren ist auch in der heutigen Nyendebevölkerung noch überaus intensiv. Es ist aber nicht so sehr aus emotionaler Verbundenheit, auch nicht aus reverenzieller Scheu vor dem Numinosen, daß der Gehöfte- oder Linienälteste mit seiner Opfergabe vor ihren Altären steht, sondern in allererster Linie aus seiner und seiner Untergebenen existenziellen Not heraus. Für sich selbst und für die Seinen erfleht er Befreiung von Unheil und Krankheit, die ihm ein unfreundliches Schicksal mit ins Leben gegeben oder die ihm neidische Nachbarn und Rivalen durch ihre destruktiven Geheimkräfte und Medizinen auf den Weg legen. Er sucht Reinigung von ritueller Befleckung, Schutz des Lebens, Fruchtbarkeit seiner Äcker und sein Weiterleben in den Kindern: also nicht das Göttliche an sich, sondern sein menschliches im Leben und Weiterleben der Gemeinschaft als sinnvoll erachtetes Heil. Man kann somit seine Rituale als „Rituale des Lebens" bezeichnen oder auch als „Rituale der Reinigung und Befreiung", als „Rituale gegen den Tod". Als zyklische Feiern sind sie in den Jahres- und Lebenslauf integriert. Fast häufiger noch sind sie situationsbedingt: durch den Wahr- oder Heilsager angeordnete Opferriten im Zeichen aktueller Not, die als Not des einzelnen selbstverständlich auch die Not der Gruppe ist.

Aussaat und Ernte sind die üblichen Termine, an denen der gläubige Bauer sich mit Bitte und Dank an die höheren Mächte wendet. Bei den Nyende stehen die Ernterituale im Vordergrund: die Darbringung der neuen Hirse und das Opfer der ersten Jamsknollen. Beide sind Feiern der Freude; denn mit der neuen Ernte sind die Wochen der Kargheit und der größeren Anfälligkeit für Krankheiten wieder vorüber.

Hirsebrei ist die wichtigste feste Nahrung, Hirsebier mit Hirsewasser zusammen das wichtigste Getränk. Es ist der Priester des Klans, der im Beisein aller Sippen- und Gehöftevertreter, das von ihnen mitgebrachte erste Hirsebier und den ersten Brei von der neuen Ernte im Namen aller Klangenossen ihrem gemeinsamen Ahnherrn und durch ihn Uyenu, dem

Rechte Seite:
Tyityilig-Figur vor einem Schutzzauber namens gberig. Zur Abwehr böser Geister und Einflüsse am Bauplatz eines neuen Gehöfts aufgestellt. Moba, Dorf Tonte, Kanton Tami, Togo. (Foto J. Zwernemann)

Hausbau bei den Nyende. (Foto H. Huber)

Die Lehmaltäre vor dem Gehöft repräsentieren Seele und Schicksal ihrer Bewohner. Vom Opfer erwarten sie neue Lebenskraft. (Foto H. Huber)

„Herrn über alles", darbringt, „damit Ernte und Nahrung in diesem Jahr reichlich seien und der Geburten viele werden". Der Priester trinkt als erster vom neuen Bier. Ihm folgen die Ältesten seiner Sippe und die Vertreter des Klans und schließlich auch die Gäste der durch Heirat oder Freundschaft alliierten Klane. Das Erlebnis der Kult- und Mahlgemeinschaft stärkt das soziale Band innerhalb der Abstammungs- und Allianzgruppen. Die Feiern wiederholen sich im kleineren Rahmen der einzelnen Sippen und Hausgemeinschaften.

„Den neuen Jams essen" heißt die entsprechende rituelle Feier für das Jamsfrucht-Erstlingsopfer. Die einzelnen Familiengemeinschaften sind hier die eigentlichen Träger der Riten: der Vater mit seinen verheirateten Söhnen oder der älteste Bruder zusammen mit seinen jüngeren Brüdern. Der vom Haupt der Familie persönlich eingebrachte Jams wird von ihm in Scheiben geschnitten und auf den verschiedenen Hausaltären geopfert. Am Abend treffen seine jüngeren Brüder bzw. Söhne ein, jeder mit seinen ersten Jamsknollen. In familiärer Eintracht erleben sie die Opfer- und Mahlgemeinschaft mit ihren verstorbenen Vätern. Jeder von ihnen empfängt seinen Teil des gerösteten, mit sakralen Medizinen gemischten neuen Jams, von dem man zuvor auf den verschiedenen Familienaltären geopfert hat.

Neben den Feiern des Ackerbaujahres sind auch die Rituale der verschiedenen Lebensstufen heute noch lebendig. Für die Initiationen, die Heirats- und Totengedenkfeiern sind Form und Struktur der Riten weithin festgelegt. Für die Stufe der Geburt und Kindheit hingegen sind vielfach von der Not diktierte und vom Wahrsager vorgeschriebene Sonderriten vorgesehen. Dies ist angesichts der enormen Kindersterblichkeit verständlich. Allgemeiner Brauch ist, daß das neugeborene Kind unter den besonderen Schutz der Familienahnen gestellt wird. Der Vater holt für diese Feier die sakrale Ahnenkette beim Klanpriester. Er legt sie über Nacht auf seinen Ahnenaltar und beopfert sie am Morgen mit Wasser und Tierblut. Gleichzeitig betet er zu den Vorfahren und durch sie zu Uyenu um Segen und Schutz für das Kind. Stellvertretend trägt die Mutter die sakrale Kette für einige Tage um ihre Schultern. Diese wird dadurch zum Symbol enger Verbundenheit und zum Zeichen der Lebenskraft, die durch die Vorfahren von Generation zu Generation weitergegeben wird.

Für ein schwaches Kind verordnet der Wahrsager gewöhnlich die Errichtung und Weihe eines besonderen Lehmaltars vor dem Gehöfteingang. Durch diese Weihe und durch weitere jährliche Trankopfer u. a. Opfer

Linke Seite:
Initiation der Mädchen (lukumtire): Geschmückt zur Schlußfeier. (Foto H. Huber)

erwartet man, daß sich die Lebenskraft des Kindes mehre, daß sich seine „Seele“ stärke, und daß es den ihm als persönliches Schicksal vorgezeichneten Lebensweg heil durchwandere.

Das „Gottesholz“, das manchmal in Verbindung mit diesem Seelenaltar in die Erde eingepflanzt wird, hat die gleiche Heilsfunktion. Seine erdnahe Symbolik, durch den Ritus des Einpflanzens konkretisiert und durch das Gebet des opfernden Ritualspezialisten besonders hervorgehoben, bezieht sich ebenfalls auf das lebensschwache Kind. Sie wird vor allem dann intensiv erlebt, wenn ein oder mehrere Vorgänger bei der Geburt oder kurz nachher gestorben waren: So wie das „Gottesholz“ in die Erde eingepflanzt bleibt, so soll auch dieses Kind in dieser Welt verankert bleiben, ein hohes Alter erreichen.

Die bereits genannten Initiationsfeiern der jungen Männer und Frauen gehören in ihrer äußeren Form und Symbolik zu den spektakulärsten Riten der Nyende. Während die von den benachbarten Somba übernommenen *lukunturi-* und *difone*-Rituale als eine Art Weihe der Jugend durch Schutzgeister und Ahnen stärker religiösen Charakter haben, steht in der *kom*-Initiation der vom Westen eingewanderten Klane das soziale Moment stärker im Vordergrund: Es ist ein klassischer Übergangsritus (im Sinn von van Gennep) mit einem eindrucksvollen Tötungs- und Wiedererweckungsritual und der dazwischenliegenden „embryonalen“ Phase, der Zeit, welche die Kandidaten als „Tote“ im Hangar verbringen. Im Modell aus der Insektenwelt, der Mauerwespe, welche ihre Brut im Puppenzustand gleichsam leblos in ihrem aus Lehm und Wasser konstruierten kleinen „Hangar“ verbringen läßt, und welche, nach der während der Feier rezitierten Mythe als Lehrmeisterin den ersten Menschen initiiert hat, haben diese Völker eine anschauliche Metapher gefunden: So wie beim Insekt die Metamorphose, nach außen unsichtbar, schon im Gang ist, so ist auch der *kom*-Kandidat in dieser Zwischenphase der Abgeschiedenheit schon auf seinem Weg zur Erwachsenenform. Durch die rituelle Wiedererweckung wird der gespielte Tod zum Sieg über den Tod: Es entsteht die Erwachsenen-Persönlichkeit, die biologisch und geistig fruchtbar das Leben in der größeren Gemeinschaft entfaltet und weiterträgt. — Die Schlußfeiern der verschiedenen Initiationstypen sind sich darin ähnlich, daß sich die Kandidaten und Kandidatinnen in ihren farbenfrohen Kostümen präsentieren und durch ihre tänzerisch-spielerischen Darbietungen Hausgenossen und Kollegen in Massen zum Mitfeiern einladen. Damit haben sie nun die Phase der Kindheit endgültig abgelegt. Sie sind Erwachsene geworden und nehmen fortan am Leben der Gemeinschaft aktiven verantwortlichen Anteil.

Die Feier der Heirat ist bescheidener. Braut und Bräutigam werden am Ahnenaltar zu Gatten geweiht. Was im Opfergebet in Worten formuliert ist, das spricht auch aus dem sich anschließenden Gemeinschaftsmahl, welches das junge Paar aus dem gleichen Kürbisgefäß (Kalebasse) einnimmt: die Bitte um Segen und Fruchtbarkeit der Neuvermählten in ihrem gemeinsamen Leben.

So werden denn die mystischen Mächte in diesen verschiedenen zyklischen Jahres- und Lebensfeiern zu Mittlern und Spendern des Heils für den einzelnen und für die Gemeinschaft. Sie senden aber auch Mißwuchs, Krankheit, Sterilität und den Tod, wenn ihre Nachkommen altes Gesetz mißachten. Sie schützen anderseits auch wieder den Menschen gegen den Mitmenschen, der durch lebenvernichtende „Medizin“, durch okkulte Kräfte und perverse Machenschaften den andern zu verderben sucht. Gegen Tod und Krankheit gibt es das Amulett und die Heilmedizin. Sie wirken, so glaubt man, aus ihrer immanenten Kraft oder aus der mystischen Kraft ihrer Weihe durch Gebet und Opfer. Das gilt auch für die sakralen Töpfe mit ihren verschiedenen Ingredienzen und Behängen in den Gehöften.

Leben und Tod, Heil und Unheil sind die polaren Realitäten, die Mensch und Gemeinschaft immer neu zum Grübeln, zu Frage und Antwort herausfordern. Der Wahrsager, der aus den Bewegungen seines Wahrsagestabes und aus den Formationen seiner Kaurischalen nicht nur die mystischen Ursachen des Unheils herausliest, sondern darin auch konkrete Anweisungen über dessen Entfernung findet, wird so zum Mittler zwischen Mensch und höheren Mächten und zum großen Initiator im rituellen Bereich ihrer gegenseitigen Kommunikation. Durch seine Diagnosen weist er zum Heil. Ihn konsultieren heißt darum „zu Gott gehen“. Seinen Weisungen folgen bedeutet für die Nyende immer wieder neuen Glauben, neue Hoffnung in ihrem so häufig bedrohten Leben fassen.

Die Kurumba von Lurum (Obervolta)

Annemarie Schweeger-Hefel

Im Norden von Ober-Volta lebt in einem verhältnismäßig geschlossenen Siedlungsraum das Volk der Kurumba. Nach Süden zu finden sich bis in das zentrale Yatenga hinein noch zahlreiche Dörfer mit Kurumbavierteln oder mit der Tradition, daß ihre Bewohner aus Lurum stammen. Das gleiche stellen wir im Norden — im heutigen Mali — und im Westen bis nahe zur Grenze der Republik Niger fest. Allerdings wird nur mehr im geschlossenen Siedlungsraum *kurumfé* gesprochen — eine Altsprache (mit dem *gur* verwandt), das aber in den letzten zwanzig Jahren schon sehr stark vom *moré*, der Sprache der Mossi, überlagert wird. In den Randgebieten sind es oft nur mehr wenige alte Leute, die es noch beherrschen, öfter aber ist das *kurumfé* zur Kultsprache geworden, die verballhornt, kaum mehr verstanden wird. Überall aber wird „*kurumfé* getanzt", und dies ist das Kriterium der Volkszugehörigkeit.

Hervorgegangen ist das Volk der Kurumba aus einer Vermischung bzw. Überlagerung der autochthonen Altbevölkerung — der Nyonyosi — durch eingewanderte Familien aus dem östlichen Gebiet, die die Sprache und zahlreiche Traditionen der Altansässigen annahmen. Dieses Ereignis hat der Tradition nach und annähernd durch die Namenslisten der obersten Chefs der Kurumba bestätigt, ungefähr um 1530 stattgefunden. Vorher bestand aber schon ein Lurum (I.), das ausschließlich von der Altschicht der Nyonyosi getragen worden war und dessen oberster Chef nach der Invasion der aus dem Osten kommenden Konfé (Name der heutigen Cheffamilie) nach dem zentralen Yatenga abwanderte und heute als „geistliches" Oberhaupt in einem kleinen, heiligen Ort lebt, den zu betreten verboten ist und den zu besuchen mir als erster Weißen 1979 erlaubt worden war. Unter der Führung der Neuankömmlinge aber wurde Lurum I. zu Lurum II. zusammengeschweißt und hat eine ganz besondere Entwicklung genommen, die ein Resultat dieser historischen Gegebenheiten ist.

Der Lebensraum ist heute die Sahel mit ihren Trockensavannen, einer Regenzeit von April bis Oktober, die den Anbau von Hirse, Sorghum, Baumwolle, Erdnüssen und in Gebieten, die reicher Wasser haben, auch die Anpflanzung von Fruchtbäumen (Mango, Papaia etc.), Bohnen und Tomaten gestatten. Grundlage der Wirtschaft ist der Bodenbau. Die in geschlossenen Einzelgehöften mit Mauern und nur einem Eingang wohnenden Großfamilien sind als Gesamtheit Eigentümer der Felder. Der Familienchef regelt die gemeinsame Arbeit auf den Feldern und verteilt die täglich zu verbrauchende Nahrung an jene Frau, die für die gesamte Familie an einem Tag kochen muß. Der Boden wird mit der Hacke bearbeitet, Pflüge setzten sich nicht durch. An Tieren werden Ziegen, Schafe, Esel, Pferde und Hühner gehalten, die Rinder aber nicht selbst betreut, sondern den in diesem ganzen Raum nomadisierenden Peul (Ful) zum Hüten gegeben. Im Winter (Trockenzeit) beschäftigen sich die Männer mit Weberei: vor wenigen Jahren noch ein ausgesprochenes Haushandwerk für den Verbrauch in der eigenen Familie, wird es heute bereits kommerziell ausgewertet, d. h. man arbeitet für den Verkauf am Markt. Flechterei und Lederarbeiten werden von Wanderhandwerkern gemacht. Der Schmied, gekastet und am Dorfrand wohnend, betreibt heute schon Feldbau. Vor einer oder zwei Generationen war er nur Schmied, und seine Arbeit wurde durch Arbeit seiner Klientel auf seinen Feldern abgegolten. Die Frauen der Schmiede sind Töpferinnen, die ihre Produkte am Markt verkaufen. Die in zunehmendem Maße stattfindende Abwanderung der jungen Männer in die Städte verändert das wirtschaftliche Gefüge beträchtlich und führt zu beginnenden Notständen in der Versorgung der zurückbleibenden Familien.

Auf religiösem Gebiet ist im nördlichen Raum ein vehementes Vordringen des Islams festzustellen, der das gesamte Kulturgefüge wesentlich zu verändern beginnt. Im zentralen Yatenga aber ist in den vielen abgelegenen Orten noch der alte Glaube intakt. In den letzten Jahren ist er vielleicht aus einer gewissen Abwehrstellung gegenüber dem vordringenden Islam sogar strikter und intensiver geworden.

Neue Probleme werden in zunehmendem Maße durch die heute schon häufige Schulbildung entstehen.

Als die Mossi im 14. Jahrhundert ihre zwei großen Reiche, das Reich des *morho-naba* von Ouagadougou und das Reich Yatenga gründeten, fanden sie eine Bevölkerung vor, die sich selbst Nyonyosi nannte, die „Ersten, die zuerst Dagewesenen“. Allem Anschein nach ohne große Schwierigkeiten arrangierten sich die beiden Gruppen. Die Neuankömmlinge nahmen die politische Macht an sich und beließen den Altansässigen ihre religiösmagischen Funktionen, bedienten sich ihrer als „Erdherren“ (Diener und zugleich Besitzer der Erde, Opferpriester, Regenmacher und Seher), mossifizierten sie aber äußerlich völlig, so daß man heute erst nach langem Kennen und gewonnenem Vertrauen erfährt: „Wir sind keine Mossi, wir sind Nyonyosi.“

Anders spielte sich ein gleicher Vorgang zwei Jahrhunderte später im nördlichen Nyonyosi-Reich Lurum ab. Hier erzählt die Ursprungsmythe:

Eines Tages hörten die Sawadugu — die wichtigste Nyonyosi-Familie — im Busch in Ouré bei Mengao, dem Hauptort des heutigen Lurum II., einen großen Lärm. Als sie hinkamen, fanden sie ein Eisernes Haus ohne Türe, das vom Himmel gefallen war. Aus dem Innern hörten sie Stimmen. Sie schlugen die Tür auf und heraus kamen drei Männer: der *a-yo*, der *falao* und der *kesu*, die erklärten: „Wir sind nun eure Chefs." Dieses Ansinnen stieß begreiflicherweise auf Widerstand. Es entstand ein heftiger Kampf, bei dem beide Seiten durch Verwandlungen in Baum und Hacke, in Nadel und Faden, in Vogel und Schlange, etc. versuchten, den Gegner zu überlisten. Doch es gelang nicht. Daher schlossen sie ein Übereinkommen für ein künftiges, ersprießliches Zusammenleben. Die Neuankömmlinge erhielten die Chefferie, also die politische Macht, mußten aber die Steinchen, die sie im Magen hatten und die ihnen die Seherkraft verliehen, ausspucken, während die Altansässigen ihre Steinchen behielten und Seher blieben. Ihnen fiel auch zu, mit ihrer heiligen Axt den Regen zu holen, die Opfer für die Erde zu bringen, den *a-yo* zu wählen (später fiel diese Aufgabe wegen einer Bestechungsaffäre einem großen Mossi-*naba* zu) und ihn in seine Pflichten einzuführen, ihm in seiner siebentägigen Klausur die „Geheimnisse" mitzuteilen, ihm bestimmte Verhaltensregeln zu geben und schließlich die Aufgabe, die Chefs zu begraben. Zur Bekräftigung dieses Übereinkommens beschlossen die beiden Gruppen stets gegenseitige eheliche Bindungen einzugehen. Diese Allianz besteht noch heute.

Ein tatsächliches historisches Geschehen wird hier in ein Mythenschema hineingepreßt, das verlangt, daß die Neuankömmlinge vom Himmel kommen und sich mit den aus der Erde Geborenen verbinden. Im Hintergrund dieses Schemas steht die Weltschöpfungsmythe, die berichtet, daß Himmel und Erde ehelich verbunden waren und alle Dinge des Universums durch sie gezeugt wurden. Der ursprüngliche Idealzustand wird in der Allianz zwischen Konfé und Sawadugu wiederholt und wiederhergestellt, denn ihrer eigenen Herkunftsmythe nach sind die Sawadugu (Nyonyosi) aus der Erde geboren und stellen das weibliche Element dar.

Dieser Dualismus garantiert den Bestand der Gesamtheit und wird daher bis ins Detail durchgeführt: Der *a-yo* (Chef der Kurumba von Lurum) als Repräsentant des Volkes muß vollkommen sein. Dies kann er nur, wenn er zugleich Mann und Frau ist, denn ein Mann ohne seiner weiblichen Komponente ist nicht vollkommen, ebenso wie es auch eine Frau ohne ihre männliche Komponente nicht ist. Da es aber einer physischen Frau nicht erlaubt ist, an bestimmten sakralen Handlungen aktiv teilzunehmen, wird die erste Frau des *a-yo* durch den *falao* substituiert. Er verrichtet wie diese bei besonderen Anlässen weibliche Arbeiten, spricht mit Fistelstimme, ist aber zugleich auch „Majordomus" und „Mund" des *a-yo*, d. h. dieser spricht immer nur über den *falao* zu anderen. Auch die Lanze des *a-yo* — mehr Emblem als Waffe, da ohne Spitze — ist Symbol für die weibliche Komponente im *a-yo*. Sie wird bei allen offiziellen Anlässen dem *a-yo* vorangetragen, so wie ja auch die Frau vor dem Mann geht, damit er sie vor eventuellen Angriffen schützen kann. Die Lanze ist zugleich aber auch oberster Altar, auf dem die Opfer für das Wohlergehen von ganz Lurum gebracht werden. Diese Opfer bringt nun nicht der *a-yo* persönlich, da er — als Repräsentant des Lebens schlechthin und des Lebens des gesamten Volkes von Lurum im besonderen — nicht töten darf. Er wird vom *kesu*, dem obersten Priester, ersetzt. Aber nicht nur *falao* und „Lanze" sind Symbol für den Dualismus in der Person des *a-yo*, sondern auch seine beiden Trommeln sind männlich und weiblich, seine offizielle hölzerne Eßschale ruht auf drei Füßen (drei ist die symbolische Zahl für männlich) und hat eine weibliche Figur als Griff, die Gabelpfosten, die das Sonnenschutzdach („Hangar") des *a-yo* tragen, sind nicht nur teilweise bisexuell gestaltet, sondern auch jeweils verdoppelt, wobei theoretisch einer männlich, einer weiblich zu sein hat. Die Pfosten repräsentieren lebende Menschen, „damit der *a-yo* nie allein ist". Dieses Sonnenschutzdach wurde aus der Nyonyosikultur übernommen und dem neuen Strukturgefüge angepaßt: bei den Nyonyosi besteht es aus neun Gabelhölzern, wobei das Mittelgabelholz, unter dem der Erdherr sitzt, stets weiblich ist — Symbol für die Herkunft der Nyonyosi aus der „Frau Erde". Die Hangare der Kurumba-Chefs werden dualistisch gestaltet. Sie sind mit ihrer Lage als Teil eines „heiligen Platzes" Symbol für das gesamte Universum.

Der Dualismus ist als fundamentalstes Strukturelement am auffälligsten im „profanen" Bereich der Feldbestellung erkennbar: gesät wird gemeinsam vom Mann und seinen Frauen. Der Mann schlägt das Saatloch, die Frauen werfen die Saatfrucht hinein. Dieser Vorgang wird der Zeugung des Menschenkindes gleichgesetzt. Ausdrücklich wird erklärt, die Erde sei eine Frau, die durch den Mann befruchtet wird, wobei die Ehefrauen des Mannes die Erde vertreten. Daher darf der Mann diese Arbeit auch niemals mit seiner Mutter verrichten, denn dies käme einem Inzest gleich. Bei der Ernte schneidet der Mann die Hirsekolben ab und häufelt sie, da die Frau als Trägerin des Lebens kein Messer, keine Nadel berühren — nicht töten — darf. Dann aber trägt die Frau die Hirse im Korb nach Hause, so wie sie auch ihr eigenes menschliches Kind trägt. Die weitere Betreuung der Hirse (Einspeichern) wird aber von allen Familienmitgliedern gemeinsam übernommen, so wie sie sich ja auch mit dem Kleinkind befassen. Ausdrücklich wird die Hirse als Familienmitglied angesehen, und man stellt für die „Seele der Hirse" bei bestimmten Festen Speise und Trank in den Speicher.

Die Vorstellung, daß die Hirse eine Seele hat, die ihr Wachstum erst ermöglicht, bzw. deren Diebstahl sie tötet, führt uns in das religiöse Denken der Kurumba ein. Entsprechend der Vorstellung, daß jedes Ding beseelt ist, verwischt sich der Unterschied zwischen Realität und Irrealität, zwischen belebter und unbelebter Natur. Mythisches Geschehen und Jenseits sind ebenso real wie diesseitige historische Ereignisse. Mit dem Tod eines Menschen stirbt eine seiner Seelen (Lebenskraft), eine zweite wartet, bis sie in einem Nachkommen wiedergeboren wird, die dritte geht zu *dofere*, zu Gott, von dem man aber nicht angeben kann, wo er ist. Doch gilt er als Schöpfer des Universums, der allen Wünschen der Menschen wohlgeneigt ist. Man wendet sich nicht direkt an ihn, sondern an die Ahnen, die ihm am nächsten stehen und große Macht haben. Sie sind es, die Fruchtbarkeit für Mensch und Boden geben, sie geben die Seele in den Leib der Frau, die empfangen hat, und in die Felder, in die die Frucht gesät wird, sie geben Regen, der das Wachsen der Feldfrucht ermöglicht, sie geben Schutz vor Krankheiten, Feinden usw. Dies bewirkt, daß sich der gesamte Kult an die Ahnen wendet. Sie sind Mittler zwischen den Menschen und *dofere*, und man rezitiert ihre Namen — teilweise 28 bis 32 Generationen lang — damit der letzte, dessen Namen man noch kennt, die Gebete an die „Ahnenheit" weitergebe und diese dann an *dofere* selbst. Man opfert ihnen an bestimmten Plätzen Speise und Trank, an Plätzen, wo besondere Kräfte vorhanden sind, die Gebete und Bitten gut weitergeben.

Die Ahnen sind durchaus real gegenwärtig, so zum Beispiel anläßlich der großen Totenfeier in ihren Kleidern, in der Matte, auf der sie starben, in ihren Waffen und Geräten, und vor allem in Masken und steinernen Grabstelen, die ähnliche Formen wie die Masken haben. All das sind nicht etwa Symbole, Substitute, sondern neue Körper, in denen sie leben und in der Familie ständig gegenwärtig sind. So erklären sich die „Opfer" für diese Gegenstände. Opfer sind nichts anderes als Speise und Trank, die man den würdigsten und mächtigsten Menschen, den Ahnen, gibt, um sie der Familie geneigt zu erhalten.

Aus dieser Einstellung heraus ist auch die Position der Alten zu verstehen, die ja dem Status der Ahnenheit am nächsten stehen. So stellt sich die „innere" Sozialordnung als Pyramide dar: an ihrer Spitze steht *dofere*, unter ihm die Ahnenheit, dann die Chefs und Alten, die jüngeren Männer, Frauen und schließlich die Kinder. Sie alle bilden eine Einheit, wobei jeder Gruppe bestimmte Aufgaben zufallen, die für den Bestand der Gesamtheit lebensnotwendig sind. Wesentliche Aufgabe der Alten ist es, die Opfer zu bringen, und damit die Ahnen zufriedenzustellen, Aufgabe der jüngeren Generation ist es, die Erde durch die gemeinsame Arbeit von Mann und Frau am Feld zu befruchten, um die nötige Nahrung für alle zu haben. Die Aufgabe der Frauen besteht nicht nur darin, Kinder zu gebären, sondern auch durch gewisse kultische Pflichten die Opfer erst zu ermöglichen. Aufgabe der Kinder ist es, durch das „Spielen" von Saatvorgängen oder von Maskentänzen symbolisch den guten Ausgang des künftigen Geschehens zu gewährleisten. Selbst

„Verrückte“ sind durchaus keine Außenseiter: mit ihren das ernste Geschehen karikierenden Handlungen erfüllen sie eine Rolle, die nicht unähnlich jener ist, die in unseren klassischen Dramen dem grotesk-komischen Double des tragischen Paares zukommt.

In der Regel wird die Zugehörigkeit zu einer der verschiedenen Stufen der Gesellschaft erst erreicht, wenn man durch die Erfüllung gewisser Mut-und Tapferkeitsproben, sogenannten Brimaden, bewiesen hat, daß man des höheren Status auch würdig ist. So wird das neugeborene Kind erst nach sieben Tagen durch Haarschnitt und Opfer zum echten Familienmitglied und der etwa zwölf- bis vierzehnjährige Junge durch schwere körperliche und seelische Proben, die in der Beschneidung gipfeln, zum Mitglied der Gesellschaft der erwachsenen Männer. Durch das Verlassen der *polis* (Dorfgemeinschaft), das abgesonderte Leben im Busch und das Erlernen einer Geheimsprache wird dabei das Ende des kindlichen Status und das „Neu geboren werden“ im neuen Status besonders deutlich. Das Mädchen wird vor der Eheschließung exzisiert, erhält die Narbentatauierung, die eine männliche Gestalt darstellt, und muß sich durch das tapfere Ertragen der Schmerzen würdig erweisen, dem höheren Status, den der verheirateten Frau, anzugehören. Auch der *a-yo* muß, bevor er sein Amt antritt, nicht nur gewisse Mutproben ablegen, sondern wird auch sieben Tage lang dem bisherigen Leben entzogen: eingeschlossen in einem Haus, im Gehöft des Erdherren, erhält er dort durch diesen geheime Unterweisungen, die ihn erst befähigen, seine Aufgaben als *a-yo* zu erfüllen.

Begräbnis- und Totenzeremonien zeigen Züge von solchen Übergangsriten, wobei allerdings der Verstorbene durch seine Familie vertreten wird. Ganz ähnlich verhält es sich auch mit der Erwerbung eines der wichtigsten Kulturgüter, der Maske. Aber durchaus nicht alle Familien der Kurumba von Lurum, sondern nur die Nyonyosi-Familien besitzen Masken.

Alle Maskenmythen berichten von einer Bedrohung des normalen Lebens, wie sie etwa durch übergroße Sterblichkeit, Hungersnot oder durch wilde Tiere kommen kann. Sie erzählen: In einer solchen Situation geht ein Mann, meist ein Sohn eines Chefs, weit hinaus in den menschenleeren Busch, den zu betreten großen Mut erfordert, weil er unter Umständen das Reich böser Geister ist. Im Busch trifft er auf ein Tier, das er erlegen will. Im Augenblick des Anlegens des Pfeiles verwandelt es sich aber in eine schöne Frau, die dem Jäger ein wunderbares „Ding“ verspricht, das die Ordnung wieder herstellt, wenn er sie verschont. Dieses wunderbare „Ding“ ist die Maske. Nach dem Tod des Jägers wird sie Sitz seiner Schattenseele und der aller seiner Nachfahren. Die Maske wird Familienmitglied, erhält einen eigenen Namen, bringt Fruchtbarkeit, Kindersegen und „alles Glück“. Ihr Name, *ka-renga,* bedeutet „Ahne, der sich hinter etwas versteckt“.

Die furchtbarste Bedrohung des Menschen aber ist der Tod, der in der Vorstellung der Kurumba durch den Ungehorsam und das Ungeschick einer Frau in die Welt kam. Vorher sind die Menschen ohne Tod von der Erde gegangen. Auch gegen diese Bedrohung, so berichtet eine Mythe, sollte die Maske Abhilfe schaffen: Gott (in einer anderen Mythe durch ein Tier vertreten) zeigte einem durch den Tod bedrohten Menschen eine Maske, die sein, d. h. Gottes, vollkommenes Abbild war, und befahl ihm, eine gleiche Maske zu schnitzen. Wenn ihm das gelänge, würde er nicht sterben. Seither versuchen nun die Menschen immer wieder solche Masken anzufertigen. Die Masken werden der „Ur-Maske" aber nie gleich, und daher werden die Menschen wohl sehr alt, aber sie leben nicht ewig. Die Maske, die der Ur-Maske am nächsten steht, zeigt völlig abstrakt-geometrisierte menschliche Züge. Sie ist als menschlich nur erkennbar, wenn man formale Vergleichsreihen aufstellt, die über die stilisiert-geometrisierte bis zu realistischen menschlichen Gestalten reichen. Die Formen, die dieser Ur-Maske am nächsten kommen, sind die Tatauierungen auf den Körpern der Frauen (Tatauierungen, die Männer darstellen) und Kinderzeichnungen von Verstorbenen. Die Ur-Maske aber ist laut zahlreicher Aussagen nicht allein versuchtes Abbild *doferes*, sondern zugleich *a-donai*, d. h. Abbild des „ganzen Universums". Das bedeutet wohl, daß Gott mit Universum gleichgesetzt wird. Damit erhalten wir einen der aufschlußreichsten Einblicke in das kosmologisch-metaphysische Denken der Nyonyosi, die Teil der Kurumba sind.

Nach dem wunderbaren Erhalt der ersten Masken der Nyonyosi-Familien wurden sie für das Wohl der Gesamtheit, nicht nur für das einer bestimmten Familie, verwendet. Man leiht sie z. B. an eine andere Familie — auch nicht Nyonyosi-Familie — aus, wenn eine Frau dieser Familie keine Kinder bekommt. Nach bestimmten Opfern wird die Frau schwanger und das Kind erhält einen Namen, aus dem hervorgeht, daß es ein Kind der Maske ist.

So wie die Maske eine ausgesprochen soziale Aufgabe zu erfüllen hat, so sind auch zahlreiche Funktionen der Nyonyosi selbst auf das Wohl der Allgemeinheit hin ausgerichtet. Als Erdherren bringen sie der Frau-Erde Opfer dar, holen mit ihren heiligen Äxten den Regen, vertreiben böse Winde, suchen und finden gestohlene Seelen, deren Eigentümer sonst vom Tode bedroht wären, „sehen klar", „sehen die verborgenen Dinge", wie z. B. welche Früchte im kommenden Jahr besonders gut wachsen werden, u. a. m.

Eine andere Gruppe der Altbevölkerung, der Mythe nach von den gleichen Eltern wie die Nyonyosi und Schmiede abstammend, sind die Sikomse. Es ist dies eine Gruppe, die wegen ihrer Gefährlichkeit und wegen ihres Lebens in unzugänglichen Rückzugsgebieten bisher unbekannt war. Der Mythe nach hatten sie früher die Aufgabe, die Beziehungen zwischen den Menschen und den Geistern zu regeln. Wie die Nyonyosi haben auch sie in der Vorzeit Masken erhalten, doch Masken, die Geister sind und die den Familienmitgliedern bei bestimmten Tänzen die Fähigkeit geben, in Trance zu fallen und selbst zu Geistern zu werden, entsprechend der Hierarchie der Geister zu handeln und wie diese auch weit entfernten Menschen Böses zuzufügen und sogar zu töten. Besonders die Frauen der Sikomse können gefährlich werden. Nur wenige Sikomse erreichen nach langen Geheimunterweisungen durch Alte die höchsten Grade des Wissens und Könnens, vor allem erst dann, wenn sie die Geheimsprache wirklich beherrschen. Das Wissen um ihren Tanz, *sebogho*, bei dem sie zu Geistern werden, in Trance lebende Tiere zerreißen und essen, können sie nicht erlernen, sie werden damit geboren.

Alle Mythen und alle Aussagen der Sikomse über sich, vor allem jene, die besagt, sie seien ursprünglich Geschwister der Nyonyosi und Schmiede gewesen, werden weitgehend durch zwei Tatsachen bestätigt:

1. Zwischen dem *suku* (Geheimsprache der Sikomse) und dem *kurumfé* bestehen zahlreiche Übereinstimmungen, die darauf schließen lassen, daß das *suku* nur durch gelegentliche Verballhornungen und Verwendung von gleichen Worten, aber mit anderer Bedeutung, zur Geheimsprache wurde.

2. Die Maskenformen der Sikomse lassen sich von den Nyọnyosi-Masken ableiten. Abweichungen sind durch Funktionsveränderungen bedingt, die ursprüngliche Zusammengehörigkeit ist jedoch zweifelsfrei erkennbar.

Die Sikomse erfüllen im Gegensatz zu den Nyonyosi nicht sozial positive Aufgaben für die Allgemeinheit. Im wesentlichen sind sie auf sich selbst orientiert und den anderen gegenüber eher feindlich.

Die dritte Gruppe der Altbevölkerung, der Mythe nach der „dritte Bruder“, sind die Schmiede. Sie bilden eine Kaste und heiraten nur unter sich. Sie werden gefürchtet, weil sie „Feuer“ sind, geachtet wegen ihrer Kräfte, die in der Schmiedewerkstatt, vor allem in der Esse, gegenwärtig sind, die Asylrecht gewährt und die den Schmieden oberste richterliche Gewalt verleiht. Schlägt der Schmied in einem Rechtsfall mit dem Hammer auf den Amboß, gibt es keinen Widerspruch mehr, denn Hammer und Amboß sind „wie die Ahnen“.

In Lurum nun, wo durch die Alliance der „Leute vom Himmel“, den Konfé, und den Altansässigen, den Sawadugu, eine ganz besondere Denk- und Sozialstruktur entstanden ist, haben sich der „erste (Nyonyosi) Bruder“ und der „dritte (Schmied) Bruder“ der Altbevölkerung als prägende Elemente des Volkes erhalten. Der „zweite Bruder“ aber, Sikomse, spielt hier keine Rolle mehr. Er hat sich in das südliche Yatenga zurückgezogen, sich fast hermetisch abgeschlossen, darf aber bei Beschreibung dieser Altbevölkerung nicht außer Acht gelassen werden, denn nur so erkennen wir die Bedeutung dieser Altschicht. Nur im Zusammenwirken der Nachkommen der drei Brüder —

ihre Namen sind in der Mythe erhalten: Bougouré, San und Gitti — kann der Mensch im Universum leben.

Gemeinsam regeln sie die Beziehungen des im Diesseits lebenden Menschen zu den Ahnen und zu Gott, die allen Wesen der Erde durch die Nachkommen Ouremi's (den Nyonyosi) Fruchtbarkeit geben. Sie regeln aber auch die Beziehungen zur Geisterwelt mit Hilfe der Nachkommen San's (den Sikomse) und zum Feuer mit Hilfe des Schmieds, dem Nachkommen Gitti's. Das Feuer ermöglicht erst die Herstellung jener Geräte, die notwendig sind, damit die Felder bestellt werden können, und es ermöglicht die Anfertigung der heiligen Äxte, mit denen der Regen herbeigeholt werden kann.

So ist jede Zeremonie im Grunde nichts anderes als der Nachvollzug eines Urgeschehens und damit die Wiederherstellung des uranfänglichen Idealzustandes.

Götter und Ahnen, Hexen und Medizin
Zum Weltbild in Oku (Kameruner Grasland)

Hans Joachim Koloß

Das Königreich Oku mit seinen rund 32.000 Einwohnern liegt im Zentrum des Kameruner Graslandes, das nahezu identisch ist mit der heutigen Nordwest-Provinz der Vereinigten Republik von Kamerun. Nach der deutschen Kolonialzeit kam West-Kamerun unter englische Mandatsverwaltung und wurde der damaligen englischen Kolonie Nigeria angeschlossen; es wurde somit englischsprachig. Im Volksentscheid von 1961 votierte der südliche Teil des englischen Mandatsgebietes, also auch das Grasland, für den Anschluß an Kamerun.

Das Grasland ist ein Hochland mit einer Durchschnittshöhe von etwa 1400 m; seine höchste Erhebung ist der Mount Ocku mit 3011 m. Es weist eine relativ geringe Luftfeuchtigkeit auf, die Niederschlagsmenge beträgt etwa 2000 mm pro Jahr.

Die Stämme des Graslandes haben niemals eine politische Einheit gebildet, und die für sie in der Ethnologie übliche Bezeichnung „Tikar" ist nicht einmal überall im Grasland bekannt, auch nicht in Oku. Ihre Kulturen sind sich in wesentlichen Bereichen ähnlich, aber im Einzelfall gibt es doch beträchtliche Unterschiede. Die einzelnen Dialekte gestatten beispielsweise nicht immer eine eindeutige sprachliche Verständigung zwischen den Stämmen. Sie werden im übrigen von der Linguistik zum „Semi-Bantu" gerechnet, zu jener Sprachfamilie, deren Sprachen sowohl Einflüsse aus den Bantu-, als auch aus den Sudan-Sprachen aufweisen.

Von der Provinzhauptstadt Bamenda ist Oku nur schwer zu erreichen, und das erklärt einmal seine wirtschaftliche Rückständigkeit, zum anderen aber die Bedeutung, die die traditionelle Kultur hier immer noch besitzt. Wie bei allen Graslandstämmen kennt man auch in Oku einen König. Die Graslandkönige, und das haben viele Europäer übersehen, sind aber keinesfalls allmächtig, wie man aus der Bezeichnung „König" deuten könnte, sondern von einer Geheimgesellschaft abhängig, deren wichtigste Mitglieder die Chefs der Großfamilien sind. *Kwifon*, wie diese Gesellschaft heißt, ist somit die traditionelle Regierung des Landes, aber ihre Macht — wie auch die des Königs — ist heute merklich eingeschränkt, denn Gerichtsbarkeit und Verwaltung liegen jetzt schon weitgehend bei den öffentlichen Gerichten und Behörden.

Auch heute noch ist Oku aufgrund seiner vielfältigen Medizin in ganz Kamerun als „small India of Cameroon“ bekannt und gefürchtet. Seine Zauberärzte werden selbst von europäisch erzogenen Einwohnern aus den großen Städten an der Küste konsultiert, zumeist bei Krankheiten, bei denen auch akademisch ausgebildete Ärzte keinen Rat wissen.

Berühmt ist Oku auch für die Vielzahl seiner Geheimgesellschaften, für seine Maskentänze und für seine Schnitzkunst.

Nahezu ausgeschlossen vom politischen und kultischen Leben sind die Frauen. Ihre wichtigste ökonomische Aufgabe ist der Ackerbau (Mais, Bohnen, Erdnüsse und Knollenfrüchte wie Yams, Cassava und Süßkartoffeln), der wie in alten Zeiten mit der Hacke durchgeführt wird; allein die Vorbereitung der Felder ist Aufgabe der Männer. Die Haustierhaltung ist nur von untergeordneter wirtschaftlicher Bedeutung, ebenso wie die Jagd, da der Wildbestand durch die Einführung von Schußwaffen stark dezimiert wurde.

Diese allgemeinen Informationen, die für eine Charakterisierung der Oku-Kultur unabdingbar sind, sollen im folgenden nicht vertieft werden, denn es kann hier nicht um die Kurzfassung einer systematischen Kulturbeschreibung gehen. Die Frage nach dem Weltbild verlangt vielmehr die Darstellung jener Sichtweisen, Glaubensinhalte und Werte, die die praktischen Aspekte der Kultur, nämlich die sozialen und politischen, die ökonomischen und die technischen Bereiche maßgeblich beeinflussen und koordinieren, diese in ihrer Andersartigkeit aber auch verständlich machen.

Die Welt wurde einst von *Feyin* geschaffen, aber im Gegensatz zu den Schöpfergottheiten anderer afrikanischer Völker nimmt er Einfluß auch auf das Leben der Menschen. Ja, jedes Lebewesen, jedes Ereignis ist von ihm abhängig, und man weiß, daß keine Unternehmung ohne seine Hilfe erfolgreich sein kann. Im täglichen Leben wird *Feyin* häufig angerufen, ohne daß es einen fest reglementierten Ritus gäbe: „*Feyin*, lass' dieses Unwetter keinen Schaden bringen ...“, „Sorge dafür, daß dieses Kind wieder zu Kräften gelangt ...“. Trotz seiner Allmacht erhält *Feyin*, wie es für afrikanische Schöpfergottheiten üblich ist, keine Opfer, und es gibt auch keine heiligen Plätze für ihn. Aber letztlich ist das ganze Leben ihm geweiht, und diejenigen, die ein sündenfreies Leben geführt haben, wird er einst in das Totenreich aufnehmen.

Neben *Feyin* gibt es 17 niedere Gottheiten, *Emyin* (Plural von *Feyin*) genannt; sie stehen eindeutig unter *Feyin*. Sie waren den Königen einst im Traum erschienen, hatten ihre Hilfe angeboten, aber alljährliche Opfer dafür verlangt. Jede dieser Gottheiten besitzt einen eigenen heiligen Bezirk, zumeist im Bereich von Flüssen, Felsen oder Wäldern, wo ihnen zu Beginn der Pflanz- und auch der Erntezeit Opfer (eine Kalebasse mit Palmwein und eine kleine Schale mit pflanzlicher Speise) niedergelegt werden. Die *Emyin* werden als Landgötter verstanden, von denen eine gute Ernte abhängt. In jenen Ortschaften, in denen es keinen Landgott gibt, wird dafür den Ahnen des Dorfchefs geopfert, die das Dorf gegründet haben.

Wie überall in Afrika, nehmen die Ahnen auch in Oku beständigen Einfluß auf das Leben. Dennoch ist es auffällig, daß von den Ahnen keine regelmäßigen Opfer gefordert werden, vielmehr nur Sühneopfer, wenn man sich ihnen gegenüber versündigt hat und daraufhin mit einer Krankheit bestraft wurde. Sünden gegen die Ahnen sind Sünden gegen den Familienfrieden; etwa sich gegen den Familienchef aufzulehnen, den Alten den Respekt zu verweigern, Diebstahl, Inzest usw. Für den Familienfrieden ist der Familienchef verantwortlich. Bei Streitigkeiten wird er, um nicht die Rache der Ahnen zu provozieren, die Familie in seinem Gehöft versammeln und versuchen, Frieden zu stiften. Gelingt ihm das, haben alle Familienangehörigen aus dem heiligen Trinkgefäß zu trinken. Unversöhnt an einer heiligen Zeremonie teilzunehmen, gilt als schwerer Frevel und würde den Zorn der Ahnen herausfordern. Auch die Ahnenopfer werden vom Familienchef vollzogen, und alle, die sich von der Krankheit befreien wollen, die die Ahnen ihnen geschickt haben, wenden sich wegen des Opfers an ihn. Das Opfer wird an einer beliebigen Stelle in seinem Gehöft vollzogen — also weder an den Gräbern, noch an sogenannten „Ahnenfiguren", die hier auch unbekannt sind. Bei diesen Opfern wird immer ein Huhn getötet, nur für die königlichen Ahnen sind Ziegen bzw. Schafe erforderlich. Während das Blut auf die Erde fließt, werden die Ahnen um Vergebung, aber gleichzeitig auch um Segen gebeten. Das Fleisch der Tiere wird zusammen mit anderen Speisen von allen, die an der Zeremonie teilnehmen, gemeinsam gegessen; das Blut und der Palmwein, der auf die Erde gegossen wird, gehört den Ahnen als ihr „Anteil". Dabei wirkt das Prinzip der Gegenseitigkeit: so wie die Verstorbenen einst ihren Ahnen Opfer dargebracht haben, ist es jetzt deren Recht, solche Opfer selbst zu empfangen. Die Wahrung dieses Prinzips unterliegt dem Schutz der Ahnen: derjenige, der eine Hilfe in Anspruch nimmt, ist verpflichtet, sie zu erwidern.

Ungleich wichtiger als die gewöhnlichen Ahnen sind die des Königs, denn sie nehmen nicht nur Einfluß auf das Schicksal des königlichen Klans, sondern auch auf das des gesamten Stammes. Für die Könige finden sich innerhalb des Palastes spezielle Totenhäuser, die nur von den höchsten Würdenträgern betreten werden dürfen — und nur anläßlich der Opferzeremonien, die jeweils zu Beginn der Trockenzeit durchgeführt werden.

Die Allgemeinheit dagegen ist insbesondere an den Zeremonien beteiligt, die im Zusammenhang mit Tod und Begräbnis stehen und die einen ausgesprochen festlichen Charakter im religiösen und weltlichen Sinne bekommen. Nur durch diese können die Verstorbenen — die zukünftigen Ahnen — in das Totenreich eingehen und dort Frieden finden. Groß ist die Gefahr, daß die Verstorbenen als Hexen zurückkehren, um die Hinterbliebenen heimzusuchen, und aus diesem Grunde werden während der Beisetzungen zumeist auch Medizinrituale durchgeführt. An den Feierlichkeiten beteiligen sich auch die Gesellschaften, denen die Toten zu Lebzeiten als Mitglieder angehört haben. Sie ehren die Verstorbenen durch Tänze und müssen dafür von den betreffenden Familien großzügig bezahlt und bewirtet werden. Beerdigungszeremonien können mehrere Tage dauern, diejenigen Feste aber, die mit besonderem Aufwand begangen werden, sind die Totengedenkfeste.

Im Kameruner Grasland insgesamt werden sie einige Monate, zumeist mehrere Jahre nach der Beisetzung gefeiert. In Oku gewinnen sie eine besondere Bedeutung dadurch, daß sie fast ausschließlich zu Ehren verstorbener Familienchefs veranstaltet werden, wobei allerdings die übrigen Toten der Familie in diese Zeremonie mit eingeschlossen werden. Folglich sind hier die Totengedenkfeste besonders umfangreich, aber auch verhältnismäßig selten; es finden in einem Jahr kaum mehr als ein halbes Dutzend von ihnen statt. Da alle Gesellschaften bei dieser Gelegenheit auftreten, die in Verbindung mit den Toten standen, dauern solche Feste zumeist länger als eine Woche und betreffen nicht selten den ganzen Stamm. Es sind dann also Tausende von Menschen zu bewirten, und so wird verständlich, warum diese Feste häufig genug ganze Familien wirtschaftlich ruinieren können — aber niemand möchte sich nachsagen lassen, das Totenfest der eigenen Familie sei nur ärmlich gewesen. Denn bei keiner anderen Gelegenheit werden das soziale Prestige und der Reichtum einer Familie so offenkundig wie bei den Totengedenkfesten und damit natürlich auch das Ansehen und die Macht des verstorbenen Familienchefs.

Im Gegensatz zu den Beerdigungszeremonien, die durch Trauer, aber auch durch Angst und Unsicherheit gekennzeichnet sind, herrschen bei den

Rechte Seite:
Erdherr von Soon mit der Maske seiner Familie, die bei Begräbnis und Totenfeier tanzt und der Seele des Verstorbenen ermöglicht, zu den Ahnen zu gehen. Schmuck und Mütze sind Zeichen seiner Würde. (Foto A. Schweeger-Hefel)

Seite 74 oben:
Der „Hangar“ ist Bestandteil des heiligen Platzes bei den Nyonyosi und ist Abbild des Kosmos und der sozialen Ordnung der Menschheit. (Foto W. Staude)

Seite 74 unten:
Tanz der Beschnittenen bei Gompela in Yatenga. (Foto A. Schweeger-Hefel)

Totengedenkfeiern Freude und Ausgelassenheit. Man kann sicher sein, daß die Toten nun in das Totenreich eingegangen sind, und erstmals nach dem Tode des Familienchefs ist die Familie unter seinem Nachfolger versammelt. Diese Feste werden ganz wesentlich durch Maskentänze geprägt. Man kann davon ausgehen, daß dann mindestens 60 Maskengruppen mit etwa 15 bis 30 Einzelmasken ihren Auftritt haben, deren Tänze sich zu regelrechten Wettkämpfen entwickeln. Eine direkte religiöse Bedeutung kommt diesen Tänzen nicht zu, sie sollen allein dem Vergnügen der Zuschauer dienen und der Erinnerung an die Toten. Die religiösen Aktivitäten selbst sind bescheiden. Zu Beginn der Zeremonien werden in einem kurzen Gebet diejenigen Ahnen angerufen, denen das Fest gelten soll. Daneben ist nur noch die offizielle Inthronisierung des neuen Familienchefs zu nennen. Auf den kleinen Ahnensteinen, die den verstorbenen Familienchefs gewidmet sind, wird eine Ziege geopfert. Der letzte Familienchef erhält jetzt seinen Stein, danach wird sein Nachfolger auf den heiligen Familienstuhl gesetzt, und dann trinken alle Familienmitglieder aus dem Familientrinkgefäß.

Die beiden übrigen herausragenden Ereignisse im Lebenslauf, Geburt und Hochzeit, sind ohne besondere religiöse Bedeutung. Da Altersklassen und Buschschulen unbekannt sind, gibt es auch keine Initiation, die alle Jugendlichen zu durchlaufen hätten. Das kultische Jahr weist nur wenige Höhepunkte auf. Neben den Opfern an die 17 niederen Götter und den an die königlichen Ahnen findet zu Beginn des kultischen Jahres immer ein Totengedenkfest im Palast statt: entweder zu Ehren eines verstorbenen Königs, einer Königsmutter oder der verstorbenen Prinzen. In früheren Zeiten hat es auch einen Jahrestanz gegeben, an dem sich das gesamte Volk beteiligte und der heutzutage noch in den meisten der übrigen Königreiche des Graslandes üblich ist. In Oku findet er aber bereits seit etwa 20 Jahren nicht mehr statt.

Seite 75:
Von allen Kwifon-Masken wird Nkock besonders gefürchtet und muß deshalb an zwei Seilen gehalten werden, damit sie nicht entfliehen und Schaden anrichten kann. Hier Nkock aus dem Königreich Mbiame, dessen Kwifon-Gesellschaft im Januar 1977 in das befreundete Oku gekommen war, um die verstorbenen Oku-Könige zu feiern. (Foto H. J. Koloß)

Linke Seite oben:
Manjong, eine Militärgesellschaft aus Mbiame, die zusammen mit Kwifon die verstorbenen Könige von Oku ehrte. Allein Manjong und die Gesellschaften des Palastes dürfen ihre Trommeln mit Menschen- bzw. Tierfiguren verzieren. (Foto H. J. Koloß)

Linke Seite unten:
Die „schönen" Masken des Graslandes tanzen ausschließlich bei den Totengedenkfesten und dienen der Unterhaltung. Hier eine Maskengruppe, gewöhnlich aus ca. 15 bis 30 Einzelmasken bestehend und jeweils einer Großfamilie gehörend, vor ihrem Auftritt. (Foto H. J. Koloß)

Insgesamt muß man den Eindruck gewinnen, daß das Leben außerordentlich rational bestimmt ist. In den religiösen Zeremonien findet sich nichts, was an eine „heilige Stimmung" erinnern könnte. Es gibt keine Ekstase als kultische Notwendigkeit — weder durch Drogen, noch durch Tanz hervorgerufen. Heilige Mythen sind ebenso unbekannt wie totemistische Anschauungen, also der Glaube an verwandtschaftliche Beziehungen zu Tieren. Tabus, für „naturvolkliche" Religionen typische Merkmale, sind in Oku ohne Bedeutung. Masken, ebenso wie Menschen- und Tierdarstellungen in der Schnitzkunst, besitzen keinen unmittelbaren religiösen Wert. Erde und Sterne sind keine religiösen Mächte. Auffallend ist die Zurückhaltung in religiösen Aussagen. Einzelheiten über das Totenreich werden nicht diskutiert. Wichtig ist nur, daß diejenigen, die ein sündiges Leben im weitesten Sinne geführt haben, in das „rote Land" eingehen werden, wo sie niemals endende Qualen zu erleiden haben (es ist ausdrücklich zu betonen, daß diese Vorstellung nicht auf christlichem Einfluß beruht). Der religiöse Glaube verlangt hier also nicht so sehr Erklärungen, als vielmehr die strikte Befolgung seiner Vorschriften; entscheidend ist nicht die Reflexion der Glaubensinhalte, sondern der kultische Vollzug.

So ist auch nicht überraschend, daß einem guten Charakter ein wesentlicher sozialer Wert beigemessen wird. Bei jedem sozialen Aufstieg ist er die Grundvoraussetzung, was insofern als logisch erscheint, als ein guter Mensch auch in sozialer und wirtschaftlicher Hinsicht erfolgreich ist. Da er den Göttern und Ahnen keinen Grund zur Strafe gibt, empfängt er vielmehr deren Segen, vor allem viele Kinder und Frauen. Der Besitz an Menschen bedeutet nicht in erster Linie wirtschaftlichen Vorteil, sondern ist das entscheidende Kennzeichen für Prestige und politischen Einfluß. Kinder zu haben ist aber auch ein religiöses Gebot. Unverheiratete genießen keine Achtung — denn wer wird sie einst beerdigen und wer wird sich einst ihrer erinnern?

Besondere Anforderungen werden an den Familienchef gestellt, der nicht nur der politische Führer der Familie ist, sondern auch der religiöse. Eine spezielle Priesterkaste gibt es in Oku nicht. Von einem Familienchef erwartet man nicht nur hohe moralische Tugenden, sondern er muß auch die Fähigkeit besitzen, viele Menschen zu führen — er muß, wie es heißt, ein Mann mit einer „guten Stimme" sein, ein Mann, der immer Rat weiß. Obwohl seine Stellung durch die Ahnen geschützt wird, kann er nicht allmächtig regieren; er ist vielmehr vom Familienrat abhängig, dem etwa drei bis fünf alte Männer angehören. Ein einzelner hat keine Macht; mächtig ist nur eine Gruppe, und ebenso kann auch die Wahrheit nicht von einem einzelnen gefunden werden, sondern nur in einer Gemeinschaft — die vielen Gesellschaften in Oku finden in dieser Anschauung eine wichtige Begründung. Die Diskussion wird also systematisch gesucht, denn sie fußt auf der Einsicht, daß man aus Fehlern lernen kann und daß jeder Fehler macht. Niemand ist ohne Fehler, weder der König noch der Familienchef, und diese Überzeugung ist auch die Voraussetzung für die letztlich demokratische Organisation des politischen Systems. Bei *Kwifon* hat jedes Mitglied gleiches Stimmrecht, ist jeder Bürger über seinen Familienchef vertreten. Das heißt jedoch nicht, daß die Familienchefs sich ausschließlich für die Belange ihrer eigenen Familien einzusetzen hätten, *Kwifon* ist vielmehr für den ganzen Stamm da.

Lügen und Intrigen hat es in Oku früher nicht gegeben. Sie hat man jetzt erst kennengelernt, und resignierend klagen die Alten über die moderne Entwicklung: „Politics have spoilt the country." Es wird auch immer wieder betont, daß man in den alten Zeiten kaum Verbrechen befürchten mußte. Solche innerhalb der Familie wurden von den Ahnen geahndet, sonst von *Kwifon,* wobei es keinen Zweifel darüber gab, daß es den Wahrsagern möglich war, jeden Übeltäter eindeutig zu überführen. Verbrechen, so erklären die Alten, waren daher früher sinnlos. Auch Stammeskriege waren im Grasland offenbar bei weitem nicht so häufig, wie es manche Historiker zu glauben scheinen. Benachbarte Stämme bildeten im allgemeinen eine Union, die durch gemeinsame Zeremonien vor allem beim Tode der Könige bekräftigt wurde und die keine gewalttätigen Auseinandersetzungen zuließ. So ist der Fremde im Grasland immer willkommen gewesen und genoß durch *Kwifon* uneingeschränkten Schutz. Das Band, das die Graslandstämme zusammenhielt und noch heute vereinigt, ist eben *Kwifon* — sowohl als gesetzgebende und -überwachende Instanz wie als Idee politischer und religiöser Organisation schlechthin. Ein Volk ist nur dann autonom und anerkannt, wenn es sowohl *Kwifon* besitzt, als auch einen König, die das Land gemeinsam führen. Die für Europäer ungewöhnlich anmutende Abhängigkeit des Herrschers von seinen Beratern, d. h. von *Kwifon,* von denen er sogar bestraft und auch vertrieben werden kann, versucht ein Sprichwort zu erklären: „Eine Hand allein kann niemals ein Bündel schnüren." Bei aller Machtfülle, die dem König und auch den Familienchefs dennoch zukommt, ist ihr soziales Verantwortungsbewußtsein bemerkenswert — wie ein Notabler erläuterte: „Man sitzt nicht um seiner selbst willen auf dem Thron, sondern wegen anderer Menschen."

So sehr das Schicksal der Menschen in Oku von den Göttern und Ahnen beherrscht wird, im täglichen Leben wird diese Abhängigkeit weniger sichtbar. Viel offenkundiger ist die Furcht vor Hexen und Teufeln (*Kevung* bzw. *Efim*; in Pidgin-Englisch: *„witch"* bzw. *„devil"*) und der Glaube an die Wirksamkeit von Medizinen. Hexen vermögen sich in Tiere zu verwandeln und in dieser Form Menschen zu töten; Teufel verfügen über magische Begabungen und Hilfsmittel und können ebenfalls den Menschen den Tod bringen. Beide Gruppen gelten als asozial, und wurde früher ein Hexer oder Teufel überführt, so wurde er von *Kwifon* mit dem Tode bestraft.

Der einzelne muß nach Möglichkeit sogar nachweisen, daß er selbst kein Hexer oder Teufel ist. Schon geringfügige asoziale Aktionen wie Lüge, Diebstahl, Ehebruch führen zu entsprechenden Verdächtigungen, denn sie stiften nicht nur Unruhe, sondern können auch zum Tode von Menschen führen. Die beständige Forderung nach einem guten Charakter beruht nicht zuletzt auf der Angst vor einer solchen Anschuldigung. Aber auch außerordentliche Fähigkeiten z. B. intellektueller Art oder neuerdings auf sportlichem Gebiet sind immer mit der Gefahr verbunden, dem verbotenen Kreis der *Kevung* und *Efim* zugerechnet zu werden.

Das natürliche und logische Gegenmittel für diese gefährlichen und zumeist unsichtbar wirkenden Mächte ist die Medizin. Natürlich und logisch deswegen, weil sie aus tierischen Substanzen, aber auch aus Gräsern und Blättern besteht, die ihrerseits als teuflisch und gefährlich gelten. Ein teuflisches Tier zu töten, einen teuflischen Baum zu fällen oder ein teuflisches Gras zu schneiden, verlangt bestimmte Gegenmedizinen oder Reinigungszeremonien.

Teuflisch heißt ungewöhnlich, einzigartig, unnatürlich, unheimlich, aber keineswegs nur als subjektive Erfahrung, sondern als objektive Eigenschaft dieser Mächte. Nicht nur die physische Stärke bestimmter Tiere ist teuflisch, z. B. die von Elefant, Büffel, Antilope, Leopard — der Elefant ist zusätzlich teuflisch, weil er über einen langen Rüssel verfügt, mit dem er auch töten kann und den kein anderes Tier besitzt. Als besonders teuflisch gilt aber die Fähigkeit, die Zukunft vorauszusagen, die Wahrheit zu erkennen, und es ist auch bezeichnend, daß Wahrsager in Pidgin-Englisch „scientists", also „Wissenschaftler" genannt werden. So gilt der Skorpion als teuflisch, weil er im Orakel verwendet wird, das eigentlich teuflische Tier ist jedoch das Huhn. Denn das Huhn, so sagt man, vermag jede Gefahr zu erkennen. Selbst in einem völlig dunklen Stall eingesperrt wird es sich durch Krächzen bemerkbar machen, wenn ein Raubvogel über dem Gehöft kreist. Somit gilt Hühnerblut als besonders wichtige Medizin, und folglich wird bei der Herstellung von starken Medizinen immer ein Huhn getötet, dessen Blut man über die Medizin fließen läßt. Dieses Töten kann auch als Opfer verstanden werden, denn es steht immer in Zusammenhang mit einem Gebet an den Ahnen, der die Medizin begründet hat. Vor allem wird auch *Feyin* angerufen, die Medizin wirksam werden zu lassen, denn er war es, der sie einst den Menschen geschenkt hat. Das Huhn besitzt aber noch eine andere Eigenschaft. Es vermag das Unheil von erkrankten oder verfluchten Menschen zu übernehmen; es wirkt dabei, wie die Informanten erklärten, wie ein Magnet.

Ein somit als „Sündenbock“ dienendes Huhn wird über den Körper des Patienten gestrichen; es wird erwürgt und fortgeworfen.

Jedermann verwendet Medizin täglich. Zumeist wird sie in Form von Pulver eingenommen, als Paste auf die Haut gerieben, oder sie wirkt in Form von Amuletten. Mit diesen Mitteln schützt man sich gegen Unglück aller Art, gegen Krankheiten, vor allem aber gegen den Angriff von Hexen und Teufeln. Die Medizin, die der Verteidigung dient, gilt als „gut“ und ist selbstverständlich jedermann erlaubt. Bestimmte Medizinrituale, in Verbindung mit einem Anruf an die Ahnen, werden regelmäßig für die Fruchtbarkeit der Felder durchgeführt. Ebenso kennt man spezielle Medizinrituale für das Wohl der Kinder.

Außerordentlich gefährlich ist die „schlechte Medizin“, die „bad medicine“, wie sie in Pidgin-Englisch genannt wird. Sie ist das eigentliche Gegenmittel gegen Hexen und wird häufig im Zusammenhang mit speziellen Masken verwendet. Der Maskenträger nimmt die Medizin ein und vermag dann — auch mit Hilfe der zauberkräftigen Maskenausrüstung — die unsichtbaren Hexen und Teufel zu entdecken und zu töten. Voraussetzung für das Wirken von „bad medicine“ ist, daß Herstellung und Anwendung ausschließlich im Geheimen erfolgen, auf keinen Fall in Gegenwart von Frauen. Damit aber ist klar, daß Medizin nicht allein zur Abwehr von Hexen und Teufeln (gerade auch bei Beerdigungszeremonien) dient, sondern daß sie auch ein ganz entscheidendes Mittel zur sozialen Diskriminierung darstellt, besonders zur Unterdrückung der Frauen. Durch Masken, die ja in Verbindung mit dem Medizinwesen stehen, können Abtrünnige und Missetäter bestraft werden. Selbstverständlich wurde „bad medicine“ auch im Kriegswesen angewendet, aber es war strengstens verboten, sie gegen Stammesmitglieder anzuwenden — obwohl das dennoch häufig geschah. Medizin ist in Oku das wichtigste Merkmal jeder geheimen Männergesellschaft, und in allen Gesellschaften, in denen man Mitglied ist, erhält man ihre spezielle Medizin, die man privat verwenden kann. Für jede Familie ist es unerläßlich, eine eigene Medizin- oder Maskengesellschaft zu besitzen, sie dient dem Schutz gegen alle feindlichen Mächte.

Medizin und Masken sind für Frauen außerordentlich gefährlich. Wenn sie verbotene Dinge sehen, werden sie unfruchtbar, können sterben. Niemals wird eine Frau versuchen, sich den Medizin- oder Maskenhäusern der Männer zu nähern. Früher haben Frauen angeblich nicht einmal gewußt, daß die Masken von Männern getanzt werden; sie sollen geglaubt haben, Masken seien göttlicher Herkunft — vom Himmel oder aus dem Wasser gekommen. Durch die Medizin geraten Frauen in Gefahr, ihren wichtigsten Besitz zu verlieren, nämlich das Vermögen, Kinder zu gebären. Sie selbst fühlen sich auch intellektuell nicht in der Lage, etwa Medizin zu beherrschen.

Dieses komplizierte religiöse System funktioniert allein durch die Institution des Wahrsagers oder auch Medizinmannes. Er ist derjenige, der die Welt des Übersinnlichen mit dem Diesseits verbindet und der den Menschen offenbart, wodurch der Unwille der Götter oder Ahnen hervorgerufen wurde und wie sie wieder zu besänftigen sind. Weiters entlarvt er Hexen und Teufel und vermag sie mit seiner Medizin zu vernichten. Ihre unmittelbare politische Macht ist beschränkt, aber sie wirken dennoch in erheblichem Maße auf das Wohl des Stammes durch ihre häufigen Auskünfte an *Kwifon* und die Familienchefs. Ihre Stellung erlangen sie weniger durch Ausbildung als durch Veranlagung, ja göttliche Berufung — sie sind als „gute Teufel" das Gegengewicht zu den gefürchteten Hexen und Teufeln, die ihre Gabe nur destruktiv einsetzen.

Die christliche Kirche, die in Oku erst seit Ende der dreißiger Jahre präsent ist, hat nun zusammen mit dem europäischen Einfluß im weitesten Sinne die Grundlagen der alten Weltordnung zunehmend in Frage gestellt, nach der der einzelne nicht mehr als ein Teil der Gesellschaft war und wo Diesseits und Jenseits unlösbar miteinander verbunden und sogar aufeinander angewiesen waren.

Die Hadjerai (Tschad)

Peter Fuchs

Unter dem arabischen Namen Hadjerai (wörtlich „Bewohner der Felsen") werden die Ethnien (Volk) der negriden Hirsebauern des Zentraltschadischen Massivs zusammengefaßt, insgesamt etwa 100.000 Menschen, die im Zentrum der Republik Tschad ein Gebiet von ungefähr 40.000 qkm bewohnen. Jede Ethnie der Hadjerai hat ihre eigene Sprache, von der Sprache der Nachbarn oft so verschieden, daß man als Verkehrssprache „Sudan-Arabisch" verwenden muß, um sich auf den Märkten verständigen zu können. Die zahlreichen Sprachen der Hadjerai gehören teils zur Familie der nilo-saharanischen Sprachen, teils zum erythräischen Sprachbereich, teils zu den nigritischen Sprachen. Trotz der sprachlichen Unterschiede gab es immer Kontakte, gegenseitige Entlehnungen haben stattgefunden, so daß die Hadjerai insgesamt ein relativ einheitliches Kulturbild bieten, zu dessen Herausbildung die gleichartigen Umweltbedingungen und die gleiche Wirtschaftsform wesentlich beigetragen haben.

Die Bewohner eines Berges oder eines abgegrenzten Talabschnittes bilden einen Stamm mit einem gewählten Oberhaupt, das an der Spitze einer Ratsversammlung steht, in der die einflußreichsten Männer des Stammes über alle wichtigen Angelegenheiten entscheiden. Unter ihnen ist stets der *Erdherr* zu finden, ein Abkömmling jenes Autochthonen, der als erster Bewohner das Stammesgebiet *in Besitz nahm,* indem er mit den lokalen Geistern durch Opfer in eine kultische Beziehung eintrat. Der *Erdherr* weist jedem Siedler ein Stück Land zur vererbbaren Nutzung zu. Das Landbesitzrecht des *Erdherrn* ist jedoch nicht materiell aufzufassen (der *Erdherr* kann niemals Land verkaufen oder verpachten!), sondern spirituell. Die Opfer, die der *Erdherr* bei Aussaat, Ernte und anderen Gelegenheiten verrichtet, gewährleisten die Fruchtbarkeit des Landes und der Menschen, die es bewohnen. Diese Abhängigkeit der Siedler vom *Erdherrn* läßt sich in polititsche Autorität umsetzen, deshalb ist der *Erdherr* prädestiniertes Oberhaupt der Stammesgemeinschaft. Im Verlauf der Geschichte kam es jedoch bei vielen Stämmen zu einer Trennung des sakralen Erdherrenamtes vom politischen Amt des Stammesoberhauptes. Überall ist jedoch der *Erdherr* das Symbol für die Einheit des Stammes geblieben. Mehrere benachbarte Stämme mit gleicher Sprache und Kultur bilden eine Ethnie (Volk), deren Mitglieder einzig das Bewußtsein verbindet, der gleichen Kultur anzugehören. Der Siedlungsplatz des Stammes, das Dorf, ist auf die einzelnen Clans aufgeteilt. Alle Mitglieder eines Clans leiten ihre

Abstammung in männlicher Linie vom Gründer des Clans ab. Eine wichtige Rolle im sozialen Leben des Stammes spielen die Altersklassen. Bei den Frauen gibt es drei Altersklassen: 1. Mädchen, 2. heiratsfähige Jungfrau, 3. verheiratete Frau und Mutter. Die Männer haben analoge Altersklassen, dazu noch eine vierte Altersklasse der alten Männer, der alle Männer „mit weißen Haaren“ angehören.

Die kosmische Weltordnung

Für die Hadjerai gibt es eine untere und eine obere Ebene des Kosmos. Auf der unteren Ebene befinden sich die Menschen, die Erde mit allen ihren Formen und Wesen sowie das *Land der Toten.* Auf der oberen kosmischen Ebene, weit entfernt, unerreichbar, steht das „Oben“. In dem Begriff „Oben“ ist für die Hadjerai nicht nur eine Richtung enthalten, sondern auch ihre Vorstellung von Gott. Unter „Gott“ verstehen die Hadjerai das Firmament und alles, was von dort kommt oder dort geschieht. Deshalb werden der Regen, Blitz und Donner als Manifestationen Gottes aufgefaßt. Die Schöpfung, die alles umfaßt, Erde, Lebewesen, Geister, wurde von Gott erschaffen; sie ist jedoch niemals abgeschlossen, sie geht immer weiter, denn ununterbrochen entsteht Neues. Für die Hadjerai ist Gott unendlich weit entfernt und unerreichbar. Kein Gebet, kein Opfer, keine kultische oder magische Handlung vermag die Entfernung zwischen den Menschen und Gott zu überbrücken; und doch ist sein Wirken überall und jederzeit zu spüren und zu sehen. So weit der Mensch von seinem Standpunkt im Kosmos von Gott entfernt ist, so nahe ist ihm Gott von „Oben“ her betrachtet. Die Hadjerai sagen: „Es ist einfach, von oben nach unten zu gelangen, aber unmöglich für den Menschen, von unten nach oben zu kommen, sich von der Erde zu lösen.“ Die empirische Erfahrung der Schwerkraft hat in der Kosmologie der Hadjerai ihren Ausdruck gefunden.

Rechte Seite oben:
Auch heute noch spielt die traditionelle Krankenheilung eine große Rolle, obwohl ihr objektiver Wert angezweifelt werden muß. Hier wird ein Kind, das unter starkem Fieber litt, mit einer medizinhaltigen Paste eingerieben. (Foto H. J. Koloß)

Rechte Seite unten:
Frauen ist der Gebrauch von Medizinen strengstens untersagt. Nur nach Beerdigungen werden die Frauen und Kinder von einer alten Frau mit medizinhaltigem Wasser rituell gereinigt. (Foto H. J. Koloß)

Blick in ein Familiengehöft der Hadjerai. Große aus Lehm gebaute Speicher dienen zur Aufnahme von Hirse und Erdnüssen. (Foto P. Fuchs)

Ziernarben, die den Mädchen angebracht werden, sind nicht nur Schmuck, sondern auch Statussymbol der heiratsfähigen Jungfrau. (Foto P. Fuchs)

Festlich geschmückte Frauen beim Festtanz zu Ehren eines margai. (Foto P. Fuchs)

Die Geister

Was den Menschen und allen anderen Lebewesen versagt ist, zeichnet die Geister aus: sie haben die Fähigkeit, nach „Oben“ vorzudringen. Deshalb stellen sie die einzige Verbindungsmöglichkeit zwischen den Menschen und Gott dar. Die Geister existieren in unmittelbarer Nähe des Menschen, sie sind für ihn erreichbar, er kennt die Regeln, nach denen er mit den Geistern verkehren kann. Es hängt jedoch von ihrer Willkür ab, ob sie sich für ihn nach „Oben“, an Gott wenden.

Das religiöse Leben der Hadjerai wird von den Geistern beherrscht, besonders von jenen Geistern, die in der Verkehrssprache *margai* genannt werden. Denn nur die *margai*-Geister treten mit den Menschen in kultische Beziehungen, es werden ihnen Altäre errichtet und sie können „sprechen“, das heißt von einem Medium Besitz ergreifen.

Die *margai* haben ihre Sitze auf Bergen, auf besonders markanten Felsen, in großen alten Bäumen, im Wirbelsturm, in den Flüssen und Seen. Alles Große, Mächtige, Eindrucksvolle kann Sitz der *margai*-Geister sein. Um eine kultische Beziehung zu einem *margai* herzustellen, errichtet man einen Altar, auf dem sich ein *margai*, der bisher ungebunden war, niederläßt. Man opfert ihm, veranstaltet ein *margai*-Fest und erfährt durch Medien Name und Geschlecht des *margai*. Eine einmal eingerichtete Beziehung zu einem *margai* ist unlösbar und wird an die Nachkommen vererbt. Die meisten Hadjerai haben ihre *margai* durch Vererbung bekommen. Das Verhältnis der Hadjerai zu ihren *margai*-Geistern ist zwiespältig. Einerseits fühlen sie sich von der Willkür der Geister abhängig, sie dürfen sich keine Nachlässigkeit bei den geforderten Opfern, keine Beleidigung zuschulden kommen lassen. Man empfindet die Geister einerseits als Last, versucht seinen Verpflichtungen mit so wenig Aufwand wie möglich nachzukommen, andererseits ist der Mensch aber bestrebt, seine Beziehungen zu den *margai*-Geistern möglichst intensiv und eng zu gestalten, denn die *margai*-Geister sichern nicht nur seine Existenz, sondern sie können ihm Wohlergehen, Gesundheit, Reichtum und Macht verschaffen. Die Abhängigkeit ist gegenseitig, denn die Geister brauchen die Opfer der Menschen. „Die Opfer sind die Nahrung der Geister“, sagen die Hadjerai. Ohne Opfer könnte ein *margai*-Geist zwar existieren, aber es bedeutete ein armseliges Dasein für ihn. Sein Rang innerhalb der Hierarchie der Geister hängt nämlich vom Ausmaß der Opfer ab, die ihm dargebracht werden und die seinen Reichtum darstellen. Opfer können die *margai* nur von den Menschen erlangen. Deshalb halten die *margai* die Menschen umklammert, bedrängen sie, zwingen sie in Abhängigkeit, verführen sie durch das „Glück“. Die Hadjerai behaupten, daß es überall auf der Erde *margai*-Geister gibt; sie sind jedoch arm, ohnmächtig und ohne Funktion, solange sie nicht Menschen gefunden haben, die ihnen opfern.

Das Bild des Menschen

Das Menschenbild der Hadjerai ist von der Auffassung geprägt, daß ein Mensch das, was er ist, bereits von Geburt an ist. Eigenschaften, Begabungen sind dem Menschen ebenso angeboren wie die Zugehörigkeit zu einer bestimmten Familie, einer bestimmten Ethnie. Dadurch wird das Schicksal eines Menschen bestimmt. Was ein Mensch im Verlauf seines Lebens erlernen kann, sind Techniken und soziale Verhaltensweisen, alles andere ist bereits im Mutterleib in ihm enthalten. Diese Auffassung von der Natur des Menschen prägt die Erziehung der Hadjerai-Kinder: sie ist nicht auf Entwicklung, sondern auf Einordnung ausgerichtet.

Das Wesen der Dinge

Alles mit den Sinnesorganen Wahrnehmbare, alle Lebewesen, aber auch alle Gegenstände (jede „Sache“, wie die Hadjerai es ausdrücken) haben einen sichtbaren materiellen und einen unsichtbaren immateriellen (geistigen) Gehalt. Der immaterielle Gehalt ist dynamisch, er kann wirken, es ist eine Macht darin enthalten, die aktiviert werden kann. Auf den Menschen angewendet, besagt dieses Konzept, daß der materielle Gehalt des Menschen sein Körper ist, der immaterielle Gehalt seine Seele. Die Seele wird sichtbar im Schatten. Schatten und Seele hängen eng miteinander zusammen, es ist die Materie, der Körper, der sie zusammenhält. Beim Tod trennen sich Schatten und Seele vom Körper. Der Schatten verwandelt sich in einen Panther oder einen Löwen, der manchmal nachts in das Gehöft seiner Angehörigen kommt und sie auf diese Weise ermahnt, das Totenopfer zu verrichten. Nach dem Totenopfer geht die Seele des Verstorbenen in das *Land der Toten,* das Schattentier läuft in den Busch, unterscheidet sich nicht von seinen natürlichen Artgenossen, und geht eines Tages zugrunde. In das Land der Toten, das irgendwo im Westen liegt, tritt die Seele mit derselben sozialen Stellung ein, die der Verstorbene im Augenblick seines Todes hatte. Dazu muß er mit entsprechendem Besitz ausgestattet sein. Reichtum drückt sich bei den Hadjerai vor allem im Besitz von Vieh und Hirse aus, beide stehen daher im Mittelpunkt des Totenopfers. Ist die Seele in das *Land der Toten* abgezogen, schwindet die Erinnerung an den Verstorbenen rasch aus dem Gedächtnis. Seine Umwelt hat sich darauf eingerichtet, ohne ihn zu leben, erst jetzt ist er eigentlich „tot".

Tod bedeutet für die Hadjerai das Auseinanderbrechen der Einheit von materiellem und immateriellem Gehalt. Es betrifft nicht nur den Menschen, sondern alle „Sachen". Deswegen werden Tiere, die man dem Verstorbenen mitgeben muß, getötet, Gegenstände werden zerbrochen. Denn die Seele des Verstorbenen kann nur den immateriellen Gehalt dieser „Sachen" gebrauchen.

Das Verhältnis zur Natur

Die *Natur* offenbart sich den Hadjerai als die Gesamtheit ihrer Umwelt, des Lebens und aller damit zusammenhängenden Phänomene. Der Mensch gehört nicht zur *Natur,* er muß sich jedoch ununterbrochen mit ihr auseinandersetzen, da er in der Natur lebt. Er kann versuchen, auf sie einzuwirken und seine Beziehungen zur Natur harmonisch zu gestalten, aber „beherrschen" kann er sie nicht, da ihre *Gesetze* unveränderlich sind. Diese *Gesetze* bestehen aus mechanistischen Zusammenhängen, die automatisch in festgelegter Reihenfolge wirksam werden, sobald der Mechanismus in Bewegung gesetzt wurde. Der Ablauf erfolgt immer nach demselben Prinzip, er ist ein *Naturgesetz.* Im Einzelfall kann dieser Ablauf durch Störungen unterbrochen werden, aber in seiner Gesamtheit kann man ein *Naturgesetz* nicht beeinträchtigen. Ein derartiges *Gesetz* ist zum Beispiel das Wachstum. Hat man durch die Aussaat von Hirsekörnern den Mechanismus des Wachstums in Bewegung gesetzt, erfolgt in der festgelegten Reihenfolge vom Keimen bis zum Reifen das Wachstum der Hirse *von selber,* das heißt nach den Prinzipien der Gesetzmäßigkeit. Im Einzelfall kann das Wachstum gestört werden. Wilde Tiere, Heuschrecken, Naturkatastrophen, Krieg können die Felder verwüsten. Das *Gesetz des Wachstums* wird dadurch nicht betroffen. Die Aufgabe des Menschen ist es, Störungen abzuwenden, die ihn als Einzelfall betreffen. Je nach dem Bereich, aus dem die Störung kommt oder kommen könnte, hat er die entsprechenden Gegenmittel zur Hand. Sie reichen von praktischen Schutzmaßnahmen (z. B. Bewachen des Feldes) bis zur Anwendung von Magie (Abwehrzauber) oder entsprechender kultischer Handlungen (Opfer). Ist die Ursache der Störung nicht sofort erkennbar, hilft das Orakel weiter, bei schwerwiegender Bedrohung die *Befragung des margai* (Medium).

Der magische Bereich

Im Weltbild der Hadjerai gehört die Magie zum Bereich der Beziehungen zwischen Menschen und Geistern. Das Wesentliche der Magie sind für die Hadjerai nicht die magischen Praktiken, die jeder Erwachsene kennt, weil er sie oft gesehen hat und ohne Schwierigkeiten nachvollziehen kann. Sie sind jedoch als Handlungen nur dann wirksam, wenn sie von jemandem ausgeführt werden, der mit einem bestimmten Geist in Verbindung steht.

Offene, zum Nutzen der Allgemeinheit angewendete Magie üben jene Frauen und Männer aus, an die sich eines Tages eine spezielle Art von *margai* heftete, der den betroffenen Menschen so lange mit Krankheiten und Schmerzen peinigte, bis er einen Altar errichtete, dem *margai* opferte und die ihm zugeteilte Rolle des Heilers, Geistersehers und Magiers übernahm. Dieser *margai* verleiht seinem menschlichen Partner die Fähigkeit, alle unsichtbaren Wesen (Geister, Seelen) zu sehen und ergreifen zu können. Der betreffende Mensch ist dadurch in der Lage, Krankheiten, die entstehen, weil bestimmte Geister in den Körper eingedrungen sind, zu heilen, indem er die Krankheitsgeister durch magische Praktiken wieder herauszieht. Er kann *eingefangene Seelen* befreien und ihrem Besitzer zurückgeben und er hat nicht zuletzt seherische Fähigkeiten. Seine wichtigste Aufgabe ist es jedoch, dem Schaden, der durch die *schwarze Magie* der Hexen (beiderlei Geschlechts) angerichtet wird, entgegenzuwirken.

Das Phänomen der Magie und des Hexenglaubens hängt eng zusammen mit der Vorstellung von der *Kraft des Wortes,* die im religiösen Denken und Handeln der Hadjerai eine große Rolle spielt. Jemandem das Wort „Hexe" als Anklage ins Gesicht zu schleudern, ist ein Vorgang, der ungeheure Kräfte zum Wirken bringt. Schon das Wort allein bedeutet *Schuld,* von der man sich nur reinigen kann, wenn eine andere *Machtentfaltung,* nämlich das Ordal, die Kraft des Wortes „Hexe" durch eine Gegenkraft wieder aufhebt. Jeder Hadjerai weiß, daß man „mit Worten sorgfältig umgehen muß". Am deutlichsten wird dies bei der *feierlichen Rede,* die einen unverzichtbaren Teil jeder kultischen Handlung darstellt. In der *feierlichen Rede* wird nicht nur der aktuelle Opferwunsch vorgetragen, sondern man nimmt sie zum Anlaß, um ihn auf die Allgemeinheit des Stammes und auch darüber hinaus auszudehnen. Jede aggressive Formulierung muß in der *feierlichen Rede* vermieden werden. Denn die Worte der *feierlichen Rede* sind mit besonderer Kraft geladen, die ihre Verwirklichung garantieren, sie sind *heilig,* daher auch gefährlich. Deshalb müssen die Wörter überlegt, maßvoll, eventuell mahnend, aber niemals verurteilend sein. Es ist nicht statthaft, eine *feierliche Rede* als Anklage gegen Übeltäter oder zur Vernichtung von Feinden zu halten. Eine Verletzung dieser Regel würde die Wirkung der Worte gegen den Redner kehren, der Segen würde zum Fluch. Denn für die Hadjerai ist das Ziel jeder kultischen Handlung, das gestörte kosmische Gleichgewicht aller Kräfte wiederherzustellen. Nur in einer Atmosphäre des *Friedens,* das heißt im Ausgleich streitender oder rivalisierender Personen und Gruppen, kann die kultische Handlung Erfolg haben. Das rituelle Mittel, mit der man diesen Ausgleich erwirkt, ist die *Kraft des Wortes* in der *feierlichen Rede.* Sie offenbart den eminent sittlichen Gehalt der Weltanschauung der Hadjerai, der im krassen Gegensatz zu der verbreiteten Auffassung von der „Sittenlosigkeit“ autochthoner afrikanischer Volksreligionen steht.

Das Ritual

Im Mittelpunkt aller Rituale stehen bei den Hadjerai die Opfer an die *margai*-Geister. Beim Opfer wird der immaterielle Gehalt der Opfergabe durch Töten freigesetzt und auf diese Weise dem empfangenden Geist übergeben. In dem Maße, wie der Priester beim Opfer materielle Werte vernichtet, wächst der Reichtum des *margai* durch den freigesetzten immateriellen Gehalt dieser Werte. Symbol dieser Freisetzung ist das Blut des Opfertieres, das je nach der Bedeutung des Opfers ein Huhn, eine Ziege oder ein Rind sein kann. Der jährliche Opferzyklus enthält neben zahlreichen Opfern mindestens zwei große Kultfeste zu Ehren der *margai*-Geister des Stammes, besonders jedoch für den *margai* mit dem höchsten Rang, den „großen *margai.*“ Sein „Wohnhaus“, eine verkleinerte Ausführung eines landesüblichen Kegeldachhauses, liegt in einem abgegrenzten sakralen Bezirk. Innerhalb des sakralen Bezirkes stehen meistens mehrere Häuser, die von seiner im Zölibat lebenden Betreuerin bewohnt werden.

Für die großen *margai*-Rituale gibt es festgelegte Liturgien, deren Kernstück der Auftritt des Mediums und die *Befragung des margai* darstellt. Als Medium fungiert eine Frau, die über die Fähigkeit verfügt, in dem Augenblick, wenn ihr das *Gewand des margai* angelegt wird, in Trance zu geraten. Der *margai* nimmt Besitz von ihr, er benutzt den Körper der Frau, um den Menschen in Erscheinung zu treten. Mit großer Ehrfurcht und demutsvollen Gesten richtet man nur solche Fragen an das Medium, die für die Geschicke des Stammes von großer Bedeutung sind. Die Antwort erfolgt meistens in abgehackten, undeutlich artikulierten Satzteilen, Worten oder Silben, die oft geschrien, oft geflüstert werden. Es bedarf großer Erfahrung, die Laute des Mediums so zu interpretieren, daß sie eine sinnvolle Antwort ergeben. Eine Aufgabe, die den *margai*-Priestern vorbehalten ist. Während der Befragung legt das Medium Tanzschritte und pantomimische Darstellungen ein, es finden auch Krankenheilungen durch Hand auflegen statt. Nach etwa zwei Stunden ist die Befragung beendet. Sobald ihr das *Gewand des margai* ausgezogen wird, fällt das Medium in eine tiefe Ohnmacht. Der *margai* zieht sich aus dem Körper der Frau zurück, sie erwacht.

Den Abschluß aller *margai*-Rituale bildet das Trinken von Hirsebier. Obwohl es auch zu profanen Anlässen getrunken wird, ist Bier für die Hadjerai seinem Wesen nach ein sakrales Getränk, in dem sich alle aufbauenden Kräfte der Hirse konzentrieren, jener Feldfrucht, von der die Existenz aller abhängt.

Die Nuba (Sudan)

Oswald Iten

Die Demokratische Republik

Der Sudan, mit 2,59 Millionen Quadratkilometern flächengrößter Staat Afrikas, besteht im Norden hauptsächlich aus Wüste, die gegen Süden allmählich in Savanne übergeht, die ihrerseits an den zentralafrikanischen Regenwald grenzt. Die Nuba-Berge erheben sich mitten im Land aus einer riesigen Savannenebene, westlich des Weißen Nils in der Provinz Südkordofan. Die halbe Million Einwohner in diesem Massiv bezeichnet man als Nuba. In Wirklichkeit sind es aber verschiedenartige Einzelgruppen, die unter den Sammelbegriff Nuba fallen. Ihre Herkunft ist nicht genau bekannt. Lange Zeit herrschte die Sklavenjägertheorie vor, wonach die Nuba im letzten Jahrhundert auf der Flucht vor den Sklavenraubzügen vor und während der Zeit des religiösen Fanatikers *El Mahdi* aus der Ebene in die Berge geflohen seien. Spuren der Nuba-Kulturen lassen sich aber viel länger zurückverfolgen. Analysen der Sprache haben ergeben, daß es insgesamt zehn völlig verschiedene Sprachgruppen mit vielen Dialekten gibt. Eine Gruppe ist beispielsweise einer westafrikanischen Bantusprache, eine andere dem oberägyptischen Nubischen verwandt. Die einzelnen Nuba-Völker müssen also lange Wanderungen hinter sich haben und seit Hunderten von Jahren an ihren Plätzen wohnen. Untereinander teilen sie einige Ähnlichkeiten, wie landwirtschaftliche Anbaumethoden, Siedlungsweisen, Ringkämpfe usf. Jede Nuba-Gruppe hat aber ihre Eigenheiten.

Im folgenden ist nur von den südöstlichen Nuba die Rede. Das sind die etwa 4000 Bewohner der Dörfer Kao, Nyaro und Fungor am Rande der Nuba-Berge, unweit des Weißen Nils. Die Sprache, die nur ihnen eigen ist, gehört in die große Familie der Bantusprachen. Die südöstlichen Nuba leben noch weitgehend in ihrer angestammten Lebensweise. Ihre einfache Technologie, mit der sie Ackerbau und Viehzucht betreiben, und ihre gewohnte Nacktheit, verführen manche Besucher, die Nuba voreilig als Primitive zu bezeichnen. Doch dieser Begriff, der durch unseren täglichen Sprachgebrauch verfälscht und abgedroschen ist, wird den Nuba keineswegs gerecht. Zur Bestellung ihrer Äcker benötigen sie nur Grabstock und Dolch. Durch ihre tiefen Kenntnisse der pflanzlichen Eigenschaften der ihnen bekannten vierzig Hirsesorten, der Bohnen, von Sesam, Mais, Gemüse und Gewürze gelingt es aber dem Nuba, aus den mit verschiedenen Pflanzen angebauten Äckern einen hohen Ertrag zu erzielen. Dieser erlaubt nicht nur eine großzügige

Ernährung, sondern auch den Verkauf eines bedeutenden Überschusses, aus dessen Erlös sie allerlei für das tägliche Leben Notwendige, wie Zucker, Kaffee, Stoffe, Schuhe etc. von der Außenwelt kaufen.

Die südöstlichen Nuba sind eine der wenigen Gruppen dieser Welt, die in einem *duolinealen* Verwandtschaftsystem leben. Ein solches enthält Elemente patriachalischer und matriachalischer Prinzipien. Jedermann gehört also gleichzeitig einem vaterschaftlichen und einem mutterschaftlichen Verband an. Den beiden parallelen Organisationen, dem *Patriklan* (Klan, dem der Vater angehört) und dem *Matriklan* (Klan, dem die Mutter angehört), kommen unterschiedliche Aufgaben zu. Ein Patriklan ist die straffste soziale und ökonomische Einheit. Die Mitglieder wohnen nahe beisammen, und viele Arbeiten werden gemeinsam verrichtet. Es ist beinahe undenkbar, daß jemand gegen die Interessen seines Patriklans verstößt. Deshalb herrscht ein großes Vertrauensverhältnis untereinander. Jedermann trachtet danach, das Fortbestehen seiner Gruppe zu sichern. Ein Matriklan ist eine weniger streng organisierte Verbindung. Nichtsdestoweniger sind dessen Einflüsse bedeutungsvoll, weil sie die Gesellschaft in ihrer mütterlichen Linie zusammenfassen. Im Gegensatz zum Patriklan ist ein Matriklan über das ganze Dorf zerstreut, und der äußerliche Zusammenhang ist daher weniger klar.

Prestige und Autorität sind bei den Nuba nicht hauptsächlich an einen Klan gebunden, sondern stehen mit dem Alter in Zusammenhang. Für die Lebensweise der Nuba erscheint dies durchaus sinnvoll, denn viele Entscheidungen und Rituale gründen auf den Erfahrungen eines langen und reichen Lebens. Es sind auch die Alten, die die komplizierten Verwandtschaftsbeziehungen aller Dorfbewohner überblicken. Kraft ihrer Mitgliedschaft in einem bestimmten Patriklan (oder seltener in einem Matriklan) und ihrer Weisheit verwalten die Alten rituelle Ämter — wie z. B. das der Experten für Regen, Honig, Getreide, Gesundheit, Giraffen etc. Im Prinzip können auch Frauen einige dieser Ämter bekleiden. Jedermann weiß genau, wie diese Ämter geführt werden müssen. Anläßlich des großen Erntefestes versammeln sich die Ältesten außerhalb des Dorfes, und die gesamte Bevölkerung erweist ihnen Reverenz. Sie sitzen beieinander und berichten über die Geschehnisse

Rechte Seite oben:
Einzeln stehendes Gehöft der Nuba, das sich aus vier bis fünf Häusern einer Familie zusammensetzt. (Foto O. Luz)

Rechte Seite unten:
Küchentisch einer Nuba-Frau, auf dem sie zwischen den Steinen die Hirse mahlt. (Foto O. Luz)

In stundenlanger Arbeit entstehen mittels Strohhalmen, Spiegel, Holzkohle und Eisenoxyd kunstvolle Bemalungen, bei denen die Ausgewogenheit wichtigstes Erfordernis ist. (Foto O. Iten)

Linke Seite:
Typische Körperbemalung der südöstlichen Nuba: der Körper wird in eine dunkle und eine helle Hälfte zweigeteilt und durch zusätzliche Ornamente ausbalanciert. (Foto O. Iten)

Rückentätowierung einer Frau. (Foto O. Luz)

Rechte Seite oben:
Bei den Lobpreistänzen auf die Taten der Ringkämpfer sind die Männer am sorgsamsten bemalt. (Foto O. Iten)

Rechte Seite unten:
Ringkampf bei den Mesakin, für die Männer Sportfest und Prestige. (Foto O. Luz)

Seite 102:
Mit Dornhaken und Rasierklinge wird der Körper einer Frau tätowiert, nachdem sie ihr erstes Kind etwa vier Jahre lang gestillt hat. (Foto O. Iten)

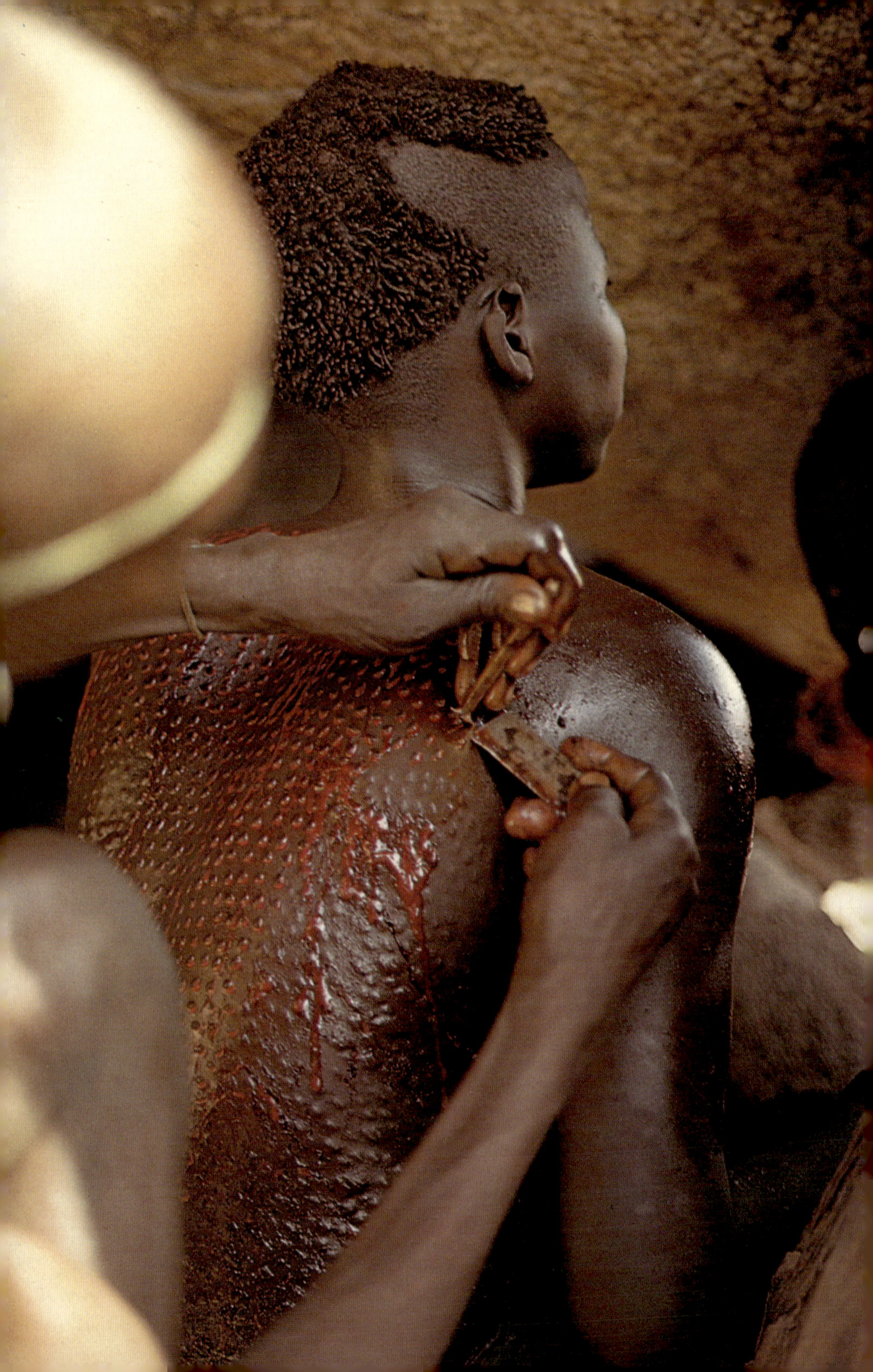

in ihrem Bereich. Dabei kann es vorkommen, daß sie ihr Handeln verantworten müssen und daß sie auch kritisiert werden. Ein Unzufriedener spricht den Betroffenen aber nur indirekt an, indem er sich laut bei einem anderen beklagt. Der Älteste wiederum rechtfertigt sich gegenüber diesem Dritten. Diese Indirektheit wahrt den Respekt und dämpft Emotionen. Die Ältesten können auch in bestimmten Fällen eine Nottruppe, die *Talmara,* aufbieten. Früher war die Talmara eine Elitetruppe, die bei den Kämpfen als erste auszurücken hatte. Heute sind diese Zeiten vorbei, die Sicherheitskräfte der Regierung haben die ursprünglichen Aufgaben der Talmara übernommen. Heute ist die Talmara vor allem noch eine Arbeitsgruppe, die der Gemeinschaft dienende Ziele in Angriff nimmt. Diese soziale Ordnung der Leitung durch ein Gremium der Ältesten ohne Häuptling, darüber hinaus aber keinerlei Bevorzugung einer bestimmten Gruppe innerhalb des ganzen Volksverbandes, hält die Nuba-Gesellschaft im Gleichgewicht, ermöglicht den Ausgleich zwischen den Geschlechtern und vermag in Notzeiten äußere und innere Gefahren abzuwehren.

Die Nuba und ihre Weltanschauung stehen heute unter großem Druck des Islam, denn die sudanesische Bevölkerung setzt sich zu zwei Dritteln aus Arabern und zum Rest aus Schwarzafrikanern zusammen. Die Kulturgrenze verläuft genau durch die Nuba-Berge, so daß dort die Konfrontation am heftigsten ist. Unter den südöstlichen Nuba bekennen sich erst wenige zum Islam. Die meisten Nuba leben in ihrem angestammten Glauben. Sie wissen ihr Leben völlig in der Hand Gottes. Dies mit Fatalismus gleichzusetzen, würde ihrem Glauben nicht gerecht. Vielmehr beinhaltet ihr Glaube ein Gefühl der Geborgenheit und des Vertrauens in die Zukunft. Gott verkörpert die allgegenwärtige Kraft, deren Name zugleich „Sonne" bedeutet. Die Nuba stellen die Sonne als Himmelskörper jedoch nicht gleich mit Gott, sondern mit dieser Wortidentität versinnbildlichen sie die abstrakte Kraft, von der alles ausgeht, ohne die Leben undenkbar wäre. Vom Aussehen oder der genauen Beschaffenheit Gottes machen sich die Nuba kein Bild. Er ist derart allmächtig, daß er von den Menschen sehr entrückt und unbeeinflußbar existiert. Zu Gott wird deshalb nicht gebetet. Die Nuba finden das fünfmalige Beten der Muslime als sinn- und hilflos, obwohl sie annehmen, daß Allah und ihr Gott sehr wohl derselbe ist. Rituale werden im

Seite 103:
Kunstvolle Narbentätowierungen des Rückens einer Frau bei den Mesakin-Nuba. (Foto O. Luz)

Linke Seite:
Sogleich nach dem Tode begraben die Nuba den Körper in einem kreisrunden Grab, das nur durch eine enge Öffnung zugänglich ist. (Foto O. Luz)

respektvollen Bewußtsein durchgeführt, daß Gott gegenwärtig ist, aber er ist eben fast unerreichbar. Die Nuba haben viel eher Zugang zu Ihren Ahnen, die ihrerseits wiederum Gott näherstehen. Darin liegt letztlich der Wunsch verankert, einer möglichst großen Nachkommenschaft das Leben zu schenken. Denn diese Nachfahren werden ständig ihrer Zeuger gedenken und ihnen vertrauen. Dies bedeutet schließlich Unsterblichkeit.

Nach dem Tod gelangt die „Seele" nicht in die unmittelbare Gesellschaft Gottes, sondern geht in die Ahnenwelt ein. Dort widmet sie sich weiterhin den Geschicken ihrer Gemeinde. In jener Welt erfreuen sich die Ahnen an eigenen Tänzen und Ringkämpfen, ohne allerdings mit den irdischen Unzulänglichkeiten behaftet zu sein. In der Tätigkeit der Ahnen liegt auch eine Quelle der Magie, sowohl der guten wie der bösen. Man wendet sie an, wenn Furcht vor bösen Menschen anderer aufkommt oder wenn man anderen Unbill herbeisehnt.

Todesfälle rufen ernste Besinnung hervor. Doch Trauer und Wehklagen der Frauen sind von kurzer Dauer. Während der Leichnam in ein Tuch eingenäht wird, stechen alle männlichen Angehörigen des Patriklans das Grab aus. Wenige Stunden nach dem Tode wird der Körper durch die enge Öffnung in die Grabhöhle gelegt, den Kopf in die für seinen Vaterklan bestimmte Himmelsrichtung gedreht. Der Übergang von der irdischen Welt in die der Ahnen wird mit einem großen Totenfest gefeiert. Ein solches Fest bedarf langer Vorbereitung, denn Hirsebier und Verpflegung in reichlicher Menge müssen für die zahlreichen Gäste bereitgestellt werden. Deshalb findet das Totenfest, Nareng genannt, manchmal erst ein halbes Jahr nach dem Ableben statt. Ein Nareng ist nur während der Trockenzeit möglich, wenn alle Dorfbewohner beisammen sind. Oft wird für alle während der Regenzeit verstorbenen Mitglieder eines Patriklans gleichzeitig gefeiert. Ein Totenfest bietet Anlaß, noch einmal die Stationen im Leben des Verstorbenen an sich vorüberziehen zu lassen. Vor allem bei Männern wird dabei deutlich, wie wichtig für sie die Schlagringkämpfe, *Timbra* genannt, sind. Timbra gelten als Höhepunkt im Leben eines Mannes. Anläßlich des großen Erntefestes, bei dem Jünglinge in die kampfberechtigte mittlere Altersklasse, *Kadundor,* aufgenommen werden, unternehmen die Novizen einen Langstreckenlauf über etwa vierzig Kilometer.

Doch bevor sie ihren ersten Schlagringkampf bestehen dürfen, müssen sie sich geistig darauf vorbereiten. Während etwa zehn Tagen leben sie abgeschieden in einem Berglager. Nur Jünglinge, die nächstes Jahr in dieselbe Altersklasse aufsteigen, dürfen ihnen das Essen bringen, das in dieser Vorbereitungszeit besonders reichhaltig aus Milch und Fleisch zusammengesetzt ist. Gelegentlich kommt einer der Ältesten vorbei, der ihnen die letzten Ratschläge erteilt. Die Körper der Novizen werden mit geheiligtem

Lehm eingerieben, und an den Füßen tragen sie Sandalen. All dies soll sie stärken und vor bösen Blicken oder unheilbringenden Zeichen auf dem Boden schützen.

Kampfanlässe werden mehrere Tage lang vorbereitet. Vor dem Aufbruch zum Kampf segnen schließlich die Ältesten, die die Kämpfer betreuen, ihre jeweiligen Schützlinge des Patriklans. Dann stürmen die Kadundor im Laufschritt auf den Kampfplatz und versuchen ihre Gegner mit furchterregenden Gebärden zu beeindrucken. Diese Demonstration der Stärke, bei der befreundete Männer Scheinkämpfe ausführen, dauert manchmal mehrere Stunden. Unterdessen diskutieren die Ältesten die möglichen Kampfpaarungen.

Unmittelbar vor Kampfbeginn binden die Männer mit Stricken ihre bronzenen, doppelschneidigen Schlagringe über Daumen und Handrücken noch einmal fest. Den Kampf eröffnen die Opponenten durch einen Schlagabtausch mit Hartholz-Stöcken. Doch schon nach kurzer Zeit tänzeln sie umeinander herum, den Angriffsarm zum Schlag erhoben, den anderen abwehrbereit. Mit dem Schlagring versuchen sie, sich gegenseitig am Kopf zu treffen. Oft krallen sie sich ineinander. Treffer verursachen meist stark blutende Schnitte in der Kopfschwarte. Der zuerst Getroffene hat eigentlich die Auseinandersetzung bereits verloren. Doch niemals wird er deswegen den Kampf aufgeben. Unbeirrbar versucht er auf den Gegner einzustürmen. Die zwei Schiedsrichter, die die Einhaltung der Regeln ständig überwachen, müssen meistens mit vereinten Kräften die beiden Kampfhähne auseinanderhalten. Beim Patriklan und seinen Dorfgenossen löst der Sieg stürmische Begeisterung aus. Der Geschlagene erhält jedoch von seinen Kameraden Achtung für tapfere Gegenwehr.

Die Männer fassen ihre Kämpfe keinesfalls als brutales Dreinschlagen auf. Timbra ist für sie ein Mittel, um ihre Aggressionen in kanalisierter Gewalt abzubauen. Dessen sind sie sich völlig bewußt. Sie sind stolz darauf, daß es in ihrer Gemeinschaft praktisch niemals vorkommt, daß Messer, Speere, Gewehre oder andere Waffen gegeneinander gerichtet werden. In diesem Punkt fühlen sie sich ihren Nachbarn, die keine Schlagringkämpfe kennen, deutlich im Vorteil. Timbra ist kein Elitesport, sondern jeder gesunde Mann im Alter zwischen 20 und 30 Jahren nimmt daran teil. Den Siegern erwachsen keinerlei Vorteile. Im Kampf muß ein Kadundor nicht nur seinen Körper völlig beherrschen, sondern auch seinen Geist. Einige Stunden vor dem Kampf schon versinkt er in geistiger Konzentration, ist kaum noch ansprechbar. Der gesamte Lebenswandel eines Kadundor ist auf den Moment des Kampfes ausgerichtet. Er kann einen Einsatz nur wagen, wenn er sich gesund fühlt, kräftig ernährt ist und auf sexuellem Gebiet zurückhaltend lebt. Zum Wesen eines Kadundor gehört seine ständige Gelassenheit, mit der er über den täglichen Reibereien steht. Das ist eine der Voraussetzungen, um später einmal als Älterer Anerkennung zu finden.

Im gesellschaftlichen Leben der Nuba kommt dem Timbra große Bedeutung zu. Vom ersten Kampf eines Kadundor komponiert die angesehene Sänger- und Trommlergesellschaft gegen Bezahlung ein Lobpreislied, das fortan bei den Nyertun-Tänzen aufgeführt wird. Beim Nyertun bewegen sich die unverheirateten Mädchen in seltsam eleganten Schritten zu den Trommelklängen. Die Kadundor treten hie und da zwischen Mädchen und Trommler und zollen ihnen mit Kampfschreien Respekt, sobald sie ihre Kampftaten im Liede preisen. Dereinst, bei der Totenfeier eines ehemaligen Kadundor, singen dann die Trommler ein letztes Mal dieses Lobpreislied des Verstorbenen. Erwachsene Frauen tanzen dann auch zu den Rhythmen, zu denen sie sich einst als Mädchen zu demselben Lied drehten.

Vor Nyertun-Tänzen verwenden die Männer besonders viel Zeit, um ihren Körper zu schmücken. Die Körperbemalung und die Nacktheit, die als schön empfunden werden, sind das wohl auffallendste äußerliche Merkmal der südöstlichen Nuba. Entblößte Körper sind keine Zeichen der Armut oder des Primitiven. Jedermann in Kao, Nyaro und Fungor besitzt nämlich Kleider, und bei Totenfeierlichkeiten, bei Besuchen im Nachbardorf und bei anderen Gelegenheiten zieht man auch die besten Kleidungsstücke an.

Der Körper und seine Verschönerung spielen eine höchst wichtige Rolle. Die Regeln der besonderen Kunst der Bemalung lassen einen ausgeprägten Sinn für Ästhetik erkennen. Entwurf, Linienführung und Farbe müsssen die Figur verschönern, ihre natürlichen Symmetrien, die Muskelstränge und wichtige Fixpunkte betonen. Die äußerlichen Merkmale des Menschen, wie Augen, Nasenwurzel, Haare, Brustbein, Gesäß, Geschlechtsteile und Knie werden in die Dekoration mit einbezogen. Die Motive verfolgen keinen semantischen Zweck, das heißt, der Träger will sich nicht dem Muster entsprechend als Leopard, Strauß, Schlange, Giraffe oder Schildkröte fühlen. Sie sind für ihn reine Dekoration. Als schön gilt eine Bemalung, die sich harmonisch dem Körper anpaßt, und eine solche wird entsprechend bewundert. Selten werden bewegte Motive verwendet, denn sie findet man fast nur auf den Innenwänden der Häuser.

Neben dem Zweck, den Künstler zu verschönern, hat die Körperbemalung auch noch Bedeutung im sozialen System. Insbesondere reflektiert sie durch verschiedene Farben und Formen den Altersstatus. Die Aufteilung der männlichen Bevölkerung in drei Altersklassen ist sehr wichtig für die Arbeitstätigkeit, die Sportkämpfe und das Prestige. Normalerweise dekoriert kein Mann im Alter über dreißig Jahren seinen Körper, denn er ist nach Ansicht der Nuba nicht mehr schön genug, um sich zur Schau zu stellen.

Die Frauen schmücken sich auf andere Weise als die Männer. Von klein auf werden die Mädchen von Kopf bis Fuß mit Öl und Ockerfarbe eingerieben. Im Alter von etwa sieben Jahren wird dem Mädchen eine Narbenkette auf den Bauch tätowiert. Mit Beginn der Menstruation wird das Narbenmuster seitlich erweitert. Etwa zwei Jahre nach der Geschlechtsreife heiraten die Mädchen, gehen aber noch nackt, bis sie schwanger sind. Dann kleiden sie sich mit einem Rock. Solange sie ihr Kind stillen, tragen sie ihre Ockerfarbe noch auf Kopf und Schultern auf. Etwa drei bis vier Jahre nach der Geburt des ersten Kindes, wenn die Stillperiode beendet ist, wird der ganze Körper mit Warzennarben überzogen. Der narbenübersäte Körper entspricht den Schönheitsvorstellungen der Nuba, er steigert die Anziehungskraft und macht die Frau noch begehrter. Die Tätowierung hat daneben noch die Funktion eines Fruchtbarkeitssymbols, denn sie macht sichtbar, daß die Frau ein gesundes und lebensfähiges Kind hervorgebracht hat. Bleibt eine Frau aber kinderlos, so wird sie nach einiger Zeit dennoch tätowiert, um sie nicht zu diskriminieren.

Die moderne Entwicklung in der Demokratischen Republik Sudan hat heute auch vor den Nuba-Bergen und ihren Bewohnern nicht halt gemacht. Die Zentralregierung in Khartoum ist bestrebt, ihren Einfluß auszudehnen. Damit werden die bodenständigen sozialen Verhältnisse langsam verändert, und die ursprünglichen religiös-weltanschaulichen Vorstellungen geraten in Bedrängnis. Von seiten des Staates wurde anfänglich ein Vertreter des Ältestenrates mit besonderen Machtmitteln ausgestattet. Jener Mann in Kao versucht nun, seine Position in der Ältestenversammlung beim Erntefest hervorzuheben. Andere Nuba wurden von der Regierung mit dem Eintreiben der Viehsteuer beauftragt. Wieder andere haben ein Komitee der Einheitspartei geformt. Durch die Schaffung solcher neuer Machtstrukturen wird leider Unsicherheit verbreitet. Die Erfahrung fehlt den Nuba, ob in einer bestimmten Angelegenheit nun der Parteisekretär oder der Steuereintreiber zuständig ist. Die neuen Repräsentanten staatlicher Macht geraten sehr oft in die Zwickmühle zwischen Loyalität gegenüber ihrer eigenen Gesellschaft und gegenüber der Regierung. Die Verunsicherung durch die Einführung eines neuen hierarchischen Herrschaftssystems ist nicht zu übersehen.

Das christliche Äthiopien

Walter Raunig

Die kulturellen Verhältnisse auf dem im Nordosten des afrikanischen Kontinents liegenden äthiopischen Hochland weichen von denjenigen der umliegenden Räume deutlich ab. Dies gilt für die rassischen, sprachlichen, sozialen, wirtschaftlichen, künstlerischen, weltanschaulich-religiösen und historischen Dimensionen, obschon Äthiopien sowohl zu den weiten Räumen Schwarzafrikas wie auch zum Trockengürtel Nord- bzw. Weißafrikas deutlich Bezüge aufweist. Vereinfachend ausgedrückt, können der äthiopische Mensch und seine Kultur als ein Übergang der alten vorderorientalischen Welt nach der des negriden Afrika angesehen werden. Damit darf Äthiopien im Hinblick auf seine jahrtausende alte Kultur auch als der südöstlichste und afrikanische Ausläufer der in der Menschheitsgeschichte so bedeutungsvollen alten Mittelmeerzivilisation bezeichnet werden.

Der Lebensraum der ungefähr zwanzig bis fünfundzwanzig Millionen Bewohner des heutigen, rund 1,2 Millionen Quadratkilometer großen Staates Äthiopien umfaßt Gebiete unterschiedlichster Klimate. Die Depressionen im äußerst heißen und trockenen Nordosten liegen bis zu mehr als hundert Meter unter dem Meeresspiegel, und von diesen Wüstengebieten mit großen Salzflächen, aktiven Vulkanen und Geysiren aus reicht über ein steppenartiges, trockenes Gebiet der Vegetationsgürtel der sogenannten Kolla bis in eine Höhe von rund 1600 bis 2000 Meter über dem Meer. Daran schließt das gemäßigt warme und fruchtbare Hochland mit Äckern und saftigen Weiden, das Gebiet der sogenannten Woina Dega (= Weinland; in Äthiopien gab es früher Wein), in einer Höhe zwischen rund 1800 und 2400 Meter über dem Meer an. Darüber liegt die Dega (ca. 2400 bis 3500 Meter über dem Meer), die sich besonders als Weide eignet, und über die dann die kalte Hochgebirgszone mit Erhebungen bis über 4000 Meter (Ras Deschn 4620 Meter) emporragt. Ein Gürtel von Trockengebieten umschließt nach den Wüsten und Wüstensteppen im Osten das wie ein kompakter Stock aufragende Gebirgsland Äthiopiens auch vom Norden und vom Westen, vom Sudan her. Nach Südosten, gegen den indischen Ozean zu, flacht sich der durch den afrikanischen Grabenbruch vom zentralen Hochland abgetrennte Teil über die Grenze zu Somaliland hinweg, mit sinkender Höhenlage zunehmend trockener werdend, bis zur Küste hinab.

Die heißen Zonen der Wüsten, Steppen und Savannen sind die Räume der Nomaden und Viehzüchter. In den oberen Regionen des Vegetationsgürtels der Kolla gedeihen Korn, Durrah (Sorghum vulgare), Zucker, Tabak und Kaffee. Über 1200 Meter über dem Meer wird die äthiopische Banane, das heißt die Ensete (Ensete vetricosum) angebaut. Das Hauptsiedlungsgebiet des äthiopischen Hochlandes ist die Woina Dega (22 °C Durchschnittstemperatur), auf der die größten Ackerflächen liegen, auf der der Kaffee angebaut wird und auf der auch Viehzucht betrieben wird. Das Hauptanbaugebiet des wichtigen äthiopischen Getreides Tef (Eragrostis tef bzw. abyssinica), aus dem das schwammige und gepfefferte Ingera-Brot hergestellt wird, liegt im Vegetationsgürtel der Dega. Bodenbau kann sogar bis gegen 4000 Meter in der kühlen Hochgebirgszone mit einer Jahresdurchschnittstemperatur von 14 °C betrieben werden.

Der zentrale und nördliche Teil des Hochlandes mit den berühmten, steil aufragenden Tafelbergen bildet das Kerngebiet Äthiopiens. Hier leben nicht nur die Hauptmasse der Bevölkerung, sondern auch der Großteil von Amharen, Tigrai und Galla, den drei größten Gruppen des Vielvölkerstaates Äthiopien, in dem rund fünfundachtzig voneinander zu unterscheidende Sprachen gesprochen werden. Die Amhren, Tigrai und Galla zusammmen dürften etwa achtzig Prozent der Gesamtbevölkerung ausmachen und sind dementsprechend im Staate tonangebend. Während Amharen und Tigrai seit nicht mehr überprüfbaren Zeiträumen das zentrale und nördliche Hochland bewohnen, drangen die aus den südöstlichen, ebenfalls hoch gelegenen und kühlen Gegenden stammenden Galla seit dem 16. Jahrhundert nach Norden und nach dem heutigen Landeszentrum vor und siedeln nun schon bis in die Gegend des Tana-Sees. Dem Vielvölkerstaat Äthiopien entspricht eine Vielfalt an religiösen Bekenntnissen, Weltbildern und geistigen Haltungen. Unter den Christen (etwa sechzig Prozent), Moslems (etwa dreißig Prozent), „jüdischen“ Falascha (etwa ein halbes Prozent) und den Angehörigen sogenannter Naturreligionen oder „Animisten“ (zwischen neun und zehn Prozent) nehmen die Gläubigen des äthiopisch-orthodoxen Bekenntnisses mit großem Abstand die dominierende Stellung ein. Dabei wird die äthiopische Kirche vor allem durch die Amharen, Tigrai und zu einem guten Teil heute auch von den Galla getragen.

Äthiopien zeigt völlig ungleich den übrigen Staaten Afrikas südlich des großen Trockengürtels ein ganz besonderes Bild, und dies nicht nur in der großen Masse seiner rassisch eigenständigen Bevölkerung, den „Äthiopiden“, in seinen zum Großteil den hamito-semitischen zuzurechnenden Sprachen und in seiner aus dem alten Südarabischen entwickelten eigenen Schrift und der alten Kirchensprache *(Ge'ez)*, sondern auch in seinem in Afrika (mit Ausnahme des Nordens) sonst unbekannten Pflugbau und in der besonderen Art seiner Kunst, in der für Afrika untypischen Malerei, im Fehlen von Plastik und in seiner Architektur. Ein Blick in die Geschichte des nordostafrikanischen Hochlandes macht die genannten Unterschiede zum übrigen Afrika noch deutlicher.

Spätestens um die Mitte des 1. Jahrhunderts vor Christus ließen sich Einwanderer aus dem gegenüber in Saudiarabien liegenden sabäisch-semitischen Ländern in größerer Zahl an der Küste des Roten Meeres sowie in dessen Hinterland nieder, und sie schufen im Laufe der Zeit auch einzelne, größere Siedlungszentren. In Vermischung der hier angetroffenen, einheimisch-afrikanischen (d. h. kuschitischen) Bevölkerung bildete sich allmählich eine Kulturregion heraus, die anfangs in Sprache, Schrift, Lebensart, Boden-, d. h. Pflugbau, Technik, Architektur, Religion und Kunst stärkste Züge ihrer sabäisch-semitischen Heimat aufwies, im Laufe der Zeit aber durch ihre stärker werdenden Kontakte zur hellenistischen Welt ihre besondere Eigenständigkeit mehr und mehr entfaltete. Sie enwickelte auch bei spürbarem Einfluß des Griechischen ihre eigene Sprache und Schrift, also das genannte *Ge'ez*, das, dem Latein des Europa vergleichbar, als Kirchensprache bis heute weiterlebt. Bis ins 17. Jahrhundert war es sogar die ausschließliche Literatursprache Äthiopiens. In die Zeit der kulturellen Profilierung des angesprochenen Raumes fiel auch die Herausbildung eines größeren und allmählich erstarkenden Zentrums. Es war dies der Ort Aksum, nach dem dann das sich mehr und mehr ausdehnende Reich auch bezeichnet wird. Dieses Reich von Aksum, das zeitweise seine Macht sogar über große Teile Südarabiens auszuweiten vermochte, bildete durch fünf Jahrhunderte hindurch einen wichtigen Brückenkopf für den Seeverkehr zwischen dem Mittelmeer (dem römischen Reich), Indien, Südost- und Ostasien.

Die wichtigste Zäsur erlebte dieses alte Äthiopien in seiner Blütezeit um die Mitte des vierten Jahrhunderts, als durch das Wirken der beiden jungen Christen Frumentius und Ädesius sein bedeutender Herrscher Ezana das Christentum annahm — und von diesem Augenblick an blieb Äthiopien praktisch ohne Unterbrechung als einziges Land Afrikas bis zum heutigen Tage christlich. Dieses historische Faktum prägte dem Lande im wesentlichen und für alle folgenden Epochen den Stempel auf. Die erste, uns bekannte Missionstätigkeit in Äthiopien war jedoch mehr oder minder nur auf das Herrscherhaus, dessen „Umgebung" und den Hauptort Aksum beschränkt.

Das Jahr 451 war dann ein nächstes entscheidendes Datum für die Geschichte des Reiches und seiner Kirche. In diesem Jahr wurde auf dem

Rechte Seite:
Nächtlicher Tanz der Mesakin-Nuba, als Instrumente dienen Kürbisse und Tierhörner. (Foto O. Luz)

Ganeta Mariam (d. h. Paradies Mariens), eine der aus gewachsenem Felsen herausgearbeiteten Kirchen im Zentraläthiopischen Bergland von Lasta. (Foto W. Rieper)

Seite 114 oben:
Typische äthiopische Rundkirchen mit strohgedeckten Kegeldächern in Gorgora am Tana-See. (Foto W. Raunig)

Seite 114 unten:
Unterricht durch einen blinden Lehrer, der die Texte auswendig beherrscht, auf dem Kirchhof in Gorgora am Tana-See. (Foto W. Raunig)

Seite 115:
Vor einer der typischen Rundkirchen zeigt ein äthiopischer Priester eine alte Handschrift mit Malereien, ein Vortragskreuz und Priesterkronen auf einem ausgebreiteten Tuch. (Foto W. Staude)

Konzil zu Chalkedon die Lehre von der Ein-Natur Jesu Christi (Christus sei nur Gott, das Menschliche an ihm sei nur Schein), der Monophysitismus, verworfen. Damit kam es zur Abspaltung jener orientalischen Christen (besonders in Ägypten und Syrien), die an dieser Lehre festhielten. Im Anschluß daran dürften — wahrscheinlich syrische Mönche, die Monophysiten waren, gegen das Jahr 500 hin in das Reich von Aksum gekommen sein. Die äthiopische Tradition spricht nämlich von den „Neun Heiligen", die das Land in großem Stil missioniert sowie viele Kirchen und Klöster gebaut hätten. Für diese Zeit dürfen also eine weite Ausbreitung des Christentums, und zwar des zur monophysitischen Richtung neigenden „Verbalmonophysitismus" (nach E. Hammerschmidt), unter dem Volk und die Übersetzung der Bibel aus dem Griechischen in die Landessprache, ins *Ge'ez,* angenommen werden.

Nach Krisen im fünften erlebte das aksumitische Reich im sechsten Jahrhundert unter König Kaleb nochmals eine kurze Zeit der Blüte und Ausdehnung bis nach Südarabien. Nach dem Tode des Herrschers (570) wurden die Aksumiten aber endgültig, und zwar von den Persern, aus Arabien vertrieben, der große Seehandelsverkehr zwischen dem Mittelmeer und Indien kam zum Erliegen, islamische Araber setzten sich an der afrikanischen Küste des Roten Meeres fest, die Verbindungen zu Ägypten und Ostrom rissen, unbotmäßige Stämme aus dem Norden griffen wiederholt das Reich an, und schließlich zerstörte im 10. Jahrhundert trotz oder gerade wegen der politischen und kulturellen Ausdehnung Aksums nach Süden hin eine aus dem Inneren der Hochländer kommende Fürstin namens Judith Stadt und Reich von Aksum.

Die Geschichte Äthiopiens im Zeitraum von ca. 600 bis 1270 liegt weitgehend im Dunkeln. Die Macht war nicht mehr in der Hand der alten aksumitischen Dynastie, die nach äthiopischer Tradition von König Salomo und der Königin von Saba (Makeda in Äthiopien) abgeleitet wird, deren gemeinsamer Sohn Menelik als ihr Begründer angesehen wird und dessen Begleiter beim Fortgang aus Jerusalem ohne sein Wissen die Bundeslade mitgenommen hätten. (Diese Bundeslade wird nach äthiopischer Version noch heute in Aksum, in der Kirche Maria Sion aufbewahrt!) Die Macht lag in der genannten Zeitspanne in Händen der Zagwe-Dynastie, die das politische und kulturelle Zentrum des Landes in das südlicher gelegene Bergland von Lasta verlegte. In diese Zeit fällt die Schaffung zahlreicher Kirchen, die aus dem gewachsenen Fels herausgearbeitet und zum Teil mit wunderbaren Malereien verziert wurden. Ein Großteil dieser oft auf unzugänglichen Bergen gelegenen Felskirchen konnte erst vor wenigen Jahren entdeckt werden. Die berühmteste Anlage solcher Felskirchen ist diejenige des ehemaligen Hauptortes Roha, der dann den Namen desjenigen Herrschers erhielt, dem die Schaffung der großartigen Kirchen zugeschrieben wird — Lalibela.

Um das Jahr 1270 vermittelte nach äthiopischer Tradition der bedeutende äthiopische Heilige, Missionar im Süden und Gründer des Klosters Debre Libanos, Tekle Haimanot, zwischen dem Zagwe-Herrscher und Jekuno Amlak aus Schoa, der ein Nachkomme der alten Dynastie von Aksum gewesen sein soll und der sich als rechtmäßiger Herr des Reiches gefühlt habe. Da dabei der Heilige nach äthiopischer Überlieferung die friedliche Abdankung des Zagwe-Herrschers erreichte, kam die alte salomonische Dynastie wieder an die Macht, und Haile Selassie I. fühlte sich als letzter Herrscher dieser Dynastie.

Die Zeit vom ausgehenden 13. Jh. bis in die erste Hälfte des 16. Jhs. war nicht nur durch ein Erstarken und eine bedeutende Ausdehnung des Reiches, ausgehend von der zentraläthiopischen Landschaft Schoa, sondern auch durch ein neues Erblühen der äthiopisch-christlichen Kultur gekennzeichnet. Malerei, Kunsthandwerk, Literatur und Theologie erlebten, getragen von Kirche und Herrscher, einen spürbaren Aufschwung. In dieser Zeit entstand das Werk *Kebra Negast,* das heißt „Ruhm der Könige“, das alte Überlieferungen von Herkunft und Bestimmung Äthiopiens zusammenfaßte und zu einem Grunddokument für Staat, Dynastie und Kirche wurde. In diese Zeit fällt auch eine vertiefte Besinnung Äthiopiens auf sein altes jüdisches Erbe (Ableitung der Dynastie, Herkunft wesentlicher Bestandteile von Sprache und Kultur aus dem semitischen Raum). Reformen in Kirche und Staat sowie reges theologisches Leben kennzeichneten die Epoche, und trotz des Fehlens eines Zuganges zum Meer gab es Kontakte mit der Außenwelt bis ins christliche Europa. So sandte der bedeutendste Herrscher der Zeit, Kaiser Zara Jakob, 1439 eine Delegation zum Konzil von Florenz, und verschiedentlich kamen auch schon vor den portugiesischen Abgesandten des ausgehenden 15. und beginnenden 16. Jhs. Europäer nach Äthiopien.

In Auseinandersetzungen mit den kleinen heidnischen Staatsgebilden im Süden und mit den muslimischen Ländern am Horn von Afrika blieb Äthiopien bis ins 16. Jh. hinein erfolgreich. Mit dem Auftreten Ahmed Ibn Ibrahim Al Ghazi, genannt Grañ, der Linkshänder, änderte sich dies schlagartig. Nach einer schweren Niederlage des Sultanats von Adal gelang es ihm, in kürzester Zeit neue Kräfte zu sammeln und im Jahre 1527 das erste Mal in Äthiopien einzufallen. In den folgenden 15 Jahren verwüstete er das Land in furchtbarer Weise. Mit Hilfe eines Restes der 1541 im Zuge eines Unternehmens gegen die Türken in Massaua gelandeten Portugiesen konnte schließlich Kaiser Claudius (zwei Jahre später) in der Nähe des Tana-Sees aber Grañ vernichtend schlagen. Kaum war diese für Äthiopien düstere Zeit, während der der größte Teil der Kirchen, Klöster und Kunstschätze zerstört worden war, zu Ende, fiel um die Mitte des 16. Jhs., von Süden her kommend, das Viehzüchtervolk der Galla im Reiche ein und drang im Laufe der folgenden Jahrhunderte bis weit ins Zentralgebiet vor; vom Norden her bedrohten die Türken das Land, und in seinem Inneren kam es zu Rebellionen und Aufständen.

Im Anschluß an die Vertreibung der muslimischen Heere Grañs erlebte Äthiopien in den folgenden 80 Jahren der genannten anhaltenden politisch-militärischen Bedrohung durch Galla und Türken auch im religiös-geistigen Bereich eine bewegte Zeit. Das Land stand nach tausendjähriger Unterbrechung wieder regelmäßig mit der christlich-abendländischen Zivilisation und dabei in erster Linie mit Portugal in Kontakt. Seit der Mitte des 16. Jahrhunderts waren die Jesuiten im Lande tätig, die bis zu ihrer Vertreibung im Jahre 1632/33 derart starken Einfluß in technischer, organisatorischer, künstlerischer und religiöser Hinsicht auf Äthiopien ausübten, daß unter Kaiser Susenyos das römisch-katholische Bekenntnis sogar zur Staatsreligion erhoben wurde. Die Gegenbewegung ließ aber nicht lange auf sich warten, und nach der Abdankung des katholischen Susenyos und der Machtübernahme durch seinen Sohn Fasilides im Jahre 1632 wurden die alten religiösen Verhältnisse im Lande vollauf wiederhergestellt, die europäischen Missionare des Landes verwiesen; und nach vielen Jahrhunderten wurde im 65 km nördlich vom Tana-See entfernt gelegenen Ort Gondar endlich wieder ein Reichszentrum geschaffen. Hier entstand in der Folgezeit, die eine neue Blüte äthiopischer Macht, Kunst und Kultur brachte, jener Palastbezirk, der den Herrschern durch rund zwei Jahrhunderte als Residenz diente. Seit dem Jahre 1769 waren sie allerdings nur mehr Schattenkaiser, die total vom Willen der einzelnen Landesfürsten (Rase) abhingen. Dieser Zustand wurde durch das Auftreten Kaiser Theodor II. (1855 — 1868) beendet, und das Reich wurde unter ihm wieder geeint. Mit ihm und seinem Nachfolger, Johannes IV. (1882 — 1889), der das christliche Äthiopien erneut gegen äußere Feinde (Ägypter und Mahdisten) verteidigen mußte, trat Äthiopien auch in das Licht der neueren europäischen Geschichte und fand schließlich unter der bedeutenden Herrschergestalt Menelik II. (1889 — 1913), der sich siegreich gegen die italienische Kolonialmacht behauptete und bedeutende Gebietserwerbungen machte, langsam Anschluß an die moderne Zeit.

Will man die äthiopische Christenheit verstehen, so muß man ihren Anfang, ihre lange Tradition der weitgehenden Isolierung von der übrigen christlichen Welt, ihre Verflechtung mit altem semitischem Erbe und ihre enge Berührung mit den sie umgebenden afrikanischen Kulturen kennen. Daraus entsteht für die Religion des Landes ein Bild, das durch zahlreiche

Besonderheiten des Glaubens und der Kirche innerhalb der orientalischen Christenheit gekennzeichnet ist.

Das äthiopische Christentum kennt 81 (oder 82) Bücher der hl. Schrift, und zwar 46 (oder 47) des Alten Testaments und 35 des Neuen Testaments, also eine wesentliche Erweiterung der Bibel. Die höchsten Festtage im Jahr sind die Taufe Christi *(Timkat)* am 6. Januar und das Fest der Kreuzerhöhung am 27. September *(Maskal)*. Neben der hl. Dreifaltigkeit *(Selassie)* erfahren auch die Gottesmutter Maria, die Erzengel Michael und Gabriel sowie viele beliebte Heilige, darunter besonders der Hl. Georg und solche, die nur in Äthiopien bekannt sind, große Verehrung. Legenden über Heilige sind im Volke auch sehr beliebt. Die Darstellung religiöser Themen ist in der Malerei von großer Bedeutung, und Ikonen, die ja einen Übergang von der irdischen in die göttliche Welt ermöglichen helfen, spielen in Äthiopien eine große Rolle.

An der Spitze der kirchlichen Hierarchie steht der Patriarch, der seit 1959 den *Abuna,* einen bis dahin vom koptischen Patriarchen in Alexandrien als Oberhaupt der äthiopischen Kirche eingesetzten Bischof, ablöste. Neben dem Patriarchen nahm früher innerhalb der Kirche der Kaiser die bedeutendste Stellung ein. Dem Patriarchen stehen die Erzbischöfe (Metropoliten), je einer für ein Bistum (insgesamt 14, entsprechend den 14 Provinzen), und einige wenige „Hilfs"-Bischöfe zur Seite. Der Patriarch, als Vorsitzender, und die Metropoliten bilden die Synode, die rein theologische und religiöse Angelegenheiten behandelt. Ein aus Laien bestehendes Gremium, das ehemals vom Kaiser ernannt wurde, hat, ebenfalls unter der Leitung des Patriarchen, Verwaltungsfragen zu regeln. Die Erzbischöfe genossen bis vor kurzem nicht nur im kirchlichen, sondern auch im staatlichen Leben großes Ansehen.

Neben dem Priester, der innerhalb des Klerus' die zentrale Stellung einnimmt, und neben dem Diakon gibt es noch den nur in der äthiopischen Kirche bekannten *Debtera,* der Sänger, Vorleser und Schreiber im Dienste der Kirche ist, ansonsten aber durchwegs seinem eigenen Beruf nachgeht. Der *Debtera* besitzt keine Weihen und ist kein Angehöriger des Klerus. Oft betätigt er sich auch als Heilpraktiker, der echte Heilkräuter, aber auch allerlei Zaubermittel kennt und Amulette herstellt. Das in Äthiopien äußerst stark entwickelte und in seiner ganzen Geschichte für den Glauben und die Kultur des Landes wichtige Klosterwesen (mehr Mönchs- und weniger Nonnenklöster) kennt feste Gemeinschaften, in denen Mönche (d. h. unverheiratete Diakone und verwitwete Priester) oder Nonnen leben, es kennt aber auch lose Gemeinschaften, deren Mitglieder sich nur zeitweise im Kloster treffen. Auch Einsiedler und durchs Land ziehende Bettelmönche oder -Nonnen sind in Äthiopien anzutreffen.

Die äthiopische Kirche entfaltet zur Ehre Gottes anläßlich hoher Festtage, vor allem in den großen Wallfahrtszentren, einen verhältnismäßig beachtlichen Prunk, der nicht nur für den einheimischen Gläubigen, sondern auch auf uns, heute vielfach allzu nüchtern eingestellte Abendländer, seinen Reiz ausübt. Wichtige Kultgeräte der äthiopischen Kirche sind Hand- und Vortragskreuze aus Holz und Metall, Kronen, Gebetsstöcke, Sistren, Glocken und Trommeln, Evangelien- und Gebetbücher, prunkvolle, reich bestickte Gewänder, bunte Schirme, Rauchfässer, Kelche, Löffel, Körbe zum Tragen des eucharistischen Brotes, Patenen und Vela. Von größter Wichtigkeit für jede Kirche ist der *Tabot*, eine einfache Tafel aus Holz (seltener aus Stein) mit kurzer Inschrift und Verzierungen, die im sogenannten ‚Thron des *Tabot*', einem Holzschränkchen, im innersten Raum jeder Kirche aufbewahrt wird und beim Gottesdienst auf den Altar gelegt wird. Dieser *Tabot* ist es auch, der vom Bischof geweiht und durch den dann erst der ganze Kirchenraum zum ‚geweihten Ort' wird. (Der *Tabot* geht sicher auf die auch in anderen orientalischen Kirchen bekannte Altartafel zurück. Die heute gängige Ansicht, er sei eine Nachbildung der mosaischen Gesetzestafeln ist wohl jüngeren Datums. Siehe dazu Hammerschmidt, 1967: 127).

Bei den oft Stunden dauernden Gottesdiensten und Prozessionen wird die Vielzahl von Zeremonien und Texten innerhalb der Liturgie deutlich und dabei spielt neben der Kulthandlung, dem Gebet, Gesang, der Musik und der Predigt auch der Tanz der *Debtera* und Priester eine Rolle. Wie Architektur und Malerei, so weisen auch Gesang, Tanz und Musik in ihren ältesten Traditionen bis in die Antike zurück. (Als Schöpfer der äthiopischen Kirchenmusik wird der hl. Yared angesehen.) Die Musik der orthodoxen Kirche Äthiopiens, dem gregorianischen Choral der römischen Kirche vergleichbar, hat ihren letzten Ursprung nicht im afrikanischen, sondern im vorderasiatischen Kulturbereich. Sie ist fast ausschließlich Vokalmusik und aufs engste mit der Liturgie verflochten. Zur rhythmischen Untermalung begleiten als Instrumente nur Sistren, doppelbespannte Trommeln sowie Glocken Teile des Gesangs, und Gebetsstöcke (auch als Stütze verwendet) geben den Grundrhythmus an. Saiten- (eine Harfe) und Blasinstrumente, wie sie aus der Volksmusik Äthiopiens bekannt sind, stehen in der kirchlichen Musik hingegen weniger in Verwendung. Der äthiopische Kirchengesang ist einstimmig, durch die Verschiedenartigkeit der Gesangsverzierungen mehrerer Gruppen von Sängern und durch das Fehlen eines präzisen Zusammensingens ergeben sich aber eigenartige, scheinbar vielstimmige Harmonien.

Eine deutliche Trennungslinie zwischen dem äthiopischen und dem übrigen, westlich und südlich gelegenen Afrika wird auch in den Arbeiten der bildenden Kunst sichtbar. Hier im alten äthiopisch-christlichen Raum sind es die Malerei und die Architektur, die künstlerisches Schaffen zu bedeutendster Entfaltung kommen ließen, und nicht die aus Afrika so gut bekannten Arbeiten der Plastik. Das Kunst- wie auch ein guter Teil kunsthandwerkliches Schaffen waren in Äthiopien bis zur Jahrhundertwende ausschließlich sakral orientiert. Erst seit rund 80 Jahren wendet sich der äthiopische Künstler auch profanen Themen zu. Die sakrale Kunst Äthiopiens war und ist bis auf den heutigen Tag äußerst traditionsbewußt. Grundausdrucksformen in der Buch-, Leinwand-, Tafel- und Wandmalerei, in der Kirchenarchitektur der dreischiffigen Basilika, der Rechteck- und Rundkirche, in Holzschnitz- und Metallarbeit hielten sich durch Jahrhunderte hindurch.

Die wohl bedeutendsten und eindruckvollsten Arbeiten schufen die tiefgläubigen Künstler Äthiopiens — wenn wir von dem Sonderfall der Felskirchen absehen — aber auf dem Gebiete der Malerei und der Herstellung von Vortrags- bzw. Prozessions-, Hand- und Anhängekreuzen. Die ältesten in der äthiopischen Malerei wirksamen Traditionen reichen, wie bei der Musik, wiederum bis in die Zeit der Missionierung zurück und stammen aus dem vorderasiatisch-griechisch-byzantinischen Raum. In späterer Zeit hat dann die bedeutende Ikonen-Malerei der östlichen Christenheit einen spürbaren Einfluß auf das bereits eigenständige äthiopische Kunstschaffen ausgeübt. Seit dem 15. Jahrhundert machten sich dann Vorbilder aus der römischen Kirche und auch die Tätigkeit einzelner europäischer Künstler in Äthiopien selbst bemerkbar. Dies geschah in drei Schüben, und zwar in der Zeit des 14. zum 15., des 16. zum 17. und des 18. Jahrhunderts.

Schließlich gingen auch die Ornamentik des islamischen sowie vereinzelt Einflüsse aus dem indischen Raum nicht völlig spurlos an zum Teil sehr späten äthiopischen Arbeiten vorüber. All diese Anstrengungen und Einflüsse wurden aber stets künstlerisch verarbeitet, in die eigenen, bodenständigen, sich wenig ändernden Formen und Farben gegossen.

Der Äthiopier ist ein tief gläubiger Mensch, für den die Kirche echte Zuflucht seines Lebensraumes bildet und für den der kirchliche Festkalender mit zahlreichen Feiertagen und 250 Fasttagen, davon sind 180 für alle gültig, den Jahresablauf bestimmt. An hohen Festtagen kommen an bekannten Wallfahrtsorten oft zehntausende Pilger von weit her zusammen. Bei den Gottesdiensten steht die Feier der Eucharistie an erster und wichtigster Stelle. Mancherorts wird sie täglich, sonst aber an Sonn- und Festtagen sowie am äthiopischen Sabbat gefeiert. Der äthiopische Christ nimmt am Leben der Kirche teil und richtet sein eigenes nach diesem aus.

Die Taufe wird im allgemeinen etwa an sieben Festtagen im Monat gespendet. An den länger dauernden Ritus mit Weihe des Taufbeckens, Salbungen und dreimaligem Besprengen des Täuflings schließt sich dann sofort die Firmung an. Dabei werden Lippen, Nase, Ohren, Schultern, Brust und Fußsohlen des Kindes gesalbt, es werden ihm ein weißes Kleid angezogen und eine aus drei verschiedenfarbigen Fäden gedrehte Schnur um den Kopf gelegt (Symbol der Dreifaltigkeit, Schnur an Stelle der früher üblichen Krone). Diese Schnur trägt das Kind dann später um den Hals. Anschließend wird dem Kind auch die Eucharistie in Form eines Getränkes aus Milch und Honig gereicht. (Die bei Knaben allgemein, bei Mädchen aber nur zum Teil übliche Beschneidung, und zwar bald nach der Geburt, hängt mit der Taufe in keiner Weise zusammen. Sie ist kein kirchliches Gebot, sondern ein alter profaner Brauch, wie er sonst in weiten Teilen Afrikas üblich ist.)

Für den Menschen, der sich von seiner Schuld und seinen Vergehen befreien will, kennt die äthiopische Kirche entsprechend den übrigen christlichen Kirchen auch die Beichte, die Lossprechung des seine Schuld Bereuenden und die Buße (in Form von Gebeten, Fasten, Almosen-Geben etc.) Aus einem äthiopischen Text geht die Haltung des Beichtvaters gegenüber dem Büßenden schön hervor: „Glaube nicht, daß die Buße, die ich dir auferlegt habe, Reue ist; sie ist es nicht; sie ist eine Strafe für die Sünden, die du begangen hast. Erwarte nicht, daß deine Sünden durch diese Buße aufgehoben würden. Wahre Reue zeigt sich darin, daß du zurückgibst, was du gestohlen hast; daß du dem vergibst, der dir ein Unrecht zugefügt hat; daß du in Demut und mit liebevollen Worten Verzeihung von dem erbittest, dem du ein Unrecht zugefügt hast; daß du von der dir zur Gewohnheit gewordenen Sünde abläßt; daß du dich vom Bösen fernhältst und mit deinem ganzen Herzen zu Gott wendest, denn er ist ein barmherziger Gott". (Zitiert nach Hammerschmidt, 1967: 141, der das äthiopische Christentum eingehend behandelt.) Der einmal gewählte Beichtvater, der nicht so leicht wieder gewechselt wird, spielt übrigens im religiösen Leben des äthiopischen Christen eine Rolle.

Die in einer feierlichen Zeremonie vor der Kirche geschlossene Ehe, bei der die Partner mit Hochzeitsgewändern und -Kronen geschmückt und auch gesalbt werden, ist in Äthiopien nicht die Regel. Aus ihrem Anlaß findet auch immer eine Eucharistiefeier statt.

Kranke Äthiopier erhalten nach Ablegung der Beichte die Krankenölung, d. h. der Kranke wird gesalbt. Beim Tod eines äthiopischen Christen kennt die Kirche ein reichhaltiges Zeremoniell. Nach der Waschung und dem Einwickeln des Leichnams in Tücher beginnt das Bestattungsritual meist noch im Hause des Verstorbenen, das Priester, Diakone und *Debtera* vornehmen. Dann wird der Tote zur Kirche gebracht, um diese zweimal, und zwar einmal nach links und einmal nach rechts, herumgetragen und nach dem Gottesdienst beerdigt. Es wird ihm dabei ein Text einer äthiopischen Überlieferung von einem ‚Bund (der Barmherzigkeit)' zwischen Jesus und

Maria mitgegeben, demzufolge jeder gerettet wird, der eine gute Tat begangen und dabei Jesus im Namen Mariens angerufen hat. An bestimmten, mehreren Gedenktagen finden entweder gleich nach dem Beerdigungstag oder im Zeitraum bis zu einem halben Jahr Gottesdienste für den Verstorbenen statt. Unter den außerkirchlichen Gebräuchen spielen das Weinen und Heulen der Klagefrauen und das Totenmahl nach der Bestattung eine Rolle.

Bei all der tiefen Religiosität der äthiopischen Christen ist im Laufe der Zeit und mit ihrer praktisch doch weitgehenden Isoliertheit über Jahrhunderte hinweg leider viel magisches Gedankengut in ihre Vorstellungswelt eingesickert und hat sich dort breit gemacht. So spielen abergläubische Haltungen, verschiedenartige, obskure Praktiken, Zaubertexte in Rollen- und Buchform sowie Amulette eine beachtliche Rolle. Sie sollen vor Dämonen und bösen Geistern schützen, bei der Heilung von Krankheiten helfen und die Menschen vor Unheil bewahren. Das von den christlichen Äthiopiern an einer Schnur während des ganzen Lebens getragene Halskreuz (= Zeichen des Christseins, das man nicht abgelegt!) ist aber — mögen dann und wann auch Amulette beigefügt sein — „weder seinem Ursprung noch seiner von den kirchlichen Autoritäten vertretenen Bedeutung nach mit irgendwelchen magischen Praktiken verbunden". (Hammerschmidt 1967).

Magische Ansichten und Verhaltensweisen schlichen sich sogar in die Kirche ein, sind trotz ihrer Zurückweisung und Verurteilung durch die Kirche — und dies zu allen Zeiten — nicht leicht auszurotten und tragen beim europäischen Betrachter dazu bei, das Bild vom religiös verankerten christlichen Äthiopier zu trüben. Gleichwohl, die äthiopische orthodoxe Kirche hat sich trotz dieser ‚inneren Gefahr' und der äußeren Bedrohungen durch die Geschichte hindurch gehalten und erfährt heute gerade in der breiten Volksmasse einen besonderen Rückhalt.

Rechte Seite:
Liturgischer Tanz mit Stöcken und Sistren. (Foto W. Rieper)

Seite 126 oben:
Vor der Kirche; neben dem Prediger in schwarzer Soutane zwei Priester unter Schirmen, die auf ihren Köpfen in prunkvolle Tücher eingewickelte Tabot-Tafeln, die jeder Kirche die Weihe geben, tragen. (Foto W. Raunig)

Seite 126 unten:
Am 27. September (14. September nach dem julianischen Kalender der alten äthiopischen Zeitrechnung) wird das Fest der Kreuzerhöhung gefeiert. Dabei werden Holzstöße und Rutenbündel angezündet. In Addis Abeba beging man früher unter Beisein des Kaisers, hoher Würdenträger des Staates, der Kirche und des diplomatischen Corps das Fest mit einem großen Umzug am Nachmittag bis gegen Abend. (Foto O. Iten)

Seßhafte Fischer und nomadisierende Viehzüchter: Turkana und Elmolo

— zwei traditionelle Kulturformen Nordkenias —

Georg Kenntner und Edeltraud Ludwig

Der Norden Kenias gehört zu jenen trostlosen Landschaftsräumen, denen Steine und Sand, Hitze und Trockenheit ein besonderes Gepräge verliehen haben.

Die heißen Ebenen sind übersät mit Lavabrocken, deren dunkles Grau sich eindrucksvoll gegen die nackte, leuchtend rote Erde abhebt. Diese unwegsamen Lavafelder, die sich über weite Flächen ausdehnen, werden bisweilen abgelöst von grauen Kies- und hellen Sandablagerungen mit weiß schimmernden Salzpfannen in den abflußlosen Senken. Diese können sich während der Regenzeit zu gefährlichen Seen entwickeln. Bisweilen unterbrechen dunkle Basaltkuppen und Vulkanhügel oder kahle, langgestreckte Lavabrücken mit bizarren Verwitterungsformen die Monotonie der Ebenen. Am Horizont zeichnen sich silhouettenhaft hohe Gebirgszüge ab, die unendlich fern zu sein scheinen in der flimmernden Mittagshitze. Zwischen den Lava- und Felsgesteinen der Ebenen haben sich dürre Grasbüschel, Dornsträucher und wasserspeichernde Sukkulenten angesiedelt. Bei Schattentemperaturen von über 40° C und einer jährlichen Niederschlagsmenge von weniger als 300 mm können sich nur spärliche Vegetationsformen entwickeln. Die Dornsavanne, die mit Ausnahme der Regenzeit während des größten Teiles des Jahres ein graugelbes Aussehen zeigt, geht mit zunehmender Trockenheit in Halbwüsten- und Wüstenformationen über. Baumwuchs findet sich nur in den feuchteren Gebirgs-

Seite 127:
Das Kamel spielt im Leben der Turkana eine große Rolle, nicht nur, daß es Milch liefert, sondern es wird auch wie bei vielen anderen Nomadenstämmen in das gesamte geistige und soziale Leben (Geburt, Hochzeit, Tod) miteinbezogen. (Foto G. Kenntner/E. Ludwig)

Linke Seite:
Die Turkanafrauen müssen oftmals schwere Lasten auf dem Kopf tragen. Als Polster wird ein kleiner Kranz aus gebundenen Palmfasern verwendet. (Foto G. Kenntner/E. Ludwig)

regionen oder an Gunststellen in Wadis und Oasen, wo Wasser in der Nähe der Oberfläche erreichbar ist. Die Akazienbestände der Wadis und die Borassuspalmenhaine der Oasen sind dann auch ein besonders erfreulicher Anblick in dieser endlos heißen und trockenen Einöde.

Inmitten dieses trostlosen Trockenraumes liegt der Turkanasee, eine grünlich schimmernde Wasserfläche von 7500 qkm, 16mal so groß wie der Bodensee. Er erstreckt sich von der Nordgrenze Kenias 250 Kilometer weit nach Süden und hat eine mittlere Breite von 50 Kilometern.

Nach Überwindung des stufenförmig abfallenden Escarpments erreicht man das „wunderschöne, kristallklare Gewässer", das 1888 von *Teleki* und *Höhnel* entdeckt und bis 1976 Rudolfsee genannt wurde. Der Seespiegel liegt heute in 375 Meter Höhe im Ostafrikanischen Rift-Valley. Strandterrassen und fossile Kliffs, die bis an die Ränder der Hochebenen hinaufreichen, zeugen davon, daß der Seespiegel einmal über 100 Meter höher lag und mit dem Nilbecken in Verbindung stand. Wie noch andere Gewässer des Ostafrikanischen Rift-Valleys unterliegt daher auch der Turkanasee einem starken Austrocknungsprozeß. Der einzige dauernd wasserführende Zufluß ist der aus dem äthiopischen Hochland kommende Omo im Norden, während die im Westen einmündenden Flüsse Kerio und Turkwell nur periodisch Wasser mit sich bringen. Alle anderen Wasserläufe existieren ausnahmslos während der Regenzeit. In der Trockenzeit entstehen breite, sandige Wadis. Der Pflanzen- und Tierreichtum des Turkanasees steht in deutlichem Kontrast zu den existenzfeindlichen Wüsten und Halbwüsten.

Der Mensch hat sich den Norden Kenias bereits sehr früh als Lebensraum zu eigen gemacht. Zahlreiche Hominidenfunde, die in den letzten Jahren in unmittelbarer Nähe des Turkanasees gemacht worden sind, zeugen davon, daß bereits zu urgeschichtlichen Zeiten Menschen dort gesiedelt haben. Über die eigentliche Urbevölkerung und deren Kultur ist jedoch noch kaum etwas bekannt. Vor einigen Jahrhunderten sind hochschlankwüchsige und dunkelhäutige nilohamitische Völker von Norden her in die Trockengebiete eingewandert und hier ansässig geworden. Sie haben sich im Laufe der Zeit physisch wie kulturell differenziert und den unterschiedlichen ökologischen Bedingungen ihres neuen Lebensraumes hervorragend angepaßt.

In den Völkern und Kulturen Nordkenias spiegeln sich die unterschiedlichen ökologischen Bedingungen des Lebensraumes wieder. Während die weiten Trockenräume mit wenigen Wasserstellen nur den Nomadismus als Lebensform zulassen, hat der Turkanasee mit seinem ungeheuren Reichtum an Fischen zur Entstehung einer Fischerkultur beigetragen. Den seßhaften Elmolo vom Turkanasee stehen damit die zahlreichen Nomadenstämme (Samburu, Turkana, Rendille, Gabbra, Borana) gegenüber, die zu ständigem Wandern gezwungen sind und einen relativ großen Raum beanspruchen.

Turkana

Einer der bedeutendsten Nomadenstämme sind die Turkana mit schätzungsweise 200.000 Angehörigen. Mehr als dreiviertel davon leben im Turkanaland (Akturkwen), das mit einer Fläche von 66.887 Quadratkilometer etwa so groß ist wie der Victoriasee. Das Turkanaland grenzt im Westen an Uganda, im Norden an den Sudan, im Süden an das Stammesgebiet der Suk und im Südosten an das der Samburu. Im Osten bildete bis vor kurzem der Turkanasee eine natürliche Grenze. In jüngster Zeit dringen Turkanagruppen jedoch zunehmend am Südostufer des Sees entlang nach Norden vor, wo sie mit Elmolo, Rendille und Gabbra zusammentreffen.

Die Turkana bilden mit den Karamojong, Dodos, Jie (Uganda) und Toposa (Sudan) eine sprachliche und kulturelle Einheit, die *Gulliver* als „Karamojong Cluster" bezeichnet. Die Turkana glauben, daß sie von den Jie abstammen, zu denen sie von je her freundschaftliche Beziehungen unterhalten haben. Eine Legende über ihre Herkunft und Vergangenheit besagt, daß eine Gruppe der Jie einst ihre Heimat verließ und auf der Suche nach Weideland in das heutige Turkanaland gelangte. Dort hätten sie anfangs in Höhlen gelebt, weshalb sie Turkana genannt würden („ngiturkana" = die Höhlenleute; „aturkan" = die Höhle).

Die Besiedlung des Turkanalandes ist vermutlich erst wenige Jahrhunderte alt. Im Laufe der Zeit haben sich die Turkana über ganz Aturkwen ausgebreitet und insgesamt 19 Territorialsektionen gebildet. Diese lassen sich in die zwei Hauptgruppen der „*Ngichuro*" („die Leute der Ebene") mit fünf Sektionen und der „*Ngimonia*" („die Leute des Waldes") einteilen. Die „*Ngimonia*" zerfallen in die Untergruppen der „*Ngissir*" („die geschmückten Leute") mit zehn Sektionen und der Nicht-„*Ngissir*" mit vier Sektionen.

Territorialsektionen sind geographische Strukturen, die die individuelle Bewegungsfreiheit der Turkana jedoch in keiner Weise einschränken. So hat jeder Turkana das Recht, in das Gebiet einer anderen Sektion einzuwandern. Damit wechselt er automatisch seine Sektionszugehörigkeit ohne jedes Ritual. Praktisch bedeutungslos sind auch die Clans. Zwar sind bestimmte Taburegeln bekannt, es gibt aber weder Clanoberhäupter noch Clanterritorien. Dagegen verfügen die Turkana über ein ausgeprägtes Altersklassensystem, jedoch nur für die Männer. Die mit der Aufnahme in die unterste Altersklasse verbundene Initiation erfolgt im Gegensatz zu anderen ostafrikanischen Nomadenstämmen ohne Beschneidung. Neben den Altersklassen gibt es zwei alternierende Gruppen: die „Steine" und die „Leoparden". Alle männlichen Turkana werden bei der Geburt Mitglieder der entgegengesetzt alternierenden Gruppe ihrer Väter, d. h. ist der Vater ein

Angehöriger der „Steine", so werden seine Söhne Mitglieder der „Leoparden" und umgekehrt. Die Zugehörigkeit zu der jeweiligen alternierenden Gruppe kommt praktisch zum Ausdruck in den verschiedenen Initiationsorten, in der Sitzordnung bei festlichen Anlässen, in der Kampfordnung bei kriegerischen Auseinandersetzungen und in Besonderheiten von Kleidung und Schmuck.

Wie verschiedene ostafrikanische Nomadengruppen kannten auch die Turkana keine Häuptlinge, nur in Kriegszeiten oder zu Raubzügen wurden Anführer gewählt. Die traditionelle Autorität des *„emuron"* spielt im Stammesleben der Turkana nach wie vor eine große Rolle.

Die von der Regierung ernannten District-Chiefs gründen ihre Autorität weniger auf ihr Amt, als auf ihren persönlichen Reichtum. Oberste politische Instanz im Turkanaland ist heute der District-Commissioner in Lodwar. Das Desinteresse der Turkana an Politik und Verwaltung hat sich auch nach der Unabhängigkeit Kenias kaum geändert.

Was den Turkana privat am meisten interessiert, sind seine Tiere: Kamele, Rinder, Schafe, Ziegen und Esel. Sie sichern nicht nur die tägliche Ernährung mit Milch, Fleisch und Blut, sondern ihre Bedeutung geht weit über das Materielle hinaus: Sie sind die Quelle moralischer Werte und aller Gemütsbewegungen des Turkana. Die Tiere begleiten ihn auf all seinen Lebensabschnitten und bestimmen sein Denken und Handeln. Mit Vieh nähert man sich dem Gott *„Akuj"*, mit Vieh trauern und feiern die Menschen, aus Vieh besteht der Brautpreis, mit Vieh wird entlohnt und gesühnt, Vieh ist die Grundlage des Daseins überhaupt. Je mehr Tiere ein Mann sein eigen nennen kann, desto größer ist sein Ansehen und Einfluß in der Gemeinschaft. Wie bei den meisten ostafrikanischen Nomaden geht daher die Quantität über die Qualität. Zur täglichen Ernährung werden daher nur Ziegen, Schafe und Esel geschlachtet, während das Töten und Verspeisen der Großtiere eine soziale und religiöse Angelegenheit ist. Alle kulturellen Errungenschaften der Turkana stehen in direktem oder indirektem Zusammenhang mit der Viehzucht.

Die Turkana sind Vollnomaden. Die spärliche Vegetation ihres Lebensraumes zwingt sie zu einem periodischen Wanderungszyklus zwischen den Ebenen und den feuchteren Gebirgsregionen. Dabei werden die Herden nach Tierarten aufgeteilt. Der Nomadismus bedingt, daß die Mitglieder einer Familie selten vereint sind. In der Regel existieren mindestens zwei wirtschaftlich unabhängige „Familienkerne" in gesonderten Heimstätten. Eine solche typische Heimstätte beherbergt die Frauen mit ihren Kindern, die alten Leute der Familie und zeitweilig auch das Familienoberhaupt. Der in Polygamie lebende Mann erwählt sich eine dieser

Heimstätten als „Hauptwohnsitz" und besucht die übrigen je nach Interesse. In der Heimstätte besitzt jede Frau ihre eigenen Hütten, die sie mit ihren Kindern bewohnt: eine winddurchlässige und schattenspendende Tageshütte und eine feste Nachthütte. Das Familienoberhaupt hat eine gesonderte Schlafstelle unweit des Haupteingangs in der Nähe der Dornenverhaue, in die nachts das Vieh hineingetrieben wird.

Das soziale Leben der Turkana ist in zwei vollkommen unabhängige Bereiche getrennt. Die Welt der Frau besteht aus harter Arbeit und Sorge um ihre Kinder. Sie organisiert und bereitet die Nahrung, baut die Hütten, fertigt Kleidung und Schmuck an, pflegt die Jungtiere und ist zur Wasserbeschaffung oft stundenlang unterwegs zu irgendeinem Wasserloch. Wenn sie keinen Esel zur Verfügung hat, trägt sie die schweren Kalebassen selbst, entweder an einem Riemen um die Schultern gehängt oder auf dem Kopf. Man wird hingegen wohl niemals einen Mann derartige Arbeiten verrichten sehen. Selbst wenn er eine seiner Frauen auf Besorgungsgängen begleitet, trägt *sie* die Lasten. Seinen Wanderstab über die Schultern gelegt, die Arme lässig darüberhängend, mit Nackenstütze, Federbehälter und Handgelenkmesser als Insignien der Männlichkeit schreitet *er* stolz voran. Die Frauen genießen aufgrund ihres Fleißes den Respekt und das Ansehen der Männer. Umgekehrt ist Faulheit einer Frau ein Scheidungsgrund, weil von ihrer Arbeit das Wohl der Familie abhängt.

Das Leben des Mannes scheint weit weniger arbeitsreich und mühselig zu sein. Zwar ist er verantwortlich für die Weideorganisation und die Sicherheit seiner Familie und seiner Tiere und oftmals ist er tagelang unterwegs auf der Suche nach neuen Weidegründen und Wasserstellen. Doch kann man sich des Eindrucks nicht erwehren, daß die Männer nicht allzu sehr ausgelastet sind. Nur zu oft sieht man sie tagsüber im Schatten eines Baumes beieinandersitzen oder irgendwo auf ihrer Nackenstütze liegen und schlafen und erst gegen Abend heimwärts in ihre *„manyattas"* (Hütten) ziehen, wo die Frauen inzwischen alle anfallende Arbeit verrichtet haben. Vor allem die Altersklasse der Krieger *(Moran)* scheint wenig beschäftigt zu sein. Die *Moran,* die früher als stehendes Heer der Turkana für ihren Mut und Kampfgeist weithin berühmt-berüchtigt waren, sind seit der „Pax Britannica" praktisch „arbeitslos". So verbringen sie die meiste Zeit mit eitlen Putz- und Schmuckangelegenheiten, sportlichen Wettkämpfen, Festlichkeiten und dem Viehdiebstahl. Besonders auffällig ist dabei die kunstvolle, in roter und graublauer Farbe gehaltene Frisur. Sie ist ein Charakteristikum der jungen Turkanamänner. Zunächst wird das Haar quer gescheitelt und zu zahlreichen winzigen Zöpfen geflochten, die zu Haarbögen verbunden werden. Diese werden dann mit einer roten und blaugrauen Farbpaste überzogen, die aus Fett und Wasser gewonnen wird. Solange die Farbmasse noch feucht ist, läßt man lederne und hölzerne Ösen ein, die zum Halten des Federschmuckes bestimmt sind. Die Paste trocknet zu einem festen Panzer, der einige Wochen Haltbarkeit verspricht. Zu guter Letzt werden feine Verzierungen auf den Farbpanzer aufgetragen. Zur Herstellung der kostbaren Herrenfrisur benötigt man in der Regel drei Tage. Der kunstvollen Frisur zuliebe betten die Turkana ihre Köpfe nachts auf die Nackenstützen. Ältere Männer tragen oft statt der aufwendigen Frisuren wertvolle mit Federn besetzte Mützen.

Die große Leidenschaft der Turkana-Moran ist der Viehdiebstahl, der bei jeder möglichen Gelegenheit ausgeübt wird. Ursache für die zahlreichen Viehdiebstähle, die zu häufigen Konflikten mit den Nachbarvölkern führen, ist nicht nur das große Interesse der Turkana an Tieren überhaupt, sondern auch der außerordentlich hohe Brautpreis. Zur Heirat muß der Bräutigam etwa 50 Stück Großvieh und an die 100 Stück Kleinvieh aufbringen. Das durchschnittliche Heiratsalter der Männer liegt bei 30 Jahren, die Mädchen heiraten mit etwa 18 Jahren. Ältere, jedoch wohlhabende Bewerber sind ebenso gefragt wie jüngere, wenn sie einen höheren Brautpreis zahlen können. Haben sich Schwiegervater und Bräutigam über den Brautpreis geeinigt und ist dieser nach einer gewissen Zeit entrichtet worden, wird der Tag des Hochzeitsfestes festgelegt. Stößt der Bewerber auf Ablehnung bei seinem Schwiegervater, oder kann man sich über den Brautpreis nicht einigen, so ist damit noch nicht alles verloren. Die Braut wird kurzerhand entführt, und die Heiratsgespräche mit dem Schwiegervater werden daraufhin erneut aufgenommen. Die Hochzeitsfeierlichkeiten, die mehrere Tage dauern, sind mit dem Töten und Verspeisen eines Ochsen, mehrerer Ziegen sowie mit Tanz und Gesang verbunden.

Außer den Ehefrauen, für die ein Brautpreis bezahlt werden muß, halten sich die Turkana Maitressen, die in den Heimstätten ihres Liebhabers eigene Hütten bewohnen. Sie erfahren zwar mehr Zuwendung von seiten ihres Herrn, sind aber sozial wenig abgesichert. Kinder aus diesen Verbindungen werden nicht Erbberechtigte ihrer Väter, sondern sie beerben ihren Großvater mütterlicherseits oder die Brüder der Mutter. Die Väter der unehelichen Kinder werden aber von den Familien der Mütter zur Überlassung einer beachtlichen Zahl Ziegen herangezogen. Scheidung kommt selten vor, es sei denn, die Ehefrau erweist sich als unordentlich und faul oder sie wird als Hexe oder Zauberin entlarvt. In diesem Fall muß der gezahlte Brautpreis zurückerstattet werden. Unfruchtbarkeit ist kein Scheidungsgrund. Der Mann heiratet in diesem Fall mit materieller Unterstützung seiner Schwiegereltern eine zweite Frau. Verläßt eine Frau ihren Mann, muß der Brautpreis zurückerstattet werden. Da dies die Schwiegereltern erheblich belastet, sorgen sie von sich aus dafür, daß die junge Frau zu ihrem Mann zurückkehrt.

Bei den ersten Anzeichen einer Schwangerschaft teilt der werdende Vater dies seinen Schwiegereltern mit. Diese kommen daraufhin in das Heim ihrer Tochter und halten dort ein Festmahl ab. Auf der Haut der getöteten Ziege schläft die junge Mutter von jetzt an. Nach dem Fest schlachtet der Ehemann ein Tier vor der Hütte seiner Frau, um seinen Schwiegereltern genügend Wegzehrung für die Heimreise mitzugeben.

Die Frau ist ab dem 6. Schwangerschaftsmonat — ebenso wie während der Menstruation — für den Mann tabu. Turkanafrauen gebären in ihrer Hütte, auf der Wanderschaft im Freien. Die Entbindung erfolgt in Kniestellung unter Mithilfe einer weiblichen Verwandten. Ist das Neugeborene ein Junge, wird die Nabelschnur mit der Speerspitze, bei einem Mädchen mit dem Handgelenkmesser durchtrennt. Als Erstgeborenen wünschen sich die Turkana einen Jungen, der die Stelle des Familienoberhauptes einnehmen kann, falls seinem Vater etwas zustoßen sollte. Ansonsten sind Mädchen sehr gefragt, da für sie später ein Brautpreis zu verlangen ist. Dadurch werden der Reichtum der Familie erheblich erhöht und die Mitgift für die Söhne gesichert. Die Nachgeburt muß auf dem Boden eines leeren Ziegenkrals verstreut werden, da sonst die Mutter unfruchtbar würde. Bei Zwillingsgeburt wird eines der Kinder ausgesetzt. Abtreibung findet nie statt, da Kinder als notwendige Arbeitskräfte sehr erwünscht sind.

Kurz nach der Geburt erhält das Baby den Namen eines Paten. Später bekommen die Kinder einen sogenannten „großen Namen" nach ihrem Lieblingsochsen. Die Namengebung des Neugeborenen wird bei Verzehr von Ziegenfleisch vor der Hütte gefeiert. Die Haut der geschlachteten Ziege dient dann der Mutter als Rückentragsack für den Transport des Babys. Die Mutter darf die ersten fünf bis sieben Tage nach der Geburt bis zur Verheilung des Nabels ihres Kindes die Hütte nicht verlassen. Während dieser Zeit ist ihr auch nicht erlaubt, Holz zu holen oder zu brechen. Mit dem Zeremoniell „Brechen des Knochens" wird dieses Tabu aufgehoben. Dazu wird wiederum eine Ziege geschlachtet, deren Fußgelenkknochen die Mutter zusammen mit einer anderen Frau zerbricht. Dies soll garantieren, daß das Kind stark wird. Werden die Taburegeln nach der Geburt nicht befolgt, kann dies Schwäche, Krankheit und Tod des Kindes bedeuten. Das Baby bleibt die ersten zwei bis drei Monate in der Hütte und wird dann auf dem Rücken der Mutter getragen. Ein in den Ziegenhautsack eingenähtes Amulett aus einer Baumwurzel schützt es vor bösen Geistern, Hexen und Zauberern.

Die kleine Tochter verbringt die Kindheit und Jugend in der Obhut ihrer Mutter, wo sie in ihre späteren Pflichten als Frau langsam hineinwächst. Die kleinen Mädchen tragen bereits sehr früh die typische Kleidung und Haartracht der Turkanafrauen. Die Kopfhaare werden auf beiden Seiten entfernt, so daß nur ein Haarstreifen in der Mitte stehenbleibt. Dieses Haar wird zu Locksträhnen gedreht und mit rotem Lehm und Fett bestrichen. Die Kleidung der Frauen besteht aus einem kurzen, perlenverzierten Genital- und einem bis an die Knöchel reichenden Gesäßschurz, beide Teile sind aus Ziegenleder. Darüber wird häufig ein Leinenumhang getragen. Der Perlenkettenschmuck hat heute den traditionellen Halsschmuck aus Straußeneiern, Früchten und Antilopenknochen verdrängt. Die Anzahl der Perlenketten dokumentiert Schönheit der Frau und Reichtum des Ehemanns. Halsschmuck und Lederkleidung von Mädchen im heiratsfähigen Alter fallen durch besondere Perlenornamente auf. Verheiratete Frauen erkennt man am einfachen Messinghalsring sowie der Form ihres Lendenschurzes.

Die Männer, die früher meist nackt gingen, schlagen heute eine Decke oder ein Tuch um ihren Körper, das mit einem Knoten über der rechten Schulter gebunden wird. Die kleinen Jungen gehen unbekleidet. Während die Mädchen sorgsam von ihren Müttern umhütet werden und in der Gemeinschaft aufwachsen, bleiben die kleinen Söhne sich selbst überlassen und verbringen die Kinderjahre als Hüter bestimmter, ihnen anvertrauter Herdentiere außerhalb des Gemeinschaftslebens. Bis zu seinem 13. Lebensjahr bewacht der Turkanajunge das Kleinvieh in der Nähe der Heimstätte seiner Mutter, dann verläßt er das mütterliche Heim und führt von nun an eine nomadisierende Lebensweise, ständig auf der Suche nach Wasser und Weide für die ihm anvertrauten Großtiere.

Mit der Initiation im Alter von 18 Jahren wird der junge Turkana in die Altersklasse der Krieger und damit in den Kreis der Männer aufgenommen. Da nicht beschnitten wird, ist die Initiation ein sehr einfaches Fest. Der junge Turkana stellt seine Männlichkeit durch das Töten eines Ochsen unter Beweis, der anschließend verspeist wird. Nach der Heirat ist er für die Sicherheit und Ernährung der Familie und seiner Tiere verantwortlich. Stirbt sein Vater, nimmt er dessen Stelle als Familienoberhaupt ein. Die alten Leute werden von ihren Partnern oder Kindern bis zum Tode mitversorgt.

Rechte Seite oben:
Als Fischervolk bevorzugen die Elmolo die südöstlichen Uferregionen und die Inseln des Turkanasees als Lebensraum. Ihre winzigen Einraumhütten bestehen aus einem Stangengerüst, das mit Laichkraut und Palmblättern abgedeckt wird. (Foto G. Kenntner/E. Ludwig)

Rechte Seite unten:
Jeder männliche Elmolo beherrscht die Technik des Floßfahrens. Im seichten Gewässer zwischen den Inseln und dem Festland werden die Flöße mit langen Stangen vorwärtsgestakt. Die mit Stricken zusammengebundenen Palmstämme vermögen mehrere Personen zu tragen. (Foto G. Kenntner/E. Ludwig)

Neben Fischspeeren, Harpunen und Netzen ist auch der Fischkorb als Fanggerät im Gebrauch. Er wird im seichten Wasser über den Fisch gestülpt. Herstellung und Instandhaltung der Jagdgeräte sind in erster Linie Aufgabe der Männer. (Foto G. Kenntner/E. Ludwig)

Seite 138:
Bei besonderen Anlässen versammeln sich die Elmolo zu Tanzveranstaltungen. Monotone Gesänge und Händeklatschen der Zuschauer verbinden sich mit den rhythmischen Bewegungen der Tänzer. Musikinstrumente sind bei den Elmolo unbekannt. (Foto G. Kenntner/E. Ludwig)

Seite 139:
Im Gegensatz zu den formenreichen, buntverzierten Kalebassen der Nomaden stellen die Elmolo-Frauen einfache Tongefäße her. Die Töpfe werden von Hand modelliert, mit Punkt-Strich-Mustern versehen und im offenen Feuer gebrannt. (Foto G. Kenntner/E. Ludwig)

Die Toten werden in ihrer Heimstätte, nach Möglichkeit innerhalb ihres Ziegenkrals bestattet. Der Tote wird in eine Haut eingewickelt und in Seitenlage, das Gesicht nach Osten gerichtet, in eine Mulde gelegt, mit Erdreich bedeckt und darüber wird ein Steinhaufen errichtet. Die Grabbeigaben bestehen aus den privaten Gegenständen, die der Tote zu seinen Lebzeiten mit sich führte (Nackenstütze, Messer u. a.), sowie einer Wegzehrung für die Reise ins Jenseits.

Der Ziegenkral, in dem der Tote bestattet ist, wird verschlossen und darf nicht mehr betreten werden. Stirbt ein Familienvater, so entfernen die Familienmitglieder zum Zeichen der Trauer ihre Kopfhaare, und die Frauen legen ihren Schmuck solange ab, bis die Haare wieder nachgewachsen sind. Drei Tage nach der Beerdigung beginnen die Trauerfeierlichkeiten, zu welchen bis zu drei Ochsen geschlachtet werden. Eine zweite Totenfeier findet nach sechs bis zwölf Monaten statt. Eine Woche nach der Beerdigung verläßt die Familie die Siedlung und errichtet etwa einen Kilometer östlich davon eine neue Heimstätte. Totgeborene Kinder werden nicht begraben, sondern im Busch ausgesetzt, um der Mutter ihre Fruchtbarkeit zu erhalten.

Über das Leben nach dem Tode bestehen keine klaren Vorstellungen. Die guten Menschen sollen jedoch zu „*Akuj*“ gelangen und als Sterne den Menschen auf der Erde leuchten. Höhere Wesen scheinen im Leben des Turkana keine große Rolle zu spielen, werden aber als gegeben anerkannt. Offenbar ist der Turkana mit den Problemen des Überlebens so stark belastet, daß kaum Zeit für die Beschäftigung mit dem Jenseits bleibt. Nur in der Not, z. B. bei Hunger, Krankheit, Tod wendet er sich an „*Akuj*“, der im Himmel wohnt und die Turkana und andere Völker erschaffen hat. „*Akuj*“ ist ein Gott in Menschengestalt, der ein hohes Alter hat. Er besitzt unzählige Herdentiere, denen er sich mehr widmet als den Menschen, die er bisweilen sogar vergißt. „*Akuj*“ ist ein guter, gerechter Gott, der schlechte Taten bestraft und den Menschen Regen, Gras, Weide und viele Tiere schenkt.

Daneben glauben die Turkana an die Existenz böser Geister, die in den Bergen und Hügeln hausen. Sie erschrecken die Menschen und bringen ihnen Krankheit, Unglück und Tod. Die bösen Geister können jeden Menschen befallen und ihn in einen Hexer oder Zauberer verwandeln. Hexer verhexen ihre Opfer mit dem bösen Blick oder verhexen die Nahrung. Zauberer verwenden bestimmte Hilfsmittel zum Ausüben ihrer bösen Kunst. Den besten Schutz dagegen gewährleisten Amulette aus Ziegenleder, Holz oder Wurzeln, die die Turkana ständig mit sich führen.

In einer Notlage wendet sich der Turkana an den „*emuron*“ (Mehrzahl „ngimurok“), der als Vermittler zwischen „*Akuj*“ und den Menschen fungiert. Neben der priesterlichen Funktion betätigt sich der „*emuron*“ auch als Wahrsager, Hexen- und Geisteraustreiber, Regenmacher und Medizinmann. Er tritt im Traum mit „*Akuj*“ in Kontakt, der ihm Verhaltens- und Handlungsanweisungen gibt. Unter den verschiedenen Orakelformen ist die bekannteste das Sandalenorakel. Die Sandalen wirft man in die Luft und ihre Lage wird gedeutet. Daneben ist auch die bei Nomaden bekannte Eingeweideschau üblich. Der „*emuron*“ wird für seine Mühe mit Tieren entlohnt, was ihm beträchtlichen Reichtum einbringt und damit sein Ansehen fördert. Dank seiner Fähigkeiten ist er die eigentliche zeitüberdauernde, traditionelle Autorität im Turkanaland. Er ist nicht nur religiöses Oberhaupt, sondern auch die eigentliche politikmachende Persönlichkeit. Zwar steht er nie im Vordergrund der Politik, lenkt aber letztlich alle Entscheidungen aus dem Hintergrund.

Bereits die Kolonialherren hatten die Bedeutung der „*ngimurok*“ erkannt und waren bestrebt, sie für sich zu gewinnen. Die „*ngimurok*“ haben das Fußfassen der Europäer im Turkanaland lange verhindert und wirken auch heute noch Einflüssen von außen entgegen. Christliche Missionen haben sich im Turkanaland erst ab 1960 niedergelassen. Ihr Einfluß ist im religiösen Bereich wegen der Gleichgültigkeit der Turkana jedoch gering. Von größerer Bedeutung sind die Leistungen der Missionsstationen auf dem Gebiete der Ernährung und medizinischen Betreuung.

Das Turkanaland ist in der jüngsten Vergangenheit des öfteren von Dürrekatastrophen heimgesucht worden, die verheerende Folgen für die Menschen hatten. Viele Familien verloren ihre Herden und damit ihre Existenzgrundlage. Aus dieser Notlage heraus ließen sich zahlreiche Turkana am Westufer des Turkanasees nieder und gingen zum Fischfang über, eine Beschäftigung, denen ein stolzer Nomade eher verächtlich gegenübersteht. Die kenianische Regierung hat diese Entwicklung gefördert und kommerzialisiert. Mit dem Fischfang gelang es den verarmten Turkana nicht nur, sich ein geregeltes Einkommen zu verschaffen, sondern auch gesellschaftliches Ansehen zurückzugewinnen.

Der Fischfang am Turkanasee ist wahrscheinlich eine sehr alte Wirtschaftsform, die von den am Südostufer ansässigen Elmolo seit langem praktiziert wird. Wenn auch die Turkanafischer gegenwärtig als Bindeglied zwischen Nomaden- und Fischerkulturen angesehen werden können, so sind sie ethnologisch keinesfalls mit den Elmolo zu vergleichen.

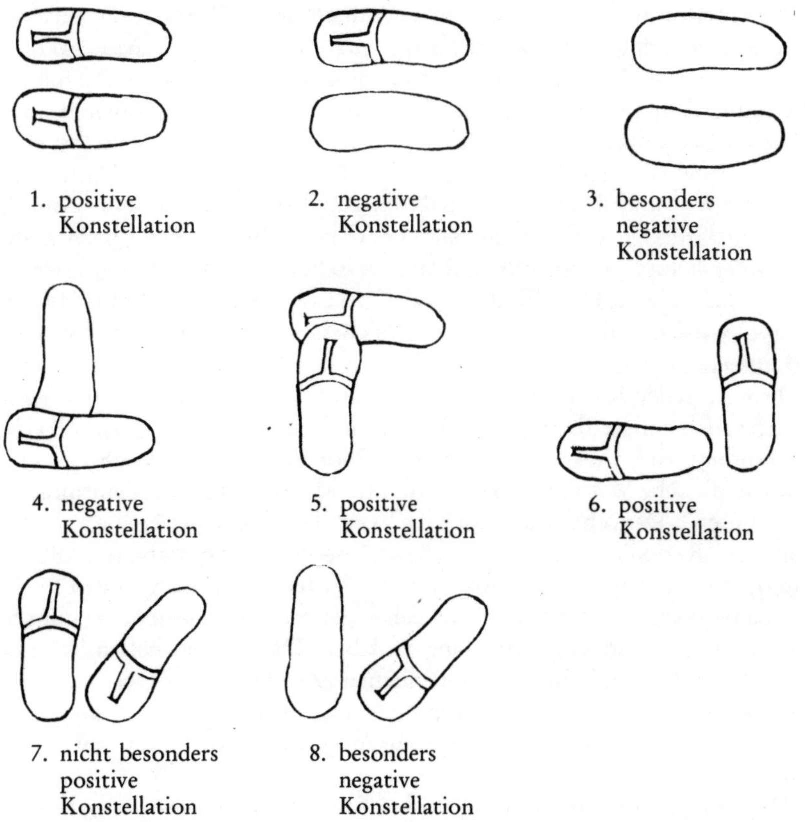

Einige idealisierte Konstellationen bei der Verwendung des Sandalenorakels (Best 1978). Jeder „emuron“ beherrscht die Kunst, mit seinen Sandalen die Zukunft vorauszusagen. Dazu wirft er sie in die Luft und deutet ihre Lage am Boden.

Elmolo

Wenn die Turkana den zahlenmäßig stärksten Stamm am Turkanasee repräsentieren, so stehen die Elmolo in dem Ruf, der „kleinste Stamm Afrikas“ zu sein. Die ca. zweihundertfünfzig Elmolo bewohnen die Vulkaninseln und die Uferregion im Südosten des Sees in unmittelbarer Nachbarschaft mit den nomadisierenden Turkana, Rendille, Samburu und Gabbra.

Ihre Herkunft liegt noch weitgehend im Dunkeln. Wer um die einst weit verbreiteten prähistorischen Fischerpopulationen am Turkanasee weiß, ist geneigt, die Elmolo als Überreste dieser seßhaften Urbevölkerung anzusehen, die unter dem Druck der in der Neuzeit eindringenden Nomaden in die Isolation der Vulkaninseln abgedrängt worden sind. Die Elmolo selbst geben an, die Inseln Lorian und Koran besiedelt zu haben, um vor Überfällen, Krankheiten und Diebstahl der Nomaden geschützt zu sein. Aus den gleichen Gründen verlegen sie auch heute noch ihre Siedlung nach Koran, wenn der Seespiegel absinkt und sich zwischen Lorian und dem Ufer eine Landbrücke bildet. Das Uferdorf Anderi bei Loiyangalani besteht erst wenige Jahre, seitdem die Regierung ausreichenden Schutz und Sicherheit garantiert.

Trotz eigener Kultur und bestimmter anthropologischer Besonderheiten spricht auch einiges dafür, die Elmolo genetisch mit den Nachbarvölkern in Verbindung zu bringen und als verarmte Nomaden zu erklären. So bedeutet das kuschitische Wort „Elmolo“ aus der Rendillesprache „die Verarmten, die Besitzlosen“. Dem entspricht auch die Vorstellung der Elmolo, die sich selbst von den Rendille ableiten. Als besitzlose Stammesmitglieder, die ihre Herdentiere auf irgendeine Art verloren hätten, seien sie von den reichen Nomaden verstoßen worden und daher gezwungen gewesen, sich am See niederzulassen und vom Fischfang zu leben. Die Elmolo haben sicherlich zeitlich und räumlich unterschiedlichen Zuzug von seiten verarmter Nomaden erhalten, ein Vorgang, der bis heute andauert. So ist die Zuordnung der Elmolo zu der Rassengruppe der Nilohamiten wahrscheinlich.

Die Knochendeformierungen, die bei Kindern und Erwachsenen beiderlei Geschlechts auftreten, sind aus rezentökologischer Sicht zu verstehen. Diese pathologischen Erscheinungen sind in so auffälliger Häufigkeit und schwerwiegender Ausprägung feststellbar, daß sie als populationsspezifisches Charakteristikum beurteilt werden können. Für diese Auffassung spricht auch die spezifische Behandlungsmethode in Form einer Wärmetherapie. Dabei wird heiße Asche in ein Stück Ziegenfell eingepackt und auf die schmerzenden Gelenke gelegt. Unsere Untersuchungen haben ergeben, daß die ungünstigen Umweltbedingungen in direktem Ursachenzusammenhang zu den Krankheitsformen stehen.

Der ökologische Rahmen, in dem die Population lebt, ist bis heute durch Fremdeinflüsse unverändert geblieben, wenn auch die Kultur der Elmolo gegenwärtig im Wandel begriffen ist und Kontakte zu den benachbarten Nomadenvölkern von jeher bestanden haben (Tauschhandel). Dabei ist die Beziehung der Elmolo zu den Rendille sicher älter als die zu den Samburu. Die Samburu scheinen erst gegen Ende des vorigen Jahrhunderts unter dem

Druck der vordringenden Turkana und in Zeiten der Hungersnot in engeren Kontakt mit den Elmolo gekommen zu sein; allerdings war dieser Kontakt von weitreichender Bedeutung für die Elmolo, da er tiefgreifende kulturelle Veränderungen zur Folge hatte. Der Prozeß der Akkulturierung an die Samburu hat mittlerweile sowohl den materiellen, als auch den sozialen und geistigen Bereich erfaßt und kennzeichnet die gegenwärtige kulturelle Situation der Elmolo.

Vor allem die mit roten Ockerfarben bemalten Samburu-Moran und der reiche Perlenkettenschmuck der Samburufrauen scheinen nachhaltigen Eindruck auf die Elmolo gemacht zu haben. Die jungen Elmolomänner kleiden sich heute in farbige Umschlagtücher und schmücken sich bei festlichen Anlässen mit rotem Ocker im Samburulook. Die Elmolofrauen, die noch bis vor vier Jahren die traditionelle Selah aus Palmfasern trugen, haben diese mittlerweile zugunsten von bunten Leinentüchern oder zerschlissener Europäerkleidung vollkommen abgelegt. Auch in ihrer Schmuckausstattung ähneln die Elmolofrauen heute weitgehend den Samburu. Gelegentlich findet man jedoch noch Ketten aus Fischknochen bei den Frauen, während ältere Männer in der Regel noch immer an ihrem fischbeinernen Ohranhängsel als Elmolo identifizierbar sind.

Altersklassen waren vermutlich ebenso wie die Beschneidung ursprünglich bei den Elmolo unbekannt. Mit der Einführung der Zirkumzision (Beschneidung) fühlten sich die zusammen mit den Samburu zum gleichen Termin initiierten Elmolo der entsprechenden Altersklasse und alternierenden Gruppe der Samburu zugehörig. Auch rechnen sich die Elmolo heute zu den Samburu-Clans *Lokumai, Masula, Lorogushu* und *Longeli* und befolgen deren Nahrungstabus.

Der Einfluß der Samburu dokumentiert sich weiterhin in zahlreichen Sitten und Gebräuchen, die — einmal übernommen — traditionelles Elmolo-Gut mehr oder weniger modifiziert oder ganz verdrängt haben.

Der Brautpreis zum Beispiel, der ursprünglich aus zwei Palmstammflößen bestand, wird heute nach Samburuart in Tieren erstattet. Dies war nur möglich, weil die Elmolo in den letzten Jahren wieder in Viehbesitz gekommen sind.

Auch der Samburubrauch, der Auserwählten Perlenschmuck zum Zeichen der Liebe zu schenken, ist von den Elmolo übernommen worden, ebenso wie die Zirkumzision der Frau vor der Heirat. Während jedoch der junge Samburu ein derartiges Geschenk vor der Heirat darbietet, kennzeichnet dieser Brauch bei den Elmolo bereits das erste Stadium der Ehe. Der junge Elmolo gilt, wenn er das Geschenk überreicht, bereits als verheiratet; gleichzeitig zahlt er seinem Schwiegervater einen Teil des Brautpreises. Das Paar lebt fortan zusammen in einer Hütte. Im Falle einer Scheidung in diesem

Stadium der Ehe gehören der Frau die Kinder, die sie bis dahin geboren hat. Etwa vier bis zehn Monate später erfolgt die Beschneidung der Frau und der Mann zahlt den Rest des Brautpreises an seinen Schwiegervater. Von diesem Zeitpunkt an hat der Mann das volle Recht über die Frau; ihm gehören dann auch die Kinder, die sie zur Welt bringt. Im Vergleich zu den Samburu ist der Brautpreis der Elmolo verhältnismäßig hoch, die Ehen sind stabil und es herrscht heute noch wie ursprünglich Monogamie.

Die wohl bedeutendste kulturelle Veränderung war die Übernahme der Samburusprache, die heute allgemein von den Elmolo gesprochen wird. Das alte Elmolo, eine dem Rendille sehr nahe stehende ostkuschitische Sprache, ist nur noch ganz wenigen alten Leuten geläufig. Die traditionellen Gesänge werden zwar von der Jugend sehr gerne gesungen, aber kaum noch inhaltlich verstanden. Erhalten haben sich lediglich bestimmte Fachausdrücke im Zusammenhang mit dem Fischfang, da die Samburusprache hierfür keine adäquaten Ausdrucksmöglichkeiten anzubieten hat.

Die kulturelle Anpassung an die Samburu ist zwar augenfällig, für den Alltag und das interne Stammesleben der Elmolo aber bedeutungslos. Die Lebensgemeinschaft in der Elmolo-Bay funktioniert immer noch nach dem traditionellen Muster. So tritt uns die Fischerkultur der Elmolo doch noch als individuelle und differenzierte Kulturform entgegen, die eine lange, eigenständige Entwicklung und ein hohes Alter vermuten läßt.

Sozialstruktur und Besitzverhältnisse der Elmolo sind vollkommen verschieden von denen der Nomaden. Fischnahrung steht im Überfluß zur Verfügung, so daß alle Mitglieder der Gemeinschaft ausreichend versorgt werden können. Alte und kranke Menschen werden von der Gemeinschaft mitverköstigt. Der materielle Besitz ist bei allen gleich gering. Es gibt daher keine sozialen Unterschiede, keine Trennung in Reich und Arm, keine Diskriminierung bestimmter Gruppen oder Einzelpersonen. Das Sozialprestige basiert auf persönlicher Fähigkeit und Leistung. Das wichtigste soziale Strukturelement ist die Aufgliederung des Volkes in Sippen, von denen die folgenden bekannt sind: *Olikaya, Olikala, Orisole, Orisaya, Olikaltite* und *Limarle.* Die Heiratsregelungen sind durch strenge Sippenexogamie gekennzeichnet.

Eine soziale Besonderheit bei den Elmolo ist das Häuptlingstum, das vermutlich mit der Seßhaftigkeit institutionalisiert worden ist. Der Häuptling vertritt die Interessen der Elmologemeinschaft nach außen gegenüber Dritten. Bei wichtigen internen Angelegenheiten ruft er jedoch den Ältestenrat zusammen, um mit diesem gemeinsam zu beraten und zu entscheiden. Der Ältestenrat ist damit die eigentliche oberste traditionelle juristische und politische Autorität der Elmolo, während die Rolle des Häuptlings eher die eines „primus inter pares“ ist. Jede Siedlungsgemeinschaft wählt oder ernennt einen Mann aus ihrer Mitte zum Häuptling, der nicht der älteste, wohl aber der fähigste sein muß. Im Jahre 1978 verstarb Langotto, der langjährige Häuptling der Elmolo in hohem Alter. Mittlerweile hat jede Siedlungsgemeinschaft einen neuen Chief gewählt, junge Männer, die redegewandt und tüchtige Fischer sind. Daneben gibt es einen von der Regierung ernannten Chief in Anderi, dessen Einfluß in der Elmolo-Bay allerdings denkbar gering ist. Im Grunde genommen haben sich die Elmolo trotz aller Statussymbole des Regierungschiefs nie besonders um ihn gekümmert und nur ihren eigenen Chief als Persönlichkeit anerkannt.

Was für die Nomaden das Vieh ist, sind für die Elmolo die Seetiere: mehr als nur Ernährungsgrundlage! Der Jagderfolg begründet Ruhm und Ansehen eines Mannes in der Gemeinschaft. Der See ist überaus reich an wohlschmeckenden Fischen und Krokodilen, doch ist die Geschicklichkeit des Fischers und Jägers letztlich ausschlaggebend für den Erfolg und die Qualität der Beute. Ein Fischamulett aus Ziegenleder und Holz garantiert reichen Fischzug. Der Nilbarsch ist ein sehr beliebter Speisefisch und ein großes Exemplar (200 kg max.) reicht aus, die Versorgung des ganzen Dorfes für einen Tag sicherzustellen. Der erfolgreiche Nilbarschfänger erfährt dementsprechendes Lob durch seine Stammesgenossen. Größeres Ansehen verschaffen sich die Krokodiljäger. Denn die Krokodiljagd nach traditioneller Art mit Harpune und Speer ist umso gefährlicher, je größer das Krokodil ist. Schon manch ein Elmolo hat seine Kühnheit mit dem Leben bezahlen müssen, wenn er in finsteren Nächten durch das seichte Wasser gewatet ist, um Krokodile aufzuspüren. Zwar sind die Krokodile des Turkanasees längst nicht so aggressiv wie die des Omo oder Nil, doch ebenso unberechenbar, wenn Menschen in greifbare Nähe kommen. Gleich beim ersten Wurf muß die Harpune ihr Ziel treffen, wenn die Jagd erfolgreich sein soll. Die Jäger verlassen sofort das Wasser und halten an Land die Harpunenleine, bis das wie besessen um sich schlagende harpunierte Krokodil langsam ermüdet. Erst dann kann es an Land gezogen und mit dem Speer getötet werden. Die Elmolo essen Krokodilfleisch ebenso gerne wie Fisch; das Schwanzstück der Krokodile gilt sogar als besonderer Leckerbissen.

Die größte Bedeutung wird der Nilpferdjagd beigemessen, was in folgendem Brauch zum Ausdruck kommt: Die Frauen gehen den heimkehrenden Männern entgegen und zeichnen die erfolgreichen Jäger mit drei bis vier ihrer Halsketten aus. Das Erlegen eines Nilpferdes stellt wegen der Seltenheit dieser Seetiere ein besonderes Ereignis dar und wird festlich begangen mit Gesang und Tanz, wobei ein spezielles Nilpferdlied gesungen wird. Die Jagdbeute wird gleichmäßig an das ganze Dorf verteilt.

Der Fischfang ist in erster Linie eine Angelegenheit der Männer, jung wie alt. Ein Elmolo wird bereits als Kind mit den Techniken des Fischfangs vertraut. Dazu gehören der Umgang mit Harpune, Fischspeer, Netz und Fischkorb. Es erfordert viel Geschicklichkeit, als „Strandläufer“ oder vom Palmstammfloß aus einen Fisch mit der Harpune zu erlegen. Auch das Manövrieren des einfachen Palmstammfloßes will gelernt sein, das im seichten Wasser mit einer langen Stange vorwärtsgestakt wird, während die gleiche Stange im offenen Wasser als Paddel dient. Männersache ist auch die Herstellung, Wartung und Reparatur der Jagdgeräte: Das Drehen von Seilen aus Palmfasern, das Knüpfen der Netze, das Anfertigen und Ausbessern der Fischkörbe, das Schmieden der eisernen Harpunenköpfe und Speerspitzen sowie der Floßbau. Manche Männer sind in den einzelnen handwerklichen Techniken wahre Meister.

Man wird wohl niemals Frauen zum Fischfang ausfahren sehen, doch helfen sie den Männern oftmals bei der Arbeit an Land und steigen auch gelegentlich mit ins seichte Wasser, um beim Auslegen eines Netzes in Ufernähe behilflich zu sein. Ansonsten spielt sich ihr Alltag im Bereich der Hütten ab, wo sie typisch weibliche Arbeiten zu verrichten haben: Die Zubereitung der Fischnahrung zweimal am Tag, das Anfertigen von Kleidung und Schmuck, das Töpfern, wenn neues Kochgeschirr benötigt wird, und nicht zuletzt die Betreuung der Kinder. Die Arbeit der Elmolofrauen ist weniger mühselig als die der Turkanafrauen. Die Lage der Siedlungen in Ufernähe erspart ihnen die langen, beschwerlichen Wege zu den Wasserlöchern, ebenso wie den im Nomadismus immer wiederkehrenden Zwang, neue Wohnstätten zu bauen. So haben die Elmolofrauen wesentlich mehr Freizeit, die sie gemeinsam im Schatten einer Hütte sitzend, plaudernd verbringen und ihren Kindern widmen.

Die Kinder sind der ganze Stolz und Reichtum der Elmolo. Ihre Zahl hielt sich von jeher wegen der außerordentlich hohen Kindersterblichkeit in Grenzen. Sie werden daher sehr liebevoll umsorgt, und selbst die jungen Männer kümmern sich um die Kleinkinder des Dorfes, wenn es erforderlich ist. Die Geburt eines Kindes, gleich welchen Geschlechts, wird festlich begangen; das ganze Dorf versammelt sich zu einem Festessen, dem Gesang und Tanz folgen. Die Geburt findet in der Hütte der Mutter statt; ältere, erfahrenere Frauen leisten Geburtshilfe. Das Neugeborene erhält bereits unmittelbar nach der Geburt seinen ersten Schmuck. Das Baby bleibt bei der Mutter, bis es laufen kann. Hat die Mutter kleinere Arbeiten zu verrichten, übernehmen es in der Zwischenzeit bereitwillig die anderen Frauen. Den engeren Lebensbereich der Kinder bilden das Dorf und die Uferzone. Aufgrund des Nahrungsreichtums ist Kinderarbeit nicht zwangsläufig notwendig wie bei den Turkana. Elmolokinder haben daher mehr Freiheiten, und es ist eher Spiel und Sport für die Knaben, sich die Techniken des Fischfangs anzueignen und ihr Können unter Beweis zu stellen, wenn sich die

Gelegenheit bietet, mit Älteren auf Fischfang zu gehen. Zehnjährige Jungen sind bereits ausgezeichnete Fischer und fahren schon alleine mit dem Palmstammfloß zum Fischen auf den See. Mit der Initiation wird der junge Elmolo in den Kreis der Erwachsenen aufgenommen und ist fortan für die Nahrungsversorgung der Gemeinschaft mitverantwortlich.

Wie die Kinder, so werden auch die alten Leute von der Gemeinschaft umsorgt. Ihr physischer Zustand ist jedoch meistens äußerst schlecht. Blindheit und Bewegungsunfähigkeit sind ein Altersschicksal der Elmolo. Bis zu ihrem Tode bewohnen sie ihre eigenen kleinen Hütten. Die Toten werden noch am Todestag ohne Beerdigungszeremoniell beigesetzt. Der Leichnam wird in einer kleinen Bodenvertiefung auf die rechte Körperseite gelegt, das Gesicht ist nach Westen zum See hin gerichtet, und die Beine sind angewinkelt. Die linke Hand (= die böse) wird unter den Kopf gelegt, während die rechte Hand frei bleibt. Die Grabbeigaben bestehen aus den wenigen persönlichen Gegenständen des Toten und Nahrungsmitteln (Wasser, Öl, Fett, Fisch). Wie bei den Turkana wird ein Grabhügel aus Steinen errichtet. Im Nachlaß werden noch brauchbare Gegenstände ausgeräuchert und an die nächsten Verwandten weitervererbt.

Die Elmolo glauben an eine Art Wiedergeburt nach dem Tode als Schatten oder Geister in einer anderen, besseren Welt. Auf dem Weg dorthin brauchen sie die Grabbeigaben als Nahrung. Die Lebenden sind darauf bedacht, bei den Toten einen möglichst guten Eindruck zu hinterlassen, da diese als Fürsprecher bei *„Huack"* auftreten. *„Huack"* ist ein guter Gott, der im Himmel wohnt und die Welt, die Menschen und alles, was sie zum Leben brauchen, erschaffen hat. Zeitweilig lebt *„Huack"* auch als Vogel auf den weißen Guanoklippen der Inseln, um die Elmolo besser beobachten zu können. *„Huack"* hat den Elmolo gezeigt, wie man fischt und Flöße aus Palmstämmen baut. *„Huack"* verleiht Jagdglück, hilft und beschützt die Elmolo. Die Elmolo richten ihre Gebete direkt an *„Huack"*. Es fehlt also eine dem *„emuron"* der Turkana vergleichbare Persönlichkeit in der Elmologemeinschaft.

Neben dem Glauben an *„Huack"* ist der Glaube an Naturgeister stark ausgeprägt. Es gibt sowohl gute als auch böse Geister. Dies sind unsichtbare Wesen, die überall und fortwährend zugegen sein können, vorzugsweise aber auch auf den Inseln leben. Die guten Geister wohnen auf der dem Festland nähergelegenen Seite, die bösen Geister auf der Seeseite der Inseln. Die Elmolo werfen diesen einen Teil ihrer Jagdbeute zu, wenn sie dazu mit den Worten „Gib mir Fisch!" aufgefordert werden. Nach ihrer Vorstellung bewerfen böse Geister die Menschen mit Steinen, stechen und verletzten sie mit spitzen Gegenständen oder fügen ihnen sonst irgendwelchen Schaden zu. Als schlimmste Geisterinsel gilt South Island, die große Südinsel im

Turkanasee, die in der alten Elmolosprache „*Gurahano*" genannt wird. Dies bedeutet „von Wasser umgebenes feuerspeiendes Land." Dort sollen die bösen Geister die Menschen sogar umbringen. Die Furcht der Elmolo vor den bösen Geistern von „*Gurahano*" ist so groß, daß sie allein schon deshalb eine Besiedlung von South Island ablehnen, unabhängig von der bislang ungeklärten Frage, ob die Insel bei den vorherrschenden Wind- und Strömungsverhältnissen mit dem Palmstammfloß überhaupt erreichbar ist.

Der Einfluß der christlichen Mission ist verhältnismäßig groß, da die Elmolo als seßhaftes Volk von der katholischen Missionsstation Loiyangalani aus leicht erreichbar sind. Die italienischen Missionare des Consolata-Ordens, die seit den sechziger Jahren in Loiyangalani ansässig sind, fanden bei der monotheistischen Naturreligion der Elmolo fruchtbaren Boden, haben aber den tief verwurzelten Geisterglauben bislang noch nicht ausschalten können.

Die Kulturen der Turkana und Elmolo haben sich als relativ dauerhaft erwiesen. Die nomadisierenden Turkana haben dank ihrer Mobilität schädigende Einflüsse von außen bislang konsequent abgewehrt. Abseits der bereits von der Zivilisation geprägten Zentren funktionieren eben nur die ursprünglichen Lebensformen, die sich seit Generationen bewährt haben und das Überleben garantieren.

Die Elmolo sind auf ihren Vulkaninseln geographisch und kulturell weitgehend isoliert und halten dadurch Fremdeinflüsse von sich fern. Akkulturierungsprozesse an die Samburu zeichnen sich zwar ab, haben jedoch die Fischerkultur der Elmolo noch nicht zerstört.

Solange daher die Turkana den Nomadismus pflegen und die Elmolo in ihrer Isolation bleiben, erhalten sich auch im wesentlichen die traditionellen Strukturen. Der ökologische Rahmen läßt tiefgreifende Veränderungen nicht zu.

Die Rendille (Kenia)

Andreas Erhard

Einer der kleinsten und nicht nur deshalb interessantesten Stämme Ostafrikas sind die Rendille. Als westliche Nachbarn der Somali leben und wirtschaften sie im nördlichen Teil Kenias. Ihr Siedlungsbereich erstreckt sich vom Rudolfsee im Norden bis nach Marsabit im Osten und über die Chalbiwüste nach Laisamis im Süden. Das rund 20.000 Quadratkilometer große Gebiet ist trocken und weist selten mehr, häufig aber weniger als zweihundert bis dreihundert Millimeter jährliche Niederschlagsmenge auf. Nur am Mount Kulal, den Ndoto- und Nyiru-Bergen finden sich dichte grüne Zedernwälder und klare Gewässer, ansonsten ist das Rendilleland heiß und trocken, von Akazien und Dorngebüsch durchsetzt. Entlang der meist ausgetrockneten Flußläufe *(lugga)* findet sich Wasser, aber nur in tiefen Löchern. Laisamis als Zentrum der Rendille liegt denn auch an einer dieser Quellen.

Die Rendille sind Hamiten, ebenso wie ihre Nachbarn, die Somali, Shangila und Gabra und im Gegensatz zu den Samburu und Turkana, die zur nilohamitischen Gruppe gehören. Sie sprechen eine ostkuschitische, dem Somali verwandte Sprache und unterscheiden sich auch hierin stark von den das nilotische Idiom Maa sprechenden Samburu.

Wenn es um die Zahl der Rendille geht, ist man ausschließlich auf Schätzungen angewiesen. Von seiten der kenianischen Regierung wird ihre Zahl mit 19.000 angegeben, tatsächlich aber dürfte es nicht viel mehr als 9.000 Rendille geben. Dazu kommen noch die Unterstämme der Ariad und Ilturia, die aus einer Vermischung mit den Samburu hervorgegangen und ungefähr 6.000 Kopf stark sind. Auch die am Nordufer des Rudolfsees ansässigen Shangila werden des öfteren zu den Rendille gezählt. Tatsächlich aber ist dieser Stamm, von dem es in Kenia kaum mehr als 2.000 Angehörige gibt, wohl eigenständig.

Die Selbstgenügsamkeit der Rendille ermöglicht ihnen die Erfüllung fast aller Wünsche. Kommt ein somalischer Händler durch ihr Gebiet, so werden Tee, Zucker, Schmuck, ein wenig Kleidung und manchmal ein Plastikkanister erstanden. Die handwerkliche Geschicklichkeit besorgt und erstellt den Rest.

Die Rendillekultur ist auf das Kamel zentriert. Leben und Umgebung der stolzen Wüstennomaden sind untrennbar verbunden mit diesem Tier, das Nahrungsquelle und Statussymbol ist, sozialen Wert schlechthin darstellt.

Gerade die Kamelzucht ist es, die die Rendille zu dauernden Wanderungen und nur kurzen Aufenthalten an einem Ort zwingt. Sobald ein neuer Siedlungsplatz erreicht ist, errichten die Männer eine hohe Dorfumrandung *(Gob)*, wohin in der Nacht die Haustiere getrieben werden und die Hütten ihren Platz finden. Diese Hütten sind schnell auseinandergenommen und auch wieder zusammengestellt. Sie bestehen aus gebogenen Rahmen, Häuten und Grasmatten, allesamt transportiert auf dem Rücken der Kamele. Wenn die Familie auf ihrer Suche nach Regen weiterzieht, dann werden die Kamele einzeln aneinandergebunden, Kopf und Schwanz, Tier für Tier. Die Holzglocken an den Tierhälsen geben dabei den Takt des langsamen Marsches der „Wüstenschiffe" an.

Die Kamelzucht, um die sich das Wirtschaften der Rendille dreht, ist wesentlich schwieriger als die Rinderzucht und nimmt daher einen Großteil der Arbeitszeit in Anspruch. Ein Kamel kann sich bis zu achtzig Kilometer von der Herde entfernen und muß damit bis zu einer Woche lang gesucht werden. Der Verlust eines Kamels wird als zumindest mittelgroßes Unglück angesehen. Dafür finden sich mehrere Gründe: Zum einen gibt ein weibliches Kamel wesentlich mehr Milch als eine Kuh. Eine Herde Rendillekamele weist einen ebenso großen Milchertrag auf wie eine Herde Samburrinder, die viermal so groß ist. Zwei gute Rendillekamele geben genug Milch für eine Familie mit mehreren Kindern. Zum anderen wachsen Kamelherden weit langsamer als Rinderherden. Während die Gestationszeit bei der Kuh nur neun Monate beträgt, dauert sie beim Kamel dreizehn Monate. Ein weibliches Kamel wird sechs Jahre alt, bevor es zum ersten Male wirft, eine Kuh nur zweieinhalb Jahre. Schließlich hängt die Mobilität und das den Rendille eigene Leben vom Rücken der Kamelhengste ab. Die Rendille reiten zwar nicht, aber sie beladen die Kamele mit ihrem gesamten Haushalt und wandern damit innerhalb alter Grenzen, die schon seit Jahrhunderten bestehen, und die früher häufig gegen andere Stämme, besonders gegen die Somali, verteidigt wurden. Zu obigen Faktoren kommt hinzu, daß die Kamele das Wasser von der Quelle bis zur Siedlung zu tragen haben und dabei oft ganze Tagesmärsche zurücklegen müssen. Ein Kamel trägt dabei fünfundsechzig bis neunzig Kilogramm dreißig bis vierzig Kilometer an einem Tag. Die Tränke der Herden ist eine mühselige Beschäftigung. Große Mengen Wasser müssen Krug für Krug aus den tiefen Löchern hochgereicht werden. Oft bilden mehrere Männer eine Kette, an der entlang die Wasserbehälter aus Giraffenhaut, begleitet durch einen monotonen Singsang, hinaufgereicht werden. Dazu kommt das tägliche Melken.

Neben den Kamelen werden auch Schafe, Ziegen und nur in den Bergen vereinzelt auch Rinder gehalten. Alle Herden *(For)* werden von den Kriegern im Umkreis des *Gob* weit verstreut bewacht. Die Krieger, zumeist im Alter von vierzehn bis weit über dreißig Jahren, erfüllen damit neben dem Schutz des Klans ihre hauptsächliche soziale Funktion, wenn auch unter Mithilfe der meist noch unbeschnittenen Buben.

Milch ist das Hauptnahrungsmittel, Fleisch von Schaf und Ziege gilt als Zuspeise, die selten und auch nur nach rituellen Schlachtungen vorhanden ist. Zunehmend wird heute auch Mais gegessen, wenn er erhältlich ist und es Milch nicht in genügenden Mengen gibt.

Mehrere Familien bilden den Klan, und jeweils zehn Klans bilden im traditionellen Muster einen Stamm. Heute allerdings sind die Grenzen zwischen einzelnen Klans schon verschwommen. Doch auch heute noch wird ein *Gob* nur von Mitgliedern eines Klans bewohnt. Alle männlichen Bewohner haben dabei in der Vorstellung der Rendille denselben Vorvater. Eine Siedlung besteht aus rund zwei Dutzend Hütten und zehn Dutzend Bewohnern. Jede verheiratete Frau und Witwe hat ihre eigene Hütte. Tatsächlich gibt es kein Wort für „Heirat", wohl aber eines für „Hüttenbau" mit eben demselben Inhalt.

Wenn ein Mädchen heiratet, wird ihm eine Hütte gebaut, wobei das Baumaterial von der Hütte der Brautmutter stammt. Das Zentrum einer jeden Siedlung, *Naapo,* hat rituelle Bedeutung. Hier setzen sich die Alten zur Versammlung nieder, hier brennt auch ein immerwährendes Feuer, von dem alle anderen Herdfeuer gespeist werden. Hier besteht auch so etwas wie ein politisches Forum. Rendillepolitik ist die Politik des Konsens, der traditionell bei Besprechungen im *Naapo* erreicht werden muß.

Um bei den Beratungen der Alten jedoch teilnehmen zu dürfen, durchläuft ein Mann verschiedene Perioden. Zuerst ist er als Knabe nur ein Hüter des Kleinviehs, dann schon als älterer, aber noch immer unbeschnittener Bub kümmert er sich um die Kamelherden. Nach den Beschneidungsriten wird er zum Krieger.

Der Rendillekalender basiert auf einem Sieben-Jahres-Rhythmus. So bleiben die Männer Krieger für vierzehn Jahre. Während der letzten Jahre ihres Kriegerdaseins unterwerfen sie sich der *Naapo*-Zeremonie, die sie schließlich auch zum Ältesten macht und sie in das einzig bestimmende Forum aufnimmt.

Frauen werden danach klassifiziert, ob sie verheiratet sind oder nicht. Aus dem Mädchen wird durch die Beschneidung eine heiratsfähige Frau. Die Beschneidung selbst ist ein integrierter Teil der Hochzeit. Seltsam mutet die bei den Rendille einzigartige Institution der Frauen an, die als *Sabade* bezeichnet wird. Für die *Sabade*-Frauen sind Beschneidung und Heirat zwei verschiedenartige Ereignisse. Im Gegensatz zu den übrigen heiratsfähigen Mädchen im Alter zwischen vierzehn und dreißig Jahren, heiraten *Sabade* erst in reiferen Jahren, zumeist erst, wenn sie über vierzig Jahre alt sind. Der

Zeitpunkt ihrer Heirat tritt erst dann ein, wenn ihre Brüder in den Dreißigern sind und selbst heiraten. Bedingt durch Eigenheiten des Rendillekalenders passiert dies etwa alle zweiundvierzig Jahre — der Zeitspanne einer Rendillegeneration, die aus sechs Siebenjahreszyklen zusammengesetzt ist. Die Hauptkonsequenz eines solchen Brauches ist offensichtlich die Tatsache, daß die Zahl der fruchtbaren Jahre einer Frau reduziert wird. Obwohl es keine endgültige Klärung dieses Brauches gibt, auch nicht von den Rendille selbst, nimmt man doch an, daß der *Sabade*-Brauch seinen Ursprung in dem Versuch einer Bevölkerungskontrolle haben könnte. Eine solche Kontrolle ist wünschenswert, da die Kamelherden nur sehr langsam wachsen. Eine ungehemmt wachsende Rendillebevölkerung aber hätte bei einer fast konstanten Kamelpopulation ernste Folgen für den Stamm.

Die Alten üben absolute Gewalt über ihren Klan und im weiteren über ihren Stamm aus. Sie halten die legislative Gewalt und Jurisdiktion fest in ihren Händen und delegieren nur die Exekutive an die Krieger. Nach Rendilleanschauung ist der Mensch nur ein Mensch im Sinne des Wortes, wenn er alt ist, wenn er die Stadien der Kindheit und des Kriegertums also schon hinter sich hat. So sind selbst die Krieger nicht vollwertige Stammesmitglieder innerhalb der definierten Hierarchie.

Ein bemerkenswerter Aspekt der Rendillekultur ist in ihrem Verhältnis zu den Maa-sprechenden Samburu zu suchen. Trotz der nicht miteinander verwandten Sprachen und der entgegengesetzten pastoralen Wirtschaftsweisen haben sich die beiden Völker seit Generationen gegenseitig nicht behelligt. Im Gegenteil, es hat immer Wanderungen und Heiraten über die Stammesgrenzen hinaus gegeben. Daraus erwuchsen traditionelle Verbindungen und politische Allianzen gegen andere Völker. Auch ein nicht eingeweihter Beobachter mag leicht eine größere Ähnlichkeit zwischen Samburu und Rendille als zwischen Rendille und Somali sehen, obwohl diese sogar eine den Rendille verwandte Sprache sprechen.

Das arabische Wort *Dini* oder *Dina* drückt aus, was man unter Religion versteht, denn schon vor Jahrhunderten hat der wohl von den Somali übernommene Islam die Stelle der alten Stammesreligion eingenommen, in der ein Dualismus von je einem guten und bösen Gott eine wichtige Rolle spielte. Aus der alten Stammesreligion kommt auch die Bezeichnung für Gott — *Wah.* Die Rendille sind sunnitischen Bekenntnisses. Für sie ist das Gesetz *(Sharia),* welches auf dem Koran und der mündlichen Überlieferung *(Hadith)* basiert, Ausgangspunkt moralischer Bewertungen. Wie bei den benachbarten Somali und Boran wird jedoch die moslemische Betonung des Monotheismus zugunsten lokaler Gottheiten und Geister in den Hintergrund gedrängt. Der Glauben an Geister manifestiert sich in der traditionellen Vorstellung des „lebenden Leichnams“: die Toten sind zwar fortgegangen, existieren aber noch. So ist auch die Bestattung in Steinhügeln *(Gole)* zu verstehen, die weniger Gräber als vielmehr Wohnstätten sein sollen. Das Jenseits ist weder schöner noch schlechter als das Diesseits, sondern vielmehr eine Fortsetzung dessen.

Auch der Glaube an magische Kräfte lebt bei den Rendille weiter. Er beruht auf der Vorstellung, daß eine unpersönliche Kraft, die sehr wohl zu beeinflussen ist, das Geschick der Menschen in der Hand hält und zum Guten oder Schlechten zu wenden vermag. Es ist bezeichnend, daß es für diese Kräfte keinen Rendilleausdruck gibt, da sich das Wort *Wah* ausschließlich auf Gott beschränkt. Der Medizinmann ist auf Kenntnis und Anwendung der magischen Kräfte spezialisiert. Er ist aber dennoch weniger Arzt oder Herbalist als vielmehr Lehrer und Zeichendeuter, der allgemeine Verhaltensregeln gibt. Durch sein Deuten von Figuren und Träumen und aufgrund seiner astrologischen Kenntnisse betätigt er sich darüber hinaus auch als Wahrsager. Der Medizinmann ist daher grundsätzlich ein Wohltäter der Gesellschaft, der die Fähigkeit besitzt, die Macht seiner Erkenntnis dazu zu benützen, seinen Mitmenschen zu helfen. Als Antagonisten gibt es bisweilen den Zauberer oder die Hexe, oft mit dem bösen Blick versehen, die schon allein durch ihre physische Anwesenheit Schaden anrichten können.

Die Tatsache, daß Schulbildung, wenngleich noch immer erst vereinzelt, den Jüngeren Wissen verschafft, das die Alten noch nicht haben, stellt diese Ordnung auf den Kopf und muß zwangsläufig weltanschauliche Änderungen mit sich bringen. Eine ganze Skala von auswärtigen Einflüssen — die ersten permanenten Siedlungen, Regierungsverordnungen, Schulbesuch und nicht zuletzt Missionierungsversuche christlicher Gesellschaften — beginnt am althergebrachten Weltbild zu rütteln. Diese neuen Einflüsse stellen heute das alte Stammesgefüge, das auf der Autorität der Alten, auf den überkommenen Werthaltungen und der traditionellen Viehwirtschaft beruht, ganz wesentlich in Frage.

Wenn sich im Norden Kenias die Überzeugung breit zu machen beginnt, die ganze technische und wissensmäßige Überlegenheit der Weißen, und damit der neuen Zivilisation, sei unwiderstehlich, so ist es nur der relativen Abgeschiedenheit des Stammes zu verdanken, daß diese Überzeugung bei den Rendille aber noch nicht auf fruchtbaren Boden gefallen ist.

Faßt man zusammen, so präsentieren sich die Rendille als ein Volk, das sich in mannigfacher Art an die natürlichen Gegebenheiten und an die politischen Realitäten seiner Umgebung angepaßt hat, das aber nach wie vor noch eine intakte Einheit darstellt. Dies ist umso verwunderlicher, da — wie überall in Afrika — auch in Kenia die Einflüsse und der Druck der „Zivilisation" gerade auf kleinen Völkerschaften schwer lasten. Wie das Beispiel anderer Stämme zeigt, geht dabei unter dem fremden Einfluß die eigene Identität allzu leicht verloren. Für die Rendille gilt dies weitgehend nicht: fährt man heute durch ihr Land und hat das Glück, einer ihrer Kamelkarawanen zu begegnen, so ist dies mehr als nur ein romantisches Schauspiel. Es ist die Begegnung mit einem Stück zeitlosen Afrika.

Rechte Seite:
Rendille-Mädchen während der Beschneidungszeremonie. Sechzig Tage lang bleiben dunkle, die ganze Gestalt verhüllende Gewänder und gekalkte Gesichter sichtbare Zeichen vollzogener Riten. (Foto A. Erhard)

Seite 158:
Verheiratete Rendille-Frau mit traditionellem Halsschmuck. Er wird nach der Hochzeit angelegt und nicht mehr abgenommen. Sein Umfang ist Zeichen von Reichtum. Das in ein Ziegenfell gehüllte Kind begleitet die Mutter während des ganzen Tages. (Foto A. Erhard)

Das Weltbild der Pogoro (Tansania)

Harry Schoenaker

Wenn man in Afrika das Weltbild eines Volkes festlegen will, so soll man sich dabei bewußt sein, daß seine Entstehung und die konkrete Formgebung seiner Lebensweise Ergebnis eines sehr langen und sehr verwickelten historischen Werdeganges sind.

So gehören die Pogoro in Tansania zu den sogenannten Kafriden als Teilgruppe der Negriden in Afrika. Gerade bei dieser Teilgruppe ist es schwer, das biologisch-antropologisch Eigene klar zu umschreiben, da im Laufe der ausgedehnten Wanderungen auch rassische Eigenheiten der Khoisaniden, d. h. der Kleinwüchsigen in den südafrikanischen Trockengebieten heute, und der Äthiopiden aufgenommen wurden. Es waren diese Wanderungen der Negriden, die, angefangen in urgeschichtlichen Zeiten, zur Bildung der kafriden Bantuethnien führten, welche sich dann in weiteren Wanderungen, die bis zum Anfang unseres Jahrhunderts fortdauerten, weiter formierten und sich in ihren heutigen Siedlungsgebieten niederließen. Die Sprache der Pogoro, *chipogoro* genannt, zu den Bantusprachen gehörend, soll recht althergebrachte Sprachelemente dieser Sprachfamilie festgehalten haben.

Die Pogoro wohnen zwischen dem achten und neunten Grad südlicher Breite und dem sechsunddreißigsten und siebenunddreißigsten Grad östlicher Länge im Ulangadistrikt der Ostprovinz von Tansania. Bei der Volkszählung von 1957 betrug die Gesamtzahl der Pogoro 74.047, von denen damals 55.849 im Ulangadistrikt wohnten. Die Pogoro und die Ndamba sollen früher dort ein Volk gewesen sein. Die Tradition sagt, daß die Ndamba sich dann vom gemeinsamen Ursitz, dem Humbuluhügel, weg am Ulangafluß niederließen, indem die Pogoro zum Mahenge-Gebirge zogen. Auch jetzt noch sind sie in ihrer äußeren Erscheinung, ihren Sprachen — sie

Seite 159:
Ein Mitglied des Ältestenrates eines der Rendille-Clans, die sich mit ihren Nachbarn vermischt haben. Kleidung und Schmuck entsprechen nicht reiner Rendille-Tradition, sondern sind vermischt mit Elementen auch anderer Völker Nordkenias. (Foto A. Erhard)

Linke Seite:
Von jeher spielt der Tanz bei den verschiedensten Anlässen eine wichtige Rolle. Hier führen Pogoro vor der katholischen Kirche in Kwiro nach einem Jubiläumshochamt ihre Tänze auf. (Foto H. Schoenaker)

verstehen sich gegenseitig — und in ihrer Lebensweise verwandt. Beide werden sie für die ursprünglichen Besitzer ihres Gebietes angesehen.

Als in der zweiten Hälfte des 19. Jahrhunderts die ersten europäischen Entdeckungsreisenden ins Innere von Ostafrika vorstießen, folgten sie den damals von den Arabern benützten Karawanenstraßen. Der Ulangaraum lag abseits dieser Wege und bildete ein Rückzugsgebiet. Man kann sich fragen, inwiefern die Völker im Inneren Ostafrikas Einflüsse in sich aufgenommen haben von der Küste her, die schon viele Jahrhunderte in Beziehung zur arabisch-persischen Welt stand. Seit dem 7. Jahrhundert wurde besonders die arabische Beeinflussung stärker, da sich immer mehr Araber an der Ostküste Afrikas ansiedelten und dort heirateten. So entfaltete sich die Bantu-Islamische Zivilisation der Suaheli.

Ab 1498, als Vasco da Gama auf seiner Reise nach Indien Mombasa besuchte, begann der portugiesische Einfluß, der für die Küste von Tanganyika zwei Jahrhunderte andauern sollte. Seit dem Anfang des 19. Jahrhunderts begannen die Araber, die sich unter Seyyid Said von Oman her in Sansibar niedergelassen hatten, ihre Handelskarawanen ins Innere zu senden, auf der Suche nach Elfenbein und Sklaven. Vom Inneren her kamen dann auch Angehörige dort ansässiger Völker zur Küste mit Tauschartikeln. Man nannte sie Nyamwesi und viele — doch nicht alle — gehörten zu diesem Volk.

Die deutsche Besitznahme Tanganyikas begann 1884 mit dem Auftreten von Carl Peters und wurde ab 1889 von der deutschen Regierung übernommen und weiter durchgeführt. Die Pogoro waren stark am Maji-Maji-Aufstand beteiligt, der von 1905 bis 1907 dauerte. Nach der sehr blutigen Niederschlagung dieses Aufstandes fügten sie sich der deutschen Herrschaft.

Die ersten Missionare kamen noch vor der letzten Jahrhundertwende ins Ulangagebiet. Seither war die katholische Mission sehr aktiv, gründete mehrere Missionsposten und wählte Kwiro bei der Boma Mahenge als Zentrum. Nach dem ersten Weltkrieg wurden die deutschen Benediktiner von schweizer Kapuzinern abgelöst. Sie arbeiten dort noch immer, und Kwiro ist inzwischen Bischofssitz einer selbständigen Diözese unter Führung eines afrikanischen Bischofs.

Die neuen Entwicklungen im unabhängigen Staat Tansania manifestieren sich sozial-ökonomisch bei Ifakara in der Kilombero-Zuckerpflanzung, wo Angehörige vieler Ethnien, darunter zahlreiche Pogoro, in Lohndienst arbeiten.

Das Mahenge-Gebiet im Ulangadistrikt ist überwiegend Bergland. Die Pogoro wohnen dort auf den, meist fruchtbaren, Abhängen und seit der Befriedung des Landes auch wieder in den sehr fruchtbaren Aluvialtälern. Heute wohnen sie zwar teilweise in größeren Dörfern, aber vielfach haben die einzelnen Sippen noch ihre eigenen Gehöfte, die sich zu Weilern ausdehnen können. Die Pogoro sind ausgesprochene Bodenbauern. Reis ist heute ihre Hauptnahrung; die Negerhirse ist das älteste einheimische Gewächs. Ferner gibt es Mais und Maniok, Süßkartoffeln, Rizinusstauden, Erdnuß, Kürbisarten, Bohnensorten, Bananen, Zuckerrohr. Auch wird hie und da Baumwolle angepflanzt. Jagd, Viehzucht und Fischfang sind Nebensache. Die wichtigsten Haustiere sind Ziegen, Schafe, Hühner, Tauben und Enten. Vereinzelt wird wieder der Versuch gemacht, Rinder zu halten.

Bei Ankunft der Europäer arbeiteten die Pogoro noch vielfach mit im Feuer gehärteten Holzwerkzeugen. Nur der Sippenhäuptling soll als Zeichen seiner Würde ein eisernes Beil gehabt haben. Ihre Waffen waren damals Bogen und Giftpfeile, Beil und Messer. Ihre Hütten sind rechteckig; die Wände wurden früher oft aus losen Matamastengeln hergestellt.

Früher war die Sippe für das soziale Leben bestimmend. Sie war ein Verband von Blutsverwandten, der sich genealogisch von einem bereits legendären, menschlichen Ahnen ableitete, und der unter der Führung derer stand, die in der Geschlechtsfolge die Rangältesten waren. Nur bei ernster Gefahr von außen schlossen die Sippen sich, unter der Leitung eines der Sippenführer, zusammen. Dieser gewann dadurch höheres Ansehen. So entstanden die Häuptlingsfamilien, ohne daß von einer bleibenden politischen Einheit gesprochen werden konnte. Eine solche Einheit entstand erst während der Kolonialperiode unter der von der Kolonialmacht unterstützten Dynastie der Mlolerehäuptlinge. Zugleich wurde aber die Macht des Häuptlings beträchtlich eingeschränkt. Im unabhängig gewordenen Tanganyika wurde 1962 das Häuptlingstum im Lande aufgehoben — und damit auch bei den Pogoro. Es ist dies der Ausdruck der fortschreitenden Auflösung der strengen ethnischen Bindungen.

Die Sippengemeinschaft, Mittelpunkt im Leben der Pogoro, stand auch zentral im Weltbild. Eine Andeutung dafür findet sich schon in der Frage nach der Bedeutung des *chipogoro*-Wortes *mlungu.* (Dieses Wort *mlungu* ist dem Wort *mulungu* oder *mungu* in anderen Bantusprachen Ostafrikas verwandt.) In seiner Arbeit „Grundriß einer Lautlehre der Bantusprachen" berichtet Carl Meinhof, daß *mulungu* wahrscheinlich „Familienstamm" bedeutet. Dieser Name wird in Ostafrika auch verwendet, um die gesamte Ahnenschaft anzugeben. Zu ihrer Funktion gehört das Spenden von Regen. Nach Walbert Bühlmann (1950: 142—143) soll *mungu* früher im manistischen Sinn die in oder auf der Erde hausenden Ahnen, die „Erdsippe" bedeutet haben. In der religiösen Praxis kam *mungu* immer mehr ins Zentrum, und zwar so sehr, daß *mungu* an die Stelle vorrückte, wo bis dann *mumbi,* der Schöpfergott, gewesen war. (Auch im *chipogoro* existiert das Wort *ku-umba* = formen.) *Mungu* wurde verpersönlicht, wurde Himmelsgott, Schöpfergott, war aber zugleich Regenspender. Es ist diese eigentümliche Mischung von religiösen Auffassungen, die einen der Gründe für die Ungewißheit bei der Beantwortung der Frage bildet, ob die Pogoro einen Gottesbegriff hatten und ob der Name *mlungu* ein Gottesname sei. Heute bedeutet *mlungu* für die Pogoro Gott. Es gibt da die sehr starke und schon fast ein Jahrhundert andauernde christliche Beeinflussung. Auch soll man die „semitische" Beeinflussung von der Küste her nicht unterschätzen, wo in einer einjahrtausendlangen Entwicklung die islamische Swahilikultur Gestalt annahm und wirksam war. Was von dieser Swahilikultur ins Innere durchsickerte, läßt sich aber schwer einschätzen.

Das Wort *mlungu,* das vielleicht früher die Andeutung der gesamten Ahnenschaft war, wird jetzt noch vereinzelt als Name für Ahnengeist verwendet. (Plural *wamlungu* in einer mehr personhaften Fassung; Plural *milungu* im unpersönlichen Sinne.) Der allgemein verwendete Ausdruck für Ahnengeist ist aber *lihoka* (Plural *mahoka*). Es gibt wohlgesinnte Ahnengeister, *malalika* genannt, und bösgesinnte Ahnengeister, die *shetani.* Die Beziehung zu den Ahnen ist im Weltbild der Pogoro sehr wichtig. Doch gibt es vereinzelt auch Andeutungen für einen Glauben an Geister, die keine Ahnen sind, böse Geister, die von einem Menschen Besitz ergreifen können.

Die *mahoka,* die Ahnengeister, wohnen in Geisterhainen *(ludewa* sg., *zindewa* pl.), die von Spezialisten betreut werden. Dort werden Opfer dargebracht, die Geister befragt und Ordalien abgehalten. Der Spezialist, *mbui* genannt, ist nicht immer der Sippenhäuptling. Doch ist es auffallend, daß die wichtigsten Geisterhaine alle nach Sippenältesten benannt wurden. Wahrscheinlich handelt es sich da um eine Entwicklung, bei der sich eine Trennung von weltlicher und geistlicher Führerschaft anbahnt. Es war schon immer Brauch, daß der Familienvater seine Ahnen und die seiner Frau ehrte und für sie Speiseopfer darbrachte. Auch war es so, daß der Sippenälteste dies bei wichtigeren Anlässen für die ganze Gemeinschaft tat, meist im Geisterhain. Unter diesen Häuptlingen gab es welche, die als erfolgreiche Vermittler berühmt wurden. Auch geschah es, daß ein außerordentliches Ereignis an einem bestimmten Ort Zeichen für die Anwesenheit der *mahoka* war. Der Entdecker dieses so geheiligten Ortes wurde dann *mbui,* d. h. also Betreuer der neuen *ludewa.* Sein Amt vererbte sich, wie das auch bei den Häuptlingen der Fall war.

Bei der Einsetzung eines *mbui* in sein Amt wird von den benachbarten *wambui* eine Weihe durchgeführt. Dabei gerät der neue Vermittler durch Zaubermedizin in einen Trancezustand, es werden ihm bis auf einen Zopf die Haare geschoren und als Zeichen seiner Würde wird ihm eine Porzellanscheibe gegeben.

In den Überlieferungen der Pogoro sind, in verschiedenen Versionen, zwei

Mythen erhalten geblieben, die etwas über die derzeitigen Lebensverhältnisse der Menschen aussagen. Es sind dies die Mythen über den Ursprung der Sterblichkeit und über die Erdgebundenheit der Menschen.

„Wie die Stammeltern des Menschengeschlechtes ihre Unsterblichkeit verloren.

Im Anfang war ein Vater. Er lebte ohne zu sterben. Sooft er ins Greisenalter eintrat, schälte sich seine Haut vom Leibe ab, ähnlich der Schlange, und der Greis wurde wieder zum Jüngling.

Dieser Vater hatte zwei Kinder, einen Sohn und eine Tochter. Es galt nun diesen beiden Kindern die Gabe (die „Arznei") der Unsterblichkeit mitzuteilen. Der Vater prüfte seine Kinder durch eine Arbeit. Er sprach zu ihnen: „Gehet an den Bach, schöpfet Wasser mit zwei von Bambusrohr geflochtenen Siebkörbchen und bringt mir Wasser. Aber hütet euch ohne Wasser zurückzukehren".

Für den Vater war nämlich die Zeit der Verjüngung gekommen. Er wollte diesen Tag allein sein, damit niemand sehe, wie sich seine Haut abschäle. Abends hätte er dann seine Kinder heimgerufen und ihnen die Gabe der Unsterblichkeit mitgeteilt.

Die Kinder gingen an den Bach, schöpften Wasser und traten den Heimweg an. Bald jedoch sahen sie, daß alles Wasser auf dem Wege aus dem Siebkörbchen zerronnen war. Stets kehrten sie an den Bach zurück, neuerdings Wasser zu schöpfen, aber immer hielten sie wasserleere Körbchen in den Händen. Es wurde mittags zwölf Uhr. Die beiden Kinder fühlten Hunger, wurden ihrer Arbeit überdrüssig und kehrten ohne Wasser zum Vater heim. Der Vater hatte sich unterdessen erst vom Haupte bis zu den Lenden erneuert, wie die Kinder kamen. Also verschämt erblickten die ungehorsamen Kinder ihren Vater. Der Vater sprach zu ihnen: „O meine Kinder, nun werdet ihr alle sterben. Warum konntet ihr nicht warten? Nachdem er so gesprochen, starb der Vater. Und auch die Kinder starben später, und so müssen wir alle sterben." (Käppeli 1931: 20f)

Diese Mythe veranschaulicht uns, wie durch eine Tat des „Ungehorsams" der heimliche Prozeß der Verjüngung unbeabsichtigt beobachtet und so unterbrochen wurde. Seitdem sind die Menschen sterblich. Diese Mythe findet sich, in diversen Variationen, bei verschiedenen Völkern Ostafrikas. Vielleicht gibt es gar Beziehungen zu Indien und Indonesien. (Vgl. Abrahamson 1951: 142f)

Die Mythe des Turmbaues:

„Alle Völkerstämme hatten das Verlangen, zum Himmel emporzusteigen, um die himmlischen Dinge zu sehen. Da sie in den Niederungen standen, dachten sie, auf einem Berg könnten sie mit dem Himmel in Berührung kommen. Sie stiegen also allzumal auf einen sehr hohen Berg. Dort begannen sie einen Turm aus Baumstämmen, Bambusrohr und Lehm zu bauen. Als dieser in die Höhe stieg, fiel er jählings zusammen. Die Völkerstämme aber ließen sich nicht entmutigen. Sie unternahmen den Bau zum zweiten Mal. Und nochmals zerbarst der Turm. Zum dritten Mal ging die Arbeit los. Schließlich zeigte Gott seine Kraft, indem er den Turm umwarf. Viele Menschen starben unter den Trümmern des einstürzenden Turmes. Die anderen verstanden sich nicht mehr, da jeder eine fremde Sprache redete. Die Völkerstämme fingen an zu streiten und zu raufen. Dann zogen sie auseinander.

Der Patriarch „Machulu macheri" (d. h. Weiße Füße = der Weiße) zog nach Europa und zeugte seine Kinder, die Europäer.

Der Patriarch „Mkakati" (d. h. „der Haarige") zog nach jenem Land, „wo sie schief stehend Mehl stampfen" (Asien) und zeugte seine Kinder, die Inder und Araber.

Der Patriarch „Mzingiri" (d. h. „der Umherwandernde") kam in unser Land (Afrika) und zeugte die Neger. Diese drei Patriarchen sind die Väter aller Völker. — Wenn wir noch jetzt auf den Bergen Scherben von irdenen Töpfen finden, sagen wir: „Hier weilten die Völker beim Turmbau." (Käppeli 1931: 51f)

In dieser Mythe ist afrikanisches mit außerafrikanischem Gedankengut zusammengekommen. Der Kern der Mythe soll nach Hermann Baumann (1936) trotz der Ähnlichkeit mit der Mythe vom „Turmbau von Babel" echt afrikanisch sein und aus dem Bereich der „Simbabwekultur" stammen. Die Mythe war dort mondmythologisch, und das Ziel des Turmbaues war der Mond, durch dessen Besitz die Unsterblichkeit erreicht sein würde. Über die Entstehung der Völker in der Welt gibt es im Nordosten Afrikas semitische Mythen. Falls die Verwirrung der Sprachen in dieser Mythe christlicher Beeinflussung entsprungen ist, dann wäre das ein Beispiel, wie neue Erkenntnisse in die Tradition eingefügt werden.

Die Lebensgemeinschaft der Sippe reicht über den Tod hinaus. Im Bewußtsein der Zusammengehörigkeit der Verwandtschaftsgruppe sind die Verstorbenen mit einbegriffen. Diese „Sympathie des Lebens" sprengt aber auch die Grenzen des menschlichen Bereiches und erstreckt sich über die ihm umringende Natur. Es gibt Einflüsse, Kräfte, die von den Ahnen aus auf die Nachfahren einwirken; es gibt Kräfte in der Natur, die auf die Menschen einwirken; es gibt Möglichkeiten der Metamorphose, des Formwechsels, wodurch Menschen in Tiergestalt auftreten. So verschwimmen die Grenzen zwischen Tod und Leben, zwischen den verschiedenen Formen des Lebens, zwischen Pflanzen, Tieren und Menschen.

Diese Verflechtung der Einwirkungen, dieses Spiel der Kräfte bestimmt das Leben des Alltags. Die Kräfte können gemeinnützend, gut sein, das

Fortbestehen der Sippe sichern, besonders dadurch, daß sie die Fruchtbarkeit fördern. Sie können aber auch gemeingefährlich, böse sein, indem sie das Leben einzelner Sippenangehörigen bedrohen und so das Wohl und gar das Fortbestehen der ganzen Gemeinschaft beeinträchtigen.

Immer wieder versuchen die Pogoro, ihre Ahnen durch Speiseopfer günstig zu stimmen. Der *mbui* hat da eine wichtige Aufgabe als Vermittler zu den Ahnen in der *ludewa.* Diese Orte, an denen die Ahnengeister wohnen, sind zugleich Zentren magischer Kräfte. Sie durchdringen das Wasser, die Kräuter, die Wurzeln, die Bäume. Darum ist der *mbui* auch Arzt, indem er die mit magischen Kräften durchtränkten Gewächse seiner *ludewa* als Medizin zur Heilung benützt.

Jede Sippe hat ihre eigenen Verbote. Durch sie werden die Verwandtschaftsverhältnisse geregelt. Die wichtigsten Verbote sind die Speiseverbote. Man darf bestimmte Tiere nicht essen und gewisse Gebrauchsgegenstände, die mit diesen Tieren in Verbindung standen, nicht verwenden. Diese Verbote wurden von den Ahnen auferlegt, und sie werden vom Vater auf seine Kinder weitergegeben. Die Ahnen bestrafen die Übertreter der Verbote mit Krankheiten. Es steckt aber in der Beziehung zwischen der Verletzung der Verbote und der Bestrafung oft eine Art der Notwendigkeit, so daß man kaum noch von Strafe sprechen kann, sondern von einer unpersönlichen, magischen Einwirkung der Kräfte, die nun das Leben bedrohen.

Auch der *mbui* kann Leuten, die um Hilfe zu ihm kommen, während der Behandlung Verbote auferlegen, deren Verletzung Krankheit bringt. Weiter kann er sogar von den Ahnen auferlegte Verbote aufheben. Er hat eine bestimmte Gewalt über die Kräfte.

Bei den Pogoro gibt es auch den eigentlichen, bösen Zauberer, den *mchawi,* der die magischen Kräfte anwendet, damit er seinen Feinden schadet, ihnen Krankheit und Tod bringt. Doch wird er wieder in Beziehung zu den Ahnen, hier den bösen Ahnen, gebracht. Denn in der Vorstellung der Pogoro gilt, daß so wie die Gesinnung eines Menschen während seines Lebens war, seine Gesinnung auch nach seinem Tode sein wird. Solche Ahnengeister zu besänftigen ist eine der Aufgaben des *mbui.* Der böse Zauberer, der *mchawi,* nützt aber solche Ahnen für seine Zwecke aus. Er soll magische Gewalt über sie haben.

In dieser Weltauffassung ist es selbstverständlich, daß man bei Mißgeschick, Krankheit und Tod nach den Ursachen hinter den augenscheinlichen Ursachen sucht. Immer wieder vermutet der Pogoro beabsichtigtes Böses, Schadenzauber *(uchawi),* oder Giftmischerei, und er will den Anstifter derselben ausfindig machen. Dazu wandte er sich früher an das Sippengericht. Der Gerichtsvorsitzende war von alters her der

Sippenhäuptling. Er sprach nach den Beratungen das Urteil aus. „Er schnitt das Wort ab", tat dies aber gemäß den Grundsätzen der Überlieferung, weshalb jeder andere dann zu schweigen hatte. Auch nach der europäischen Besitznahme wurden noch viele Streitfälle unter Umgehung des offiziellen Kolonialgerichtes vom Sippengericht entschieden. In den Fällen, bei denen es sich um den Verdacht eines Schadenzaubers handelte, wobei oft der Übeltäter noch unbekannt war, wurden die Erkundigungen des *mbui* eingeholt. Mit Hilfe magischer Mittel, im Traum oder in Trance befragte er die Ahnengeister, und diese sprachen dann durch seinen Mund. So wurden die Ursachen des Übels und der Täter aufgespürt. Bei den Pogoro waren und sind außerdem verschiedene Formen Ordalien bekannt, wobei der *mbui,* in der *ludewa,* unter Anrufung der Geister bestimmte Riten vollzieht, die Auskunft bringen sollen über Schuld oder Unschuld eines Angeklagten. Aus all dem spricht die Verbundenheit der Sippe mit den Vorfahren und der feste Glaube an die Wirksamkeit magischer Kräfte.

Nach dem Urteilsspruch des Sippenrichters mit der Festlegung der Strafe fand meistens eine offizielle Aussöhnung der beiden Parteien statt, damit der Zusammenhalt der Sippe wieder gefestigt wurde.

Eine der Ordalien in der *ludewa* wird *kupiga mbao* = das Brett schlagen genannt. Dabei soll an Hand von Koransprüchen, die auf ein Brett hingeschrieben werden, Schuld oder Unschuld ans Licht kommen.

Die Pogoro haben eine von den Vorfahren übernommene Wirtschaftsordnung. Jede Sippe bewohnt ihr eigenes Gebiet, das ihr gehört. Erbrechte, Familientradition und persönliche Vorrechte regeln die Zuteilung des Pflanzlandes. In Streitfällen hat der Sippenhäuptling das letzte Wort.

Die verschiedenen Phasen der Feldarbeit sind von Bräuchen begleitet. Es handelt sich dabei um teilweise magische Schutzvorkehrungen gegen schädliche Tiere und gegen Diebe, wobei Zaubermedizin aus der *ludewa* in das Feld vergraben wird. Andere Medizin wird zur Mehrung der Fruchtbarkeit angewandt. Bei der Ernte wird ein Gemeinschaftsfest abgehalten. Der *mbui* opfert dabei den Verstorbenen die Erstlinge der Ernte. Erst nachher dürfen die Lebenden von der Ernte genießen. In diesen Festen erleben die Pogoro ihre Gemeinschaft mit den Ahnen, von denen sie sich in ihrer Existenz abhängig wissen, während die Ahnen ihrerseits die Opfer ihrer Nachkommen brauchen, damit sie sich glücklich fühlen.

In diesem Brauchtum um die Ackerbestellung ist *mlungu* völlig in den Hintergrund geraten. Es ist darum sehr bemerkenswert, daß bei andauernder Trockenheit, wenn das Heranwachsen und das Reifwerden der Gewächse ernstlich gefährdet sind, die Pogoro sich über die Ahnen sehr ausdrücklich an *mlungu* wenden. Der *mbui,* nun Regenmacher für die Gemeinschaft, ruft alle Leute in der *ludewa* zusammen, damit *mlungu* in Tanzzeremonien gebeten wird, den Regen wieder fallen zu lassen. Denn *mlungu* ist der eigentliche Regenspender.

Die über den Tod hinausreichende Lebensgemeinschaft der Verwandtschaftsgruppe, ihr Wohlergehen und Fortbestehen bilden traditionell den Mittelpunkt im Leben und in den Wertvorstellungen der Pogoro. Der Lebenslauf eines Menschen wird immer wieder dann, wenn er von einer Lebensphase in eine neue Phase übergeht, von Gebräuchen begleitet. Diese stellen das Leben des Individuums in jedem Lebensabschnitt konkret in die Gesamtheit der Gemeinschaft. Sie schützen den Menschen vor Gefahren und bereiten ihn auf die jeweilige Aufgabe innerhalb der Sippe vor.

Die Gebräuche bei der Brautwerbung, Initiation, Hochzeit, Empfängnis, Schwangerschaft und Geburt sichern das Fortbestehen der Sippe besonders durch ihre Beziehung zur Fruchtbarkeit der Frau. So ist bei den Pogoro die Mädchen-Initiation sehr ausgeprägt. Dabei wird das Mädchen lange Zeit in einer Hütte eingesperrt und durch viele Zeremonien und offizielle Belehrungen auf die Ehe und die Mutterschaft vorbereitet. Obwohl auch die Mädchen-Initiation eine Gemeinschaftsangelegenheit ist, kommt dieser Aspekt aber noch stärker bei der Hochzeit zum Ausdruck. Die Heiratszahlung, welche durch die Verwandten des Bräutigams an die Verwandtschaft der Braut bei der Eheschließung geleistet wird, legitimiert die Ehe, konsolidiert ihre Existenz, ist Ausdruck der Wertschätzung der Frau durch die Sippe ihres Mannes und regelt als offizielle Transaktion zwischen den beiden Sippen deren gegenseitige Beziehungen. Das Hochzeitsfest und der Brautzug sind beides Ausdruck der Zusammengehörigkeit in der Sippe und der Wertschätzung der Frau, die in ihrer Fruchtbarkeit das Prinzip der Weiterexistenz der Sippe ist.

Die Vergänglichkeit des Menschenlebens wird irgendwie überwunden durch die Weiterexistenz der Sippe und durch das Gemeinschaftsband mit den Ahnen. Der Pogoro lebt fort in seinen Kindern und Kindeskindern, und er selbst soll, wenn der Niedergang seiner Lebenskraft den Tod herbeiführt, in den Kreis seiner Vorfahren aufgenommen werden.

Die Totenbräuche sind Zeremonien der Hinterbliebenen, worin diese ihr Verhältnis zum Verstorbenen in Ordnung bringen. Ein Toter ist gefährlich, solange er noch nicht an seinem Bestimmungsort angelangt und dort aufgenommen ist und solange noch Streitigkeiten zwischen ihm und seinen hinterbliebenen Verwandten weiter existieren.

In der Totenklage äußern die Pogoro ihren Schmerz über den Tod ihres Sippenmitgliedes und söhnen sich mit ihm aus. Beim Begräbnis werden den Ahnen Speiseopfer dargebracht mit der Bitte, den Verstorbenen bei sich aufzunehmen. Und zu Ehren des Toten und der Ahnen wird bald nachher ein Totenfest abgehalten, wobei nochmals am Grab des Verstorbenen geopfert wird, wonach der Tanz „zur Beruhigung des Toten“ stattfindet. Erst dann ist der Tote richtig verstorben, d. h. er ist einer der Ahnen der Sippe geworden.

Die Pogoro wohnten in einem Rückzugsgebiet; waren aber dort nie ganz isoliert und ohne Beziehungen zur kulturellen Umwelt. Wenn die bösen Geister *shetani* genannt werden, dann haben wir da ein Wort, das vom Arabischen her, aus der islamischen Swahilikultur in *chipogoro* aufgenommen wurde. Es gibt eine einzige Nachricht, daß es bei den Pogoro einen Teufelskult gäbe. Es könnte sich dabei aber um einen Zusammenhang mit den Glauben an böse Geister handeln, die nie Vorfahren waren.

Die Pogoro kannten zwar eine Art Einweihungsfeier für Knaben, anläßlich der Initiation der Braut, aber keine eigene Knaben-Initiation. Nur dort, wo sie in sehr enger Beziehung zum Islam stehen, kommt jetzt die Knaben-Initiation mit einem stark islamischen Charakter vor. Und nur die islamisierten Pogoro praktizieren die Beschneidung.

Das öffentliche religiöse Leben vieler Pogoro ist heute christlich. Sicherlich ist auch ihr Weltbild mit in diesem Christianisierungsprozeß einbezogen. Mag *mlungu* früher vielleicht die Gesamtheit der Ahnen gewesen sein, oder eine Regengottheit, oder gar ein Himmelsgott; heute ist er für sie Gott. Die Frage aber bleibt, wie sie sich diesen Gott denken, und wie sie die christliche Lehre mit ihren Zeremonien in sich aufnehmen und erfahren. Ihr Weltbild ist in einer Umbildung begriffen. Wahrscheinlich aber werden noch viele alte religiöse Auffassungen in den neuen Symbolen und Zeremonien weiterleben.

Das Weltbild der zentralafrikanischen Pygmäen

Anton Vorbichler

Das heutige Verbreitungsgebiet der zentralafrikanischen Pygmäen fällt im wesentlichen mit der Ausdehnung des äquatorialen Regenwaldes zusammen. So kommen Pygmäen im östlichen Ituri-Urwald, an den Flüssen Sanga und Dja, in der ehemaligen Provinz Äquator und in der Provinz Kiwu vor; alle diese Gegenden liegen in Zaïre. Darüber hinaus gibt es Pygmäen oder pygmoide Bevölkerungen in Gabun und Kamerun, in Uganda, in Ruanda und Tansania und einige stark gemischte pygmoide Gruppen am Bangweolosee und am Tanafluß. Alle zentralafrikanischen Pygmäen zusammen müssen wohl auf etwa 150.000 geschätzt werden. Die Pygmäen am Ituri stellen die kompakteste Gruppe dar, betragen etwa 35.000 und bilden somit ein Drittel der Bevölkerung dieser Gegend.

Die Pygmäenrasse ist durch Merkmale gekennzeichnet, die sie von allen anderen Rassen abhebt. Die Körperlänge beträgt im Durchschnitt 143 cm bei Männern, 136 cm bei Frauen. Die Beine sind kurz und dünn, die Arme überlang und in schlanke, feingliedrige Hände auslaufend. Der Rumpf ist lang und trägt auf den stämmigen Schultern einen großen Kopf mit kurzem Hals. Die Schädelform, die als mittelschädelig mit Neigung zur Kurzschädeligkeit bezeichnet werden kann, zeigt manche ontogenetisch frühe Merkmale: eine hohe, vertikale, ja sogar nach vorn gewölbte Stirn, einen auffällig kleinen Gesichtsschädel gegenüber dem großen Hirnschädel, eine sehr hohe Lage der größten Schädelbreite, auffällig dünnwandige Schädelknochen. Die Hautfarbe der Pygmäen ist ein schmutziges Erdgelb oder ein Schokoladebraun. Die Körperbehaarung ist stark entwickelt. Das Haupthaar zeigt eng gedrehte Spiralen, die in abgesetzten Büscheln auf der Kopfhaut wachsen und als Pfefferkornhaar bekannt sind.

Die Basis der Kultur der Pygmäen bildet eine Wirtschaftsform des nomadisierenden Sammelns und Jagens, an der sich beide Geschlechter nach Maßgabe ihrer biologischen Eignung beteiligen. Die Sozialstruktur dieser auf jede Vorsorge für die Zukunft verzichtenden Ökonomie ist der aus mehreren Einzelfamilien bestehende Verband einer blutsverwandten Sippe. Vielfach schließen sich auch mehrere Sippen zu einem größeren Wirtschaftsverband zusammen. Gelegentlich können nicht blutsverwandte Sippen vorübergehend in den Wirtschaftsverband aufgenommen werden. Die überwiegend monogame Familie ist das eigentliche stabile Element innerhalb der Sippe, während letztere sich aus mannigfaltigen Gründen verändern kann. Eine Sippeneinheit kann aus drei, sechs, fünfzehn Familien bestehen, aber gelegentlich trifft man auch Lokalgruppen blutsverwandter Sippen, die bis zu fünfzig Einzelfamilien umfassen. Eine Sippeneinheit betrachtet ein durch natürliche Grenzen gekennzeichnetes Gebiet als ihr gemeinsames Eigentum, in dem jeder Angehörige des Wirtschaftsverbandes Recht zum Jagen und Sammeln besitzt. Er ist jedoch gehalten, die größeren Jagd- und Sammelergebnisse mit den anderen Sippenmitgliedern zu teilen. Auf diese Weise sind auch die Alten und Kranken vollständig in die Vorsorge des Wirtschaftsverbandes aufgenommen.

Die monogame Ehe wird von altersher als Tauschehe vollzogen, wenn sie auch heute durch den Einfluß der negriden Bevölkerung teilweise durch Dienst- oder Kaufehe ersetzt wird. Die Wahl des Ehepartners ist frei, sofern das Gesetz der Sippenexogamie eingehalten wird. Die Kontrahenten verstehen es auch, ihre Ehe gegen den elterlichen Willen durchzusetzen.

Obwohl die Blutsverwandtschaft im wesentlichen über die Vaterlinie gezählt wird, so wäre es m. E. doch falsch, die Sozialstruktur der Pygmäen im Sinne der von den Gemeinschaften der Negriden her bekannten unilateralen Systeme zu verstehen. Das Verhältnis der Geschlechter zueinander im allgemeinen und das Verständnis der Blutsverwandtschaft muß vielmehr als bilateral bezeichnet werden.

Bei den Pygmäen gibt es von Haus aus keinerlei erbliches Häuptlingstum. Der für ein Unternehmen notwendige Führer wird aufgrund seiner Tüchtigkeit als solcher anerkannt und erwirbt dadurch keine über die Durchführung der jeweiligen Aufgabe hinausreichenden Vorrechte. Der Rat der Alten, bzw. besonders des Sippenältesten, wird wegen der diesen eignenden größeren Erfahrung auf der Grundlage natürlicher Verehrung geschätzt. Zwischen den Pygmäen und den später in den Urwald einwandernden Negriden spielte sich allmählich ein symbiotisches Nebeneinander zwischen Dorfmenschen und Waldmenschen ein. Über den Tauschhandel, bei dem hauptsächlich Wildbret gegen Vegetabilien ausgetauscht wurde, gelangte man nach und nach zu einem engeren Verhältnis. Die von der Plage der Sterilität heimgesuchten Waldneger nehmen gerne Pygmäenmädchen als Zweit- und Drittfrauen in ihre polygamen Ehen auf, wodurch allerdings den Pygmäen viele heiratsfähige Frauen verloren gehen, so daß es bei dem sehr ausgewogenen Verhältnis der männlichen und weiblichen Neugeborenen für manche junge Pygmäenmänner oft unmöglich wird, eine Lebensgefährtin zu finden.

Sprachlich gesehen besitzen die Pygmäen der verschiedenen Gegenden in den meisten Fällen ihren eigenen Lagerdialekt, der sich sowohl phonetisch als auch bezüglich gewisser Ausdrücke als Eigendialekt manifestiert. Er erweist sich jedoch immer wieder als verwandt mit einer Sprache der Großwüchsigen, d. h. der Negriden. Die Pygmäen sprechen neben diesem Lagerdialekt auch eine oder mehrere Sprachen der Großwüchsigen und auch die in der Gegend übliche Verkehrssprache. Die Negriden ihrerseits sind nicht in der Lage, den Lagerdialekt der Pygmäen richtig zu sprechen.

Wenn wir uns jetzt dem religiösen Weltbild der zentralafrikanischen Pygmäen zuwenden, so müssen wir sagen, daß Gott für sie in erster Linie der Waldgott ist, die Quelle alles Guten und Bösen in der Welt. Das Mittel, um mit ihm in Verbindung zu treten, ist der Gesang. Die Lieder sind nicht nach Art von Gebetsformeln. Sie rufen nur den Gott des Waldes durch ständiges und anhaltendes Aussprechen seines Namens und durch Aufzählen seiner Eigenschaften, sie wollen ihn aus dem Zustand einer scheinbaren Abwesenheit wecken und ihm ihre Notlage ins Bewußtsein rufen. Weil der Gott des Waldes die Quelle alles Guten und Bösen ist, so sind die Pygmäen zufrieden, solange sie wissen, daß er auf das achtet, was geschieht. Wenn er aber schläft, dann könnten Dinge passieren, die nicht möglich wären, wenn er wachte.

Auch durch Feuer- und Rauchzeremonien, wie sie die Pygmäen etwa vor einer Treibjagd veranstalten, soll die Aufmerksamkeit des Waldgottes auf die Unternehmungen seiner Pygmäen gelenkt werden. Das Feuer muß von einer Witwe entzündet werden und darf nur das Reisig vom *boru*-Baum, und vom *ato*-Baum enthalten. Auch die Kräuter, die man zur größeren Rauchentwicklung ins Feuer wirft, sind von ganz bestimmten Arten, darunter wieder das Laub vom *ato*-Baum. Mit der Asche der verbrannten Kräuter reibt sich dann der Führer der Jagdschar und die Witwe, die das Feuer entzündet hat, an den Schläfen und längs der Augen ein, damit sie gut und deutlich sehen können.

Bei den Pygmäen gibt es drei sozial-religiöse Institutionen. Davon sind zwei eine Art von Initiationsriten, das *Lusomba* für jagdfähige Männer, das *Elima* für die geschlechtsreifen Mädchen. Die dritte ist eine Veranstaltung, an der beide Geschlechter teilnehmen: die *Molimo*-Feier.

Das *Lusomba* wird veranstaltet in Krisenzeiten wie Mißerfolg auf der Jagd, Krankheit und Tod. Es hat die Kraft, die Verbindung mit dem Waldgott zu schaffen. Diese Verbindung wird durch besondere, dem *Lusomba* geweihte Gesänge hergestellt, die von den jagdfähigen Männern gesungen werden und durch den Gebrauch der *Lusomba*-Trompete. Mit dem religiösen Frauenbund *Elima* ist es ebenso. Die Verbindung mit dem Wald- bzw. Buschgott wird durch Gesänge hergestellt, die dem *Elima* geweiht sind. Das *Elima* wird veranstaltet bei den wichtigeren Vorkommnissen des Frauenlebens wie Geburt, erste Menstruation, Hochzeit und Tod. Die *Molimo*-Feier scheint ein bewußter Versuch von seiten der Pygmäen zu sein, um mit der wohltätigen Waldgottheit oder -kraft in Verbindung zu treten, deren wahres Wesen sie nicht sonderlich interessiert, die aber für gewöhnlich mit dem Wald identifiziert wird. Der Weg zu dieser Verbindung ist Gesang, und die *Molimo*-Trompete dient dazu, die für diese Anlässe besonders geheiligten Gesänge für den Wald vernehmbar zu machen. Jedoch erscheint im *Molimo* der Wald nicht nur wohltätig, sondern auch als Richter der Handlungen der Pygmäen. Man kann in all diesen religiösen Gesängen, die vielfach mit Tanz verbunden sind, einen Versuch der Pygmäen sehen, die gestörte Weltordnung wiederherzustellen. Der Glaube der Pygmäen an ein höheres Wesen drückt sich vornehmlich in Gesang und Tanz aus, wobei besondere Tänze um und durch das Feuer, zum Teil mit gemimter geschlechtlicher Symbolik, eine Rolle spielen.

Aber auch Opfer, vor allem das Erstlingsopfer von Wildbret, Früchten und Honig gehört als integraler Bestandteil zur Religion der Pygmäen. In vielen Erzählungen erfährt man von den üblen Folgen, die eine Verweigerung des Erstlingsopfers mit sich bringt. Der Sinn dieser Opfer zeigt sich besonders deutlich in der Symbolik der animalischen Opfergaben als eine Rückgabe der Lebensseele an den Schöpfer, damit er wieder neues Wild schaffen kann. Geopfert werden vor allem Herz und Leber des Wildes als seelentragende Organe, Augen, Sehnen von den Gelenken, Ohren, Geschlechtsorgane, also Körperteile, an denen sich das Leben durch Sinneswahrnehmung und Bewegung besonders manifestiert. Die Opferdarbringung, die in einem Auslegen der Opfergaben auf sauberen Blättern im Wald, in Astgabeln, oder, in Anlehnung an die Sitte schwarzer Nachbarn, in kleinen Opferhütten vollzogen wird, ist von Gebeten begleitet: „*Tore,* das ist für dich!" — „*Mungu,* deines ist es!" — „Das ist für *Muema,* der uns das alles gegeben hat, für *Muema,* der im Walde lebt!" — „Väter, dies ist eures, *Mbali,* das ist deines!" — „*Mbali,* dies ist deines, gib uns Wild, daß wir es töten!".

Eine sicher von den Negriden beeinflußte Opferszene begehen die Pygmäen, wenn sie dauernden Mißerfolg bei der Jagd auf irgendwelche Übertretungen der Gemeinschaft oder des einzelnen zurückführen. Geopfert wird dabei Herz und Leber eines Huhnes, während das Blut des noch flatternden Geflügels über die Waffen der Jäger gesprengt wird. Außerdem wird aus der Richtung, in welche das Huhn mit abgeschlagenem Kopf hinflattert, auf die günstigen Jagdgründe geschlossen. Gebete, welche dieses Sühneopfer begleiten, sind etwa: „Vater und Großvater, möge ich gut ausschreiten im Wald, möge ich Wild töten! Großvater du, der du die Dinge des Waldes tust, *Mbali,* gib mir Wild, Wild möchte ich töten!" — „*Mbali,* meine Männer haben gehadert, deshalb hat *Mungu* den Wald geschlossen. Darum hat Gott den Wald geschlossen. *Mungu* hat ihn geschlossen. Jetzt mögen die Kinder Wild töten. Wenn sie in den Wald gehen, gib den Kindern Wild!" — „Das, was dem *Mbali* gehört, lege ich hin. *Mbali,* gib mir Wild, damit ich es töte! Das, was dem Waldgeist gehört, lege ich hin!"

Wenn die Pygmäenfrauen durch den Wald marschieren, stimmen sie eine litaneimäßige Anrufung der Buschgottheit an. Neben der häufigen, immer wiederkehrenden Anrufung des Gottesnamens, dreht sich der Gesang um folgende Inhalte: Der Morgen habe begonnen, Gott möge sie glücklich heimgeleiten, er möge alles Leid, Ungemach und Unbill von ihnen fernhalten. Wenn die Frauen zum Wasserschöpfen ausziehen, rufen sie um Kindersegen: „Schwangerschaft gib mir, o *Mbali*, Schwangerschaft gib mir, daß ich gebäre!" Oder auf dem Weg zum Termitenfang: „O Großvater, das Meine möge viel werden!" Wenn die Männer auf die Jagd ziehen, so rufen sie: *Mbali*, sag meinem Vater, er gebe mir Wild zu töten!" — „Großvater, alter Vater, große Dinge schließe mir auf, ich gehe jetzt in den Wald!" — „O Gott, Regen möge nicht kommen, möge nicht fallen mit großem Wind! Die Kinder sind im Wald, es regne sachte, es soll nicht übermäßig regnen!" Wenn eine Frau auf Nahrungssuche auszieht, so ruft sie: „O Gott, möchte ich doch eine Schlange finden!"

Wenn wir uns nun fragen, ob wir die Gestalt des Buschgottes, den die Pygmäen je nach Sprachzugehörigkeit mit verschiedenen Namen bezeichnen, etwas genauer umschreiben können, so haben wir bereits gesehen, daß er irgendwie mit dem Wald identifiziert wird. Aber er ist auch ein persönliches, anthropomorph aufgefaßtes Wesen. Er wird mit Vater, Vater unserer Väter, Großvater oder auch einfach mit „Wald" angerufen. Er gilt als Schöpfer, und zwar ist er auch der Schöpfer der Schwarzen und Weißen. Man sagt von ihm, daß er niemals sterben werde. Er ist vor allem Träger des Lebens. Von ihm empfangen die Geschöpfe ihre Lebenskraft, der Entzug derselben durch die Gottheit ist der Tod. Als Himmelsgott wohnt er im Himmel und wird oft mit dem Mond in Verbindung gebracht, wo er sein Dorf hat, mit Wäldern und Jagdrevieren. Als Busch- und Waldgott aber greift er ununterbrochen in den Alltag der Pygmäen ein und empfängt als solcher seine Verehrung in Gebet, Opfer, Liedern und Tänzen. Er hat Züge des gütigen Vatergottes, aber auch des strengen Richters und Ahnders seiner Gebote. Diese Gebote sind die Durchführung des Erstlingsopfers von Jagd- und Sammelbeute, die Respektierung der Ältesten, die für die Sippe das am meisten mit Lebenskraft ausgestattete Zentrum bedeuten, Meidung von Zank und Streit innerhalb der Sippe, sorgfältige Behandlung der Lebensmittel, das Verbot von Ehebruch, Diebstahl, Hexerei und Mord, fürsorgliche und respektvolle Behandlung der Eltern.

Die von der Gottheit für die Übertretung dieser Gebote verhängten Strafen bestehen neben dem Entzug der Nahrungsquelle durch Schließung des Waldes in der Tötung durch den Blitz oder den Leoparden und im Auftreten von Epidemien.

Das Gotteswesen, der Wald- bzw. Buschgott, hat als Mondgott die Erde geschaffen. Dann schuf er den Menschen und schafft ihn immer wieder durch das Menstruationsblut der Frauen. Aus dem Menstruationsblut macht er den Menschenleib; dann bohrt er die Augen, Ohren und Nasenlöcher hinein. Zuletzt gibt er in den Leib die Leber und das Herz als lebentragende Organe. Er mißt jedem Menschen eine bestimmte Lebenskraft zu; ist diese aufgebraucht, dann kehrt die Herzseele zu Gott zurück; während des Lebens hat die Herzseele ihren Sitz im Herzen und spiegelt sich in den Augen wider. Daneben aber herrscht die Auffassung von einer Lebenskraft, die sich auf den ältesten Sohn vererbt oder in das Totemtier übergeht. Von dieser Lebenskraft hängt es ab, ob die Herzseele im Körper bleibt oder nicht. Das Wesen der Dinge wurzelt in der Lebenskraft. Gott ist der größte Magier, weil er einmal im Besitz der Lebenskraft ist und diese Lebenskraft weitergibt in der Schöpfung. Die Schöpferkraft beruht ja auf der Lebenskraft. Die Sippenältesten sind die hauptsächlichsten Träger der Lebenskraft ihrer Gemeinden, ferner alle jene, die es vermögen, sich zusätzliche Lebenskraft zu erwerben.

Die Lebenskraft ist die Kraft, die einen über das Leben herrschen macht. Um diese Kraft herum entwickelte sich einerseits das magische Denken der Pygmäen wie andererseits auch die echt gläubige Haltung in Gesang und Tanz, Gebet und Opfer.

Auch die erste Sünde, die den Tod in die Welt brachte, bestand nach einer Überlieferung in einem Attentat auf die Lebenskraft Gottes, im Raub des Himmelsfeuers. Und zwar gelang es einem Pygmäen, der mit besonders starken Zaubermitteln ausgestattet war, ins Dorf der Mondgottheit zu gelangen und das Feuer zu entwenden. Nun wird aber im Pygmäendialekt der Efe das Mondfeuer *boru* genannt und mit demselben Wort bezeichnet man das Herz oder die Seele des Menschen: *boru – e'i,* d. h. *Boru*-Frucht, also eigentlich „Frucht des Mondfeuers". Der Mensch versucht also nach der Feuerraubmythe das Himmelsfeuer in seinen Besitz zu bekommen, wovon er selber einen Funken als Lebensprinzip in die Brust gelegt bekam, um so die Herrschaft über die gesamte Lebenskraft an sich zu reißen. Die Folge davon aber ist der Tod.

Nach einer anderen Erzählung floß das erste Menschenpaar aus dem *ato*-Baum, dem Lebensbaum, hervor. Dieser Baum ist eine Art Waldbanane, die eigentliche pygmäische Banane, die auch in manchen Liedern der Pygmäen besungen wird. Und zwar wurde der Baum vom Chamäleon, dem heiligen Tier der Mondgottheit, aufgeschlagen. Hier bestand das Urgebot darin, daß die

Rechte Seite:
Pygmäenfamilie vor Laubhütteneingang; die Frau betätigt Stampfmörser, der Mann raucht Pfeife an Bananenblattstiel, links neben dem Kind ein Tragkorb. (Foto A. Vorbichler)

Mutter mit Kind; Kinder sind der größte Schatz der Pygmäen und man bemüht sich, sie am Leben zu erhalten, auch mit magischen Mitteln, wie hier die Metallringe an den Beinen des Kleinen zeigen. (Foto H. Harrer)

Menschen von der Frucht des *ato*-Baumes nicht essen durften. Eine schwangere Frau brach in ihrer Eßlust das Gebot und brachte dadurch den Tod in die Welt.

Wieder eine andere Erzählung berichtet, daß Gott ursprünglich mit den Menschen zusammenlebte, aber von ihnen nicht gesehen werden durfte. Schließlich konnte des Menschen Frau, die beauftragt war, Gott täglich Feuerholz und Wasser vor die Hütte zu stellen, ihre Neugier nicht mehr bezähmen und versteckte sich hinter einem Baum, um ihn auszuspähen. Die Folge davon war der Tod für den Menschen und der Fortgang Gottes von ihm, wobei er jedoch dem Menschen die verschiedenen Kulturgüter zurückließ, wie Pfeil und Bogen und den Stampfmörser, damit der Mensch weiterhin sein Leben fristen könne.

Aus dem symbiotischen Verhältnis zwischen der hackbautreibenden negriden Bevölkerung und nomadisierenden Pygmäen kam es auch auf religiös-sozialem Gebiet zu einer gewissen Verflechtung der beiden Kulturen. Den Negriden gelang es vielfach, die mit ihnen in Kontakt stehenden Pygmäen durch die gemeinsame Beschneidung enger an sich zu binden. Nun ist die Beschneidung der schwarzen Nachbarn jedoch eine Zeremonie, die die jungen Leute auf die Ahnen verpflichtet und durch die die Ahnen gleichsam in den jungen Leuten wieder wirksam werden. Die Pygmäen kennen jedoch aus ihrer Tradition keine Ahnenverehrung. Sie fühlen sich deshalb auch durch die gemeinsam mit den Schwarzen erlebte Initiationszeremonie nicht im eigentlichen Sinn religiös verpflichtet, so sehr sie auch andererseits bereit sind, für ihren schwarzen Beschneidungsgenossen durch dick und dünn zu gehen, ja für ihn sogar einen Mord zu begehen. Die eigentliche religiöse Initiation erfährt der junge Pygmäe jedoch nach wie vor in der eingangs erwähnten *Lusomba*-Zeremonie bzw. die junge Pygmäin im *Elima.* Diese Zeremonien werden nach wie vor im pygmäischen Kontext vollzogen.

Was das Christentum und den Islam betrifft, so wurden die Pygmäen kaum von den missionarischen Unternehmungen erfaßt, obwohl sie zu den in ihrer Gegend wirkenden Missionaren ein sehr gutes, wohlwollendes Verhältnis haben. Taufen kamen unter den Pygmäen mehr zufällig vor und in stärkerem Maße dort, wo die Pygmäen enger an eine Gemeinschaft von Schwarzen angeschlossen waren. In der Ostprovinz von Zaïre etwa, wo sich die Kleinen

Seite 179:
Die Sammeltätigkeit ist eine der Hauptaufgaben der Pygmäenfrauen. Dabei stammen die Bananen allerdings aus der Pflanzung der negriden Nachbarn. (Foto H. Harrer)

Linke Seite:
Dorfhäuptling der Mimya, Stamm der Bolendo. (Foto J. Cornet)

Brüder von Charles de Foucauld und ebenso die Kongregation der Kleinen Schwestern intensiv und konzentriert der Förderung der Pygmäen auf allen Gebieten annahmen, kam es wohl zu einem intensiven Zusammenleben zwischen Pygmäen und Missionaren, die Pygmäen nahmen sogar in Scharen am Gottesdienst teil, jedoch kam es kaum zur Taufe und noch weniger zur Bildung christlicher Pygmäengemeinden. Aber man wird wohl sagen müssen, daß die wildbeuterische Mentalität, ähnlich wie bei unseren Zigeunern, hier hinderlich einem solchen Christwerden entgegensteht.

Wenn wir zusammenfassend wiederholen, was uns diese Untersuchung über das Weltbild der Pygmäen gezeigt hat, so können wir sagen: der Pygmäe verehrt Gott in der Gestalt des Buschgottes, der einerseits für ihn mit dem Wald, dem Lebensraum der Pygmäen, identisch, andererseits aber auch der Himmels- und Schöpfergott ist. Er ist für die zentralafrikanischen Kleinwüchsigen die Quelle alles Guten, aber auch der Richter und Ahnder der Übertretungen. Der Pygmäe wendet sich an ihn in Gesängen und Tänzen, Opfern und Anrufungen.

Die Nkundu (Zaïre)

Joseph Cornet

In der Republik Zaïre bilden die Mongo die bedeutendste (Bantu-)Bevölkerungsgruppe. Sie umfaßt Dutzende Stämme, die den tropischen Regenwald bewohnen. Die Kenntnisse über diese Bevölkerungsgruppe sind sehr unterschiedlich. Die Stämme des Zentrums und des Westens sind genauer erforscht als die übrigen. Wir behandeln hier nur die Hauptgruppe der Stämme im südlichen Teil des Mongogebietes, die Nkundu genannt wird und nicht zu verwechseln ist mit den Nkundo, die weiter im Norden leben.

Über die Nkundu gibt es noch kaum Literatur, wenn man von der über die Ndengese absieht, die in mehreren Punkten mit ihnen in Verbindung zu bringen sind, und die bei den Kunsthistorikern, die sich mit schwarzafrikanischer Kunst beschäftigen, Beachtung gefunden haben. Die Nkundu umfassen heute die größeren Stämme der Bolendo, Imoma, Bolongo, Mbelo, Mbiliankamba, Bokongo, Ipanga, Batitu, Etwaali, Bokala und Booli des Kasai sowie kleinere Stämme, wie die Besombo, Bwaala, Ngange, Watsi, Yembe und Isoko. Im Osten kann man ihnen die Eyajima und die Ndengese zuordnen. Weiter im Süden bilden die Ekolombe einen interessanten Übergang zwischen den Nkundu und den Bakuba. Jeder Nkundustamm hat seine eigene Sprache. Alle diese Sprachen gehören aber zum Lomongo, das der Mongosprachgruppe angehört. Die Bezeichnung der Nkundu selbst hat einen sonderbaren Ursprung. In alten Zeiten wurden diese Stämme von ihren Feinden von Nordost nach Südost vertrieben. Sie nannten diese Feinde Nkundu. Als sich aber die Gruppen zerstreuten, wurde jede dieser Gruppen für die andere ein *Nkundu* — bis schließlich alle diese Bezeichnung trugen und sie sich diese am Ende als gemeinsamen Namen aneigneten.

Das weite Territorium erstreckt sich vom 18. bis zum 22. Längengrad und vom zweiten zum vierten Breitengrad; das entspricht einer Ausdehnung von dreihundert mal zweihundertfünfzig Kilometern. Das Wohngebiet erstreckt sich von den Ufern des Kasai im Süden über den Lukenye- und Lokorofluß bis an den Ursprung des Lokolo im Norden. Die Bevölkerungsdichte ist sehr gering und überschreitet in weiten Gebieten nicht einen Einwohner pro Quadratkilometer, besonders im Gebiet der Oshwe, wo die Mehrzahl der Nkundu lebt. Diese Zone wird von ungefähr 50.000 Menschen bewohnt. Seit der Kolonisation bildeten sich Dörfer meist entlang einiger Zufahrtsstraßen; zwischen ihnen blieben die weiten Urwälder verkehrstechnisch unberührt.

Einer der Wälder an der östlichen Grenze, der Salonga-Süd-Wald, ist heute das wichtigste Naturreservat Zaïres, ein Nationalpark.

Die Geschichte der Nkundu ist durch mündliche Tradition überliefert und beschränkt sich auf Berichte der letzten Wanderungen. Das Schema ist dabei immer das gleiche, um welchen Stamm es sich auch handelt. Es wird ungefähr wie folgt erzählt: „Die Ahnen lebten in der Zentralregion der Cuvette, besonders in den legendären Gebieten von Olongampo und Bokapaekopo — Siedlungen mit einigen Varianten —, wo ein gemeinsamer Ahne die Machtsymbole zwischen seiner Nachkommenschaft aufgeteilt hat. Die Zerstreuung der Stämme vollzog sich, als der Heros Ikenge, das Oberhaupt der Nkundu (von dem manche auch annehmen, er sei Araber gewesen), sie zwang, über die Flüsse zu gehen, um ihm zu entkommen. Nun schlug jeder alles, was sich auf seinem Weg befand, in die Flucht. So haben zum Beispiel die Ipanga, von den Mbiliankamba von ihren eigenen Territorien vertrieben, die ihrerseits von den Imoma verjagt worden waren usw., den Lukenye überquert, um sich des Gebietes der Watsi zu bemächtigen." Die Geschichte läßt sich nicht weiter als bis zu diesen rezenten Völkerwanderungen, die erst endgültig durch die Kolonisation beendet wurden, verfolgen.

Da sie im Urwald leben, sind die Nkundu hauptsächlich Jäger. Es gibt Wild im Überfluß, auch Großwild, wie Elefanten, Büffel und Antilopen. Die Jagd wird, wenn individuell, mit Fallen oder, wenn gruppenweise, mit Netz betrieben. Feuerwaffen sind noch kaum verbreitet, Speer und Bogen sind die unvermeidlichen Attribute eines jeden Mannes, der sich vom Dorf entfernt. Die Nahrung besteht hauptsächlich aus Fleisch. Die Frauen bauen Maniok, Erdnüsse und verschiedene Gemüse an. Das Zuckerrohr wird als Grundlage für alkoholische Getränke sehr geschätzt; auch der Palmwein erfreut sich hoher Beliebtheit. Der Boden ist meist fruchtbar, besonders nach der Brandrodung. Das Gebiet ist auch für die Rohstoffgewinnung sehr wichtig. Noch vor einigen Jahren produzierte man große Mengen von Palmöl, Kopal, Kaffee und Kautschuk. Entlang der Flüsse, besonders in den Gegenden, wo das jahreszeitlich bedingte Hochwasser die Wälder überflutet, fängt man Fische in großen Mengen. Der Fischfang an den kleinen Flüssen ist hauptsächlich den Frauen vorbehalten. An Haustieren gibt es Hühner und vor allem Ziegen und Hunde. Die Hunde werden besonders gut gehalten, denn sie sind unentbehrlich für die Jagd, und jeder hat sogar seinen Namen.

Die Siedlungen sind meist klein. Die ältesten Typen der rechteckigen Häuser haben Wände aus pflanzlichem Material. Im Innern sind sie mit Rinde verkleidet. Das Haus hat ein Satteldach. Später hat sich eine neue Bauart verbreitet, bei der Verstrebungen aus leichtem Bambus mit Pfosten verbunden und mit gestampftem Lehm ausgefüllt werden. Das Innere des Hauses war früher völlig frei. Die Verwendung von Lehm schuf nun aber die Möglichkeit, das Haus durch Trennwände abzuteilen. Die Bauart mit Ziegeln und Granitstein hat sich bis jetzt nur in den Städten und Industrieniederlassungen durchgesetzt. Eine der Besonderheiten des Landes ist die Schönheit der Haustüren, die wie Flechtarbeiten mit vielen verschiedenen Mustern verziert sind. Leider verschwindet diese Mode aber allmählich.

Die Dörfer sind rechteckig angelegt. Ein langgestreckter, freier Hauptplatz wird von zwei geraden Häuserreihen, die von heiligen Büschen und Schutzdächern (Familien*ingoma,* d. h. Familienversammlungsplatz) unterbrochen sind, begrenzt. Diese *Ingoma* stehen in Zusammenhang mit den Klantrennungen, die ebenfalls in der Aufteilung von kleinen Grundstücken an beiden Seiten des Hauptplatzes zu erkennen sind. Hinter den Häusern findet sich oft ein geschickt konstruierter Hühnerstall.

Das traditionelle Kunsthandwerk ist fast zur Gänze verschwunden, mit Ausnahme von einigen Töpfern, und besonders der Schmied ist ein wichtiger Mann im Dorf. Er ist vor allem für die Versorgung der Jäger mit Lanzen und Pfeilspitzen, die ja nach wie vor die gebräuchlichsten Jagdwaffen sind, zuständig. Auch ist sein nach allen Seiten offener Schuppen, der aus nicht mehr als einem beidseitig abfallenden Dach aus Pfosten besteht, *der* Treffpunkt, wo man alle Neuigkeiten austauscht. Seine Tätigkeit wird noch heute als spektakulär und zugleich geheimnisvoll angesehen. Aber auch die Arbeitsgeräte des Schmiedes werden mit einer besonderen Scheu betrachtet, und dies gilt auch für bestimmte Arbeitsbereiche, die sein ureigenstes Gebiet und für alle übrigen unzugänglich sind.

Die Religion der Nkundu kennt drei Gattungen übernatürlicher Wesen: einen Hochgott, Geister und Manen der Verstorbenen. Gott ist der höchste Geist, der höchste *Elima.* Er wird bei den verschiedenen Völkern jeweils anders bezeichnet: *Mombiwanda* bei den Ipanga, *Mimiyana* bei den Bolendo etc. Gott ist der Schöpfer, der alles geschaffen hat; er hat seinen Sitz im Himmel und wird nicht dargestellt. Nur aus Prinzip erweist man ihm die höchste Ehre, die allerdings nicht in Riten und Opfern, nicht einmal in Gebeten manifestiert wird. Man ruft ihn manchmal an als den, der die Urahnen des Klans geschaffen hat. Wirklich verehrt werden die *Bilima.* Jeder von ihnen — auch wieder *Elima* genannt — ist ein von Gott geschaffenes geistiges Wesen, Genius oder Naturgeist. Er hält sich am liebsten in der Nähe von Quellen, Flüssen oder an Orten auf, die durch etwas Außergewöhnliches auffallen, wie z. B. durch riesige Bäume. Der *Elima* ist verantwortlich für die Fruchtbarkeit des Bodens und den Erfolg bei Jagd und Fischfang. Der Klan und das Dorf stehen unter seinem Schutz. Manchmal hört man in der Nacht, meistens tief im Urwald, seine Stimme. Er bedient sich der Träume, um seinen Willen kund zu tun oder seine Reaktion auf die Machenschaften oder

Gebete der Menschen zu zeigen. Bestimmte Tiere können ihm als Boten dienen. Zwei Arten von Menschen können in direktem Kontakt zu ihm stehen: die Zauberer und die Wahrsager.

Der Mensch besteht aus dem Körper, *Djonge,* und einem Lebensprinzip, *Olimo.* Wenn der *Djonge* stirbt, begleitet ihn der *Olimo* unter die Erde, um dann zu den Ahnen in ein unterirdisches Dorf, das den Dörfern der Lebenden ähnelt, zurückzukehren. Der *Olimo* bleibt weiter der Familie und dem Klan verbunden, und man kann ihn, wenn nötig, um Rat und Hilfe bitten. Wenn man Schwierigkeiten hat, versammelt man sich nicht selten auf dem Friedhof, um mit den Verstorbenen zu sprechen.

Es gibt auch böse Menschen, das sind die *Baloki.* Der *Oloki* ist ein Zauberer, von dem das Böse ausgeht. Manche sind durch ein geheimnisvolles und schreckliches Erbe von Geburt an *Oloki,* ohne mit Absicht böse zu sein. Die *Baloki* kennen sich untereinander, sie sind aber den anderen Menschen nicht bekannt, da sie sonst aus der Gesellschaft ausgeschlossen würden. Wenn die Zauberer sterben, werden sie zu *Mekali,* einer Art böser Geister. Man kann einen Zauberer durch seine Handlungen erkennen, die einen wahrsagerischen Charakter haben, z. B. wenn er jemanden, der nach einem Unglück verdächtigt wird, dieses verursacht zu haben, zu der Giftprobe zwingt.

Eine soziale Hierarchie ist schwer zu beschreiben, wenn man die Gesamtheit der Nkundu ins Auge faßt, da die Machtstruktur und die Namen der Würdenträger von einem Stammesteil zum anderen verschieden sind. Manchmal wird ein und dieselbe Bezeichnung auch für ganz verschiedene Begriffe verwendet. In der Regel gibt es mehrere Machtträger, die sich die Verantwortung teilen: der Häuptling — häufig *Elombe* genannt, der Erdherr — *Nkumu,* ein oder mehrere Richter — *Ntoto, Nkaololo* etc. und die Verantwortlichen für die Jagd — die *Longomo.*

Ein wichtiger und schwer zu beschreibender Begriff ist der des *Ekopo.* Der Urahne aus der Legende wurde, als er seine Befugnisse an die Stammesväter, die die Aufgabe hatten, die verschiedenen Stämme zu gründen, übertrug, als *Ekopo*verteiler bezeichnet. Die *Ekopo* sind Elemente der Gesamtautorität. Sie materialisieren sich in diversen Gegenständen, die selbst bei einer eventuell notwendigen Autoritätserweiterung aufgeteilt werden können. Man kann dabei eine ganze Hierarchie innerhalb der *Ekopos* unterscheiden. Es gibt auch besondere *Ekopos,* deren bekanntester der *Ekopo Longomo ist.* Er verkörpert die Macht über die Jagd.

Der *Elombe* trägt den Ahnen gegenüber, von denen er einen *Ekopo* erhalten hat, die Hauptverantwortung. In der Nähe seines Hauses befindet sich der *Nkinda,* ein Platz mit einem oder mehreren Bäumen bepflanzt. Bei der Gründung des Dorfes wurden dort die Schutzzaubergegenstände vergraben. Dieser heilige Ort liegt oft gut sichtbar zwischen zwei Häuserreihen.

Häufig ist der *Elombe* zur selben Zeit ein Medizinmann, und man schreibt ihm seherische Kräfte zu. In diesem Fall wird er *Nkanga* bezeichnet. Er unterliegt bestimmten Nahrungstabus und er hat das Recht, eine Kopfbedeckung aus Leopardenfell zu tragen.

Der Erdherr *Nkumu* ist derjenige, der für die Felder und ihre Bestellung verantwortlich ist. Er verwahrt des öfteren die Häuptlingsstäbe seiner Vorgänger sowie verschiedene Symbole der Macht, z. B. Kopalblöcke oder den *Mpila*, eine Art von Trommel mit zwei übereinandergestellten Trommelkörpern, die aber seine Funktion als Rhythmusinstrument verloren hat; manchmal muß der Erdherr in der Nähe dieser Gegenstände für ein ewiges Feuer sorgen. Eine andere wichtige Persönlichkeit des Dorfes ist der *Longomo* oder Jagdherr, oft ein reicher Mann, der seine Macht vom Besitz eines *Ekopos* ableitet, den er geerbt oder gekauft hat. Vor der Jagd führt er den Vorsitz bei der Zeremonie der Anrufung der Jagdgeister. Er selbst nimmt an der Jagd nicht teil, aber nachher nimmt er die Aufteilung der getöteten Tiere vor.

Gegenüber seinem Wohnsitz besitzt er ein Grundstück — *Etuka* genannt — mit einem heiligen Baum, an dessen Stamm die Stöcke gelehnt werden, die zum Heimtragen bestimmter Tiere wie Wildschwein oder Warzenschwein verwendet werden. Im Grunde ist der *Longomo* verantwortlich für die Jagd; wenn der Jagderfolg ausbleibt, wird er von den Dorfbewohnern angefeindet. Selbstverständlich stehen ihm bestimmte Teile der erbeuteten Tiere zu. Wenn im selben Dorf mehrere Männer ein Jagdamulett besitzen, hat jeder seinen eigenen *Etuka;* bestimmte bedeutendere Dörfer können davon zwei oder drei haben. Der *Longomo* trägt ein spezielles Kostüm und hat seinen eigenen Tanz, bei dem er die für ihn typische weite Schürze aus Raphia gerne herumwirbelt. Die typische Kopfbedeckung ist der *Emata,* der am Ende konisch zuläuft und mit Raphia bedeckt ist. Von den Seiten dieser Kopfbedeckung hängen vor den Ohren zwei Riemen rechts und links des Gesichtes. Der *Longomo* wird manchmal als der Hüter der Fruchtbarkeit angesehen. Die Bedeutung des *Longomo* ist heute im Verschwinden begriffen.

Neben dem *Elombe* gibt es noch zahlreiche Medizinmänner; diese *Nkanga* besitzen geheime Kenntnisse über alle möglichen Arzneien und sind häufig auf bestimmte Krankheiten spezialisiert. Sie lernen ihre Heilkunst von älteren, erfahrenen Medizinmännern und lassen sich dann manchmal ihre Kenntnisse teuer bezahlen. Es sind zahlreiche Fälle mit beachtlichen Erfolgen bekannt.

Die Fetische, Behälter, die durch ihren zauberkräftigen Inhalt wirksam werden, sind bei den Nkundu sehr zahlreich. Man findet sie überall, in den Häusern, auf den Feldern, in der Nähe der Fallen etc. Sie spielen eine große Rolle im täglichen Leben, indem sie vor Krankheiten, unsichtbaren Feinden und vor allem vor bösen Zauberern schützen. Manche besonders wirksame Fetische erforderten früher bei ihrer Einweihung ein Menschenopfer.

Die Familie bei den Nkundu ist patrilinear (der Verwandtschaft des Vaters angehörend), exogam (der Heiratspartner stammt nicht von der eigenen Gruppe) und viri- und patrilokal (patrilokal = die verheirateten Söhne bleiben in der Nähe der väterlichen Haushaltsgemeinschaft. Nach der Eheschließung zieht die Frau zum Klan des Mannes = virilokal).

Die Auffassung der Ehe verdient eine nähere Beschreibung. Unter Ehe versteht man einen Güteraustausch zwischen zwei Familien. So z. B. bei den Imoma: Wenn zwei junge Leute heiraten wollen, geht der Bräutigam zu den Eltern des jungen Mädchens und gibt ihnen einen Pfeil *(Ikula)*. Nehmen diese den Pfeil an, dann kann das Mädchen ohne weiteres die Nächte bei seinem Verlobten verbringen und dann ständig mit ihm zusammenleben. Dieses Zusammenleben kann sich über Jahre erstrecken. Kommt es zu einer Trennung, bleiben die Kinder beim Vater, der aber der Mutter seiner Kinder eine Ziege geben muß. Kommt es zu keiner Trennung, dann erscheinen eines Tages die Eltern der Frau, um den *Lolanga* (oder kleinen Brautpreis) zu holen: meistens dreißig Macheten für den Vater und fünfzehn bis zwanzig für die Mutter. Wenn es hinterher zu einer Scheidung kommt, nimmt der Vater die Kinder, und dabei bleibt es. Wenn die Frau stirbt, bleiben die Kinder beim Vater, der vom Klan der Frau eine neue Ehefrau fordern kann. Der große Brautpreis wird *Isongi* genannt; er wird in Ziegen festgelegt — fünf für den Vater und drei bis vier für die Mutter der Braut. Wenn es hinterher zwischen den Ehepartnern Meinungsverschiedenheiten gibt, kehrt die Frau zu den Eltern zurück, wo ein Palaver stattfindet. Ist die Frau an den Zwistigkeiten schuld, kommt es zur Trennung, die Kinder bleiben beim Vater, und die Angelegenheit ist erledigt. Ist aber der Mann im Unrecht, muß er seinen Schwiegereltern eine Ziege bezahlen. Wenn die Frau nach der Bezahlung des großen Brautpreises stirbt, zahlt der Ehemann der Familie der Frau ein Essen und hat das Recht, eine neue Frau zu fordern, muß aber einen neuen Brautpreis bezahlen. Stirbt der Mann, bleibt die Frau bei seiner Familie und ein männliches Familienmitglied hat das Recht, sie ohne Brautpreis zu heiraten.

Besonders auffallend ist bei den Nkundu (wie bei allen Mongo) die Sitte *(Wale)*, daß die Frauen nach ihrer Niederkunft monatelang in Abgeschiedenheit leben und nur damit beschäftigt sind, das Kind zu versorgen. Sie leben von ihrem Mann getrennt und in ein Haus eingeschlossen, das sie nur bei Nacht verlassen dürfen. Sie tragen die traditionelle Kleidung, einen einfachen Schurz, und reiben sich den Körper mit dem roten Puder *Tukula* ein. Bei manchen Stämmen malen sie sich noch weiße Kreise ins Gesicht.

Die Beerdigung ist bei den Nkundu meist sehr einfach und findet auf dem

Männertanz der Mbiliankamba im Dorf Bayelo. (Foto J. Cornet)

Stülpmaske Kalelwa der Tschokwe, Höhe 73 cm, angefertigt aus einem Rutengestell und mit Rindenstoff überzogen, das Gesicht aus Harz modelliert. Solche Masken wurden anläßlich der Initiation der männlichen Jugend getragen. Staatliches Museum für Völkerkunde München. (Foto S. Autrum-Mulzer)

Rechte Seite:
Bei der Graduierung eines Wahrsagers werden die Tänze zum Teil ekstatisch. Die Mitglieder der Wahrsagegilde geraten in Trance; sie beantworten von Zuschauern vorgetragene Fragen nach verlorenen Gegenständen, verirrten Haustieren, deuten Träume und geben Rat für lebenswichtige Entscheidungen. Auf einer Farm in Ciskei aufgenommen. (Foto O. F. Raum)

Dorffriedhof statt, der bisweilen in einem Wald liegt. Die Großfamilie versammelt sich dabei um den Verstorbenen. Die Gräber sind mit Gebrauchsgegenständen des Toten geschmückt. Jeden Abend vollführt man, bis zur Aufhebung der Trauer, einen Trauertanz um die Familie des Toten, deren Wohnstätten verlassen sind. Manche Särge haben die Form eines Einbaumes, der Grund dafür ist nicht bekannt.

Von den Toten glaubt man, daß sie zu den Ahnen gehen, die unter der Erde leben. Man wendet sich oft an sie. Bei Unentschlossenheit, Schwierigkeiten und Nöten aller Art bittet man sie um Rat.

Die Kunst ist vorwiegend körperbezogen. Heute noch reiben die Alten, sowohl Männer als auch Frauen, den ganzen Körper mit rotem Puder ein und tragen seit ihrer Kindheit Tätowierungen, die aber in der Regel weniger zahlreich sind als bei anderen Stämmen der Mongo. Die Gesichtstätowierungen, die auf die Stammeszugehörigkeit hinweisen, beschränken sich manchmal auf eine kleine Hauterhebung oberhalb der Nase. Die eindrucksvollste Kleidung tragen die Initiierten bei den Booli, einem der wenigen Stämme, die Übergangsriten kennen. Das Kleidungsstück ist ähnlich jenem bestimmter Gruppen wie den Eyajima, bei denen die Eltern von Zwillingen für einige Zeit einen großen Hut aus Federn des Fischreihers, Armbänder aus Pflanzenfasern, Körpermalereien und eine große Rosette aus Bananenblättern auf dem Rücken tragen.

Plastische Kunst existiert bei den Nkundu kaum, mit Ausnahme von einigen Randstämmen. Bei den Ndengese findet man eine hervorragende Holzskulptur ebenso wie bei den Ekolombe, die sehr stark von der Kunst der Bakuba beeinflußt sind. Die Mbelo im Westen besitzen eine noch wenig bekannte Schnitzkunst und haben die Mbiliankamba, ihre Nachbarn, die früher bei ihren Festen anscheinend Skulpturen mit profanem Charakter verwendet haben, mit ihrer Kunst beeinflußt.

Die Mongo sind bekanntlich die besten Musiker Zaïres. Die Nkundu hatten

Linke Seite oben:
Nach Salbung durch den Ritualherrn Abzug der Xhosa-Initianden in weißen Decken, mit „Stab des Friedens“ von brennender Aufenthaltshütte zum Dorf, wo sie ein festlicher Empfang erwartet. Sie werden von ihrem Lehrmeister geführt, von Mentoren begleitet – einer verdeckt – die sie gegen gemimte Angriffe von „Feinden“ beschützen. Im Hintergrund Alice, Hauptstadt von Ciskei, und die Universität Fort Hare im Aufbau. (Foto O. F. Raum)

Linke Seite unten:
Initianden der Xhosa bemalen sich für die Abschlußfeier mit weißem Ton und Schmucktupfen aus Waschblau. Diese Bemalung wird im Fluß abgewaschen, dann werden die Initianden vom Ritualherrn gesalbt und die Aufenthaltshütte während der Isolierung (rechts) verbrannt. (Foto O. F. Raum)

großen Anteil an dieser Überlegenheit. Die Musik ist bei ihnen eine wahre Institution; bestimmte Stämme haben Berufsmusiker, die für ihre Einstufung Proben ihres Könnens ablegen müssen. Es gibt sogar Zentren, wo das Komponieren von Gesängen gelehrt wird, wie zum Beispiel bei den Batitu. Die Lieder werden von einer Art Berufssänger verbreitet. Als Begleitinstrumente werden hauptsächlich Rhythmusinstrumente verwendet; das am häufigsten vorkommende ist ein Saiteninstrument, das aus einem gezahnten Bambusstück besteht, für das man ein Stäbchen als Bogen verwendet. Die Trommeln mit Fellbespannung sind weitverbreitet. Die Lieder sind manchmal von einer erstaunlichen Raffinesse. Dabei handelt es sich oft um einen Wechselgesang zwischen Chor und Solisten. Einzelsänger begleiten sich selbst auf einem mehrsaitigen Musikinstrument. Es gibt eine ungeheure Vielfalt von Liedern, wie zum Beispiel Fest- und Trauergesänge, Kriegs- und Jagdlieder etc.

Überall und bei unzähligen Gelegenheiten wird gerne getanzt. Besonders beliebt sind nach einer glücklichen Jagd der Elefanten-, Büffel- oder Leopardentanz. Außer den mit Haut bespannten Trommeln bewahren oft viele Dörfer einen *Lokolo* oder eine Schlitztrommel unter einem Schutzdach auf, deren zwei Lippen verschiedene Tonhöhen ermöglichen. Sie werden für Nachrichtenübermittlungen über weite Entfernungen verwendet.

Die Nkundu, ein wenig bekannter Zweig der Mongo, haben bis heute infolge ihrer relativen Abgeschiedenheit viele Eigenheiten ihrer ursprünglichen Kultur erhalten, obwohl sie den allerdings seltenen Besuchen Fremder nicht abweisend gegenüber stehen und gastfreundlich sind.

Die Tschokwe (Angola)

Armand Duchâteau

Der Großteil der Bevölkerung des früheren Lundareiches wurde von einem Volk gebildet, das auch heute das Gebiet im Nordosten von Angola und an der Südgrenze Zaïres bewohnt. Ost- und Westgrenzen bilden die Flüsse Kwango und Kasai, die ihre Quellgebiete in der Sierra de Muzamba haben. Als südliche Nachbarn dieses Volkes der Tschokwe leben die Nbundu, Ngangela und die Lwena, westlich von ihnen die Songo, die Minungo und einige Lundagruppen (westlich des Kwiluflusses). Die Lunda, Mataba und die Kongo des Kasai sind die östlichen Nachbarn. Nördlich der Tschokwe schließlich finden wir als wichtigste Bevölkerungsgruppe die Pende, Bena, Mai, Luba, Kasai und die Luluwa. Im südlichen Tschokwegebiet ist ein Großteil des Lundalandes, eine sonst eher arme Savanne, mit Wald bedeckt. Auch entlang der Nebenflüsse des Kasai und des Kwango ist die Steppe von Waldflächen unterbrochen. Bevor die industrielle Diamantengewinnung (1912) einsetzte, war das Lundaplateau nur sehr dünn besiedelt.

Über den Namen Tschokwe herrscht noch Unklarheit. So soll er vom Namen eines Nebenflusses des „Tschikumbwe", selbst ein Nebenfluß des Kwango, abgeleitet sein. Das Tschokwevolk, das heute etwa 600.000 Menschen zählt, wird in der Literatur mit etwa fünfzig verschiedenen Schreibweisen angeführt: *A'Hioko, Badjok, Chiboque, Kioko, Quioco, Watschionokwe* . . .Die Geschichte der Tschokwe ist unzertrennlich mit der des mächtigen Lundareiches verbunden. Einer der Lundastammeshäuptlinge, Kunda, hatte zwei Söhne, Tshinguli und Tshiniama, und eine Tochter, Lueji. Der Vater mußte aber seine beiden Söhne enterben, weil sie ihn beleidigt hatten (nach anderen Quellen hätten sie ihn sogar beinahe erschlagen, wobei Lueji ihn zu retten versuchte), und er ernannte um etwa 1600 die Tochter zur Nachfolgerin. Sie heiratete einen aus dem Osten kommenden großen Jäger namens Tshibinda-Ilunga, den jüngeren Bruder des Lubahäuptlings Kalala. Die weibliche Führerin Lueji hatte als Symbol ihrer Macht von ihrem Vater den heiligen Erb-Armring, den *Lukano,* erhalten. Es wird berichtet, daß dieser Armring aus Messing mit Menschenzähnen umwickelt war und beim Tode des Herrschers ihm abgenommen und in einer speziellen Hütte aufbewahrt wurde. Bei der Thronbesteigung des Nachfolgers überreichten die Ältesten des Landes ihn dem neuen Herrscher. Lueji wird heute noch für die gemeinsame Mutter der Lunda, Lwena und der Tschokwe gehalten. Kurze Zeit nach der Hochzeit übertrug Lueji ihrem Mann die Macht über das

Reich. Die zwei Brüder von Lueji allerdings wollten sich keinem fremden Machthaber unterwerfen und wählten den Weg ins Exil.

Tshinguli zog zum Kwango und gründete dort den Mbangalastamm. Aus Dokumenten der portugiesischen Zeit wissen wir, daß diese Emigration etwa zwischen 1606 und 1609 stattgefunden hat. Denn Tshinguli, so wird berichtet, wurde vom portugiesischen Gouverneur von Luanda empfangen. Er verbündete sich sogar mit den Portugiesen, um die gefürchteten Jaga zu unterwerfen. Nach seiner Rückkehr in das Kwangogebiet schickte er seiner Schwester eine Karawane mit einem Teil der Geschenke, die er von den Portugiesen für seine Hilfe erhalten hatte: „Es waren die ersten Stoffe, die ersten Steinschloßgewehre, das erste Schießpulver, die ersten Teller und Spiegel, die ersten Perlen, die die Aluunda (Lunda) von Lueji sahen". *(Duyster, 1958:75).*

Der andere Bruder, Tshiniama, wanderte nach dem Süden und gründete nach der Unterwerfung verschiedener kleinerer Stämme im oberen Sambesigebiet den Lwenastamm. Er selbst oder Mitglieder aus seiner Verwandtschaft, wie Kandala, Ndumba, Ndonji und andere zogen weiter westwärts und wurden die eigentlichen Gründer der Tschokwe. Über diese Entstehungslegende gibt es selbstverständlich viele Varianten. Historisch kann man festlegen, daß die erste datierbare Periode (vor dem 16. Jahrhundert) durch sehr einfache Jagdarten gekennzeichnet war: Verwendung von Schleudern und Fallen; der Feldbau beschränkte sich nur auf Hirse und Sorghum. Nach Dias de Carvalho kannten die Tschokwe schon das Eisen, nicht aber die Schmiedekunst, die sie erst später von den Pende gelernt hätten.

Sie wohnten in Dörfern oder Dorfgruppen unter der Führung eines Häuptlings. Den ganzen Stamm regierte der Herrscher Yala Mwako, der mit seinen Häuptlingen über wichtige Staatsangelegenheiten beriet. Er trug auch die wichtige Machtinsignie, den Lukano. Soweit aus der mündlichen Überlieferung zu entnehmen ist, gab es eine Art patrilineares Verwandtschaftssystem. Das Ende dieser Periode sei durch den Vatermord der zwei obenerwähnten Söhne gekommen, eine Art Generationskonflikt, aber auch eine allgemeine politische Krise wird angedeutet. Die momentane Lösung scheint die Machtübernahme durch eine Frau gewesen zu sein.

Die zweite Periode zeichnet sich mit der Ankunft des Jägers Tshibinda ab, der neue Jagdmethoden einführte, vor allem Pfeil und Bogen. Durch seine Ehe mit Lueji modifizierte er die Gesellschaft, indem er ein sakrales Königtum mit strenger Hierarchie gründete. Dieser „Heilsbringer" verursachte einen Bruch mit der Vergangenheit und der früheren Gesellschaft, woraus sich die Tschokwe als eigenes Volk herauskristallisiert haben. Ab nun lassen sie sich eindeutig als Jäger und Krieger einordnen. Mit kleinen gutbewaffneten Gruppen, den überfallenen Nachbarn in Kriegs- und Jagdtechnik weit überlegen, verjagten sie die Pende oder absorbierten sie. Vom Westen her erhielten sie europäische Waffen von den Portugiesen und jagten so auch Großwild wie Antilopen und Elefanten. Das Gewehr erhöhte noch wesentlich ihre Macht und ihr Prestige. Mehr als durch Gewalt unterwarfen sie die eroberten Gebiete durch Absorbierung, das heißt, durch ihre Heiratspolitik, indem sie Frauen aus der unterlegenen Bevölkerung und ihre Kinder zu sich nahmen, anstatt sie zu verkaufen. Diese Kinder wurden ebenso wie die Kinder aus ihrer eigenen Ehe, wie Tschokwemitglieder behandelt.

Dies berichtet Carvalho, der auch erwähnt, daß selbst die jungen Lundagefangenen bei ihnen erzogen wurden. Durch den Kontakt mit anderen Bevölkerungsgruppen übernahmen die Tschokwe manch neue Techniken (z. B. den Eisenguß) und vielleicht sogar einige Kunstformen.

In der dritten Periode fallen die definitive Festsetzung der Tschokwe in den neu gewonnenen Gebieten und eine intensive „Tschokweisierung" der alten Bevölkerung. Ein enger Kontakt mit den Portugiesen durch Mittelsmänner und die dadurch ermöglichte Erwerbung von Feuerwaffen stärkte ihre Macht und erlaubte ihnen, die Hauptstadt des Lundareiches, Musumba, zu erobern (1885). Zu dieser Zeit wurden auch Maniok und Mais als Nahrungsmittel eingeführt. Die Tschokwe haben die Sprache der Lunda aufgegeben und eine neue angenommen, die mehr Gemeinsamkeiten mit den Sprachen des Südens und des Westens zeigt (Lwena, Ambwela, Bunda). Sogar die soziale Struktur änderte sich vollkommen. So folgten nun die Tschokwe der mutterrechtlichen Erbfolge der unterworfenen Völker — siehe Heiratspolitik. Allerdings haben sie die politische Struktur aus der Zeit vor Tshinguli angenommen: gewählte Häuptlinge in den einzelnen Dörfern stehen unter einem allgemein gewählten Führer, dem Träger des Lukano-Armbandes.

Die letzte Periode fällt mit der intensiven Kolonialisierung des Gebietes durch die Portugiesen zusammen, die eine Art Frieden zwischen den vielen Stämmen im Nordosten Angolas und nach und nach eine wesentliche Abschwächung der Autorität der Häuptlinge mit sich brachte, denen nur noch symbolisch Macht und Einfluß belassen wurden. Die Tschokwe befinden sich aber auch heute noch in ständiger Expansion, und man begegnet ihnen in Zaïre, im Kongo- und Kubagebiet, in Angola zwischen Kasai und Kwango und im nordöstlichen Gebiet bis Kubango, und in den Diamantenminen in Nordangola sind sie in großer Anzahl beschäftigt.

Anthropologisch sind die Tschokwe sehr heterogen, den verschiedenen Autoren nach (J. H. Santos, H. Baumann, M. Lima) sind sie Bantu-Negride mit pygmoidem Einschlag. Ein anderer Typ weist mehr pendoäthiopische Merkmale auf, als Folge einer Mischung von Luba-Lunda-Eroberern mit der Lokalbevölkerung. Auffallend bei den Tschokwe war früher das Zuspitzen der vorderen Schneidezähne bei Männern und Frauen und die Perforierung des Ohrläppchens und des Nasenseptums.

Die Ernährung der Tschokwe basiert vorwiegend auf Maniok, der nach Brandrodung angebaut wird. Dann folgen Bataten, Bohnen, Erdnüsse, stellenweise Jams, Sorghum, Pennisetum und Eleusine. Mais kommt im Westen und im Süden vor. Der Maniok, fast das ganze Jahr über geerntet, wird in Breiform gegessen. Eine Reihe von Kürbisarten ißt man neben verschiedenen Blattpflanzen als Gemüse. Als Werkzeug kennt man nur die kurze Hacke, *Temo*, der Frau, die mit Ausnahme der Rodung und Aufbereitung der Felder diese bearbeitet. Der Feldbau wird noch durch Sammeltätigkeit ergänzt, früher meist Honig, Pflanzen und Kleingetier. Die Jagd, die früher den Hauptanteil der Nahrung bildete, ist heute infolge der Dezimierung des Tierbestandes nur noch sekundär wichtig. Viele Jagdschutzgeister erinnern noch an die frühere Bedeutung, z. B. der Jägerbund, dem man früher nur durch eine besondere Initiation beitreten konnte, und dessen Führung ein „Vater der Jagd", *Tata wa Uyanga*, innehatte.

Die Tschokwe leben in kleinen Dorfgemeinschaften — selten mehr als fünfzig bis sechzig Einwohner — unter der Autorität ihrer Familienhäuptlinge, *Myata*, die Vasallen des *Myanangana* sind, des erblichen Erdherrn, der das Land der Ahnen zu hüten hat. Er erbt diese Macht vom mütterlichen Onkel, und sie geht auf seinen jüngeren Bruder und dann auf den Sohn seiner Schwester über. Die Symbole seiner Autorität sind: das alte Tschokwe-Machtattribut, das *Lukano*-Armband, eine eigene Kopfbedeckung, Anhänger und die *Cimbuya*-Hacke. Der Erdherr ist auch Richter — Hüter des Exekutionsschwertes. Er hat das Recht über Leben und Tod seiner Untertanen. Seine Macht wird noch verstärkt durch unheilbringende magische Kräfte, über die er verfügt. Die Rechtssprechung erfolgt unter einem runden Schutzdach im Dorf des Erdherrn.

Die Verwandtschaftsordnung ist matrilinear (der mütterlichen Linie folgend), allerdings mit Patrilokalität (das junge Paar lebt im Dorf des Vaters des Mannes). Oft darf innerhalb eines Dorfes geheiratet werden, nicht aber innerhalb einer lineage, also einer Gruppe, die sich von einem gemeinsamen Vorfahren ableitet. Ehen zwischen Kindern von zwei Brüdern oder Schwestern sind verboten, aber nicht zwischen Kindern von Bruder einerseits und Schwester andererseits.

Im Zentrum der religiösen Vorstellungen der Tschokwe steht der Glaube an die „Weltalte", vielleicht eine frühere weibliche Erdgottheit. Dieser

Glaube führt im wirtschaftlichen und sozialen Leben zu ausgeprägten Erscheinungen des Mutterrechts, im religiösen zur mystischen Betonung der weiblichen Fruchtbarkeit, sowohl im physischen als auch im übertragenen Sinn: Die Frau als Trägerin der Feldwirtschaft und Fruchtbarkeit der Erde. Diese Anschauungen spiegeln sich auch in der gesamten außergewöhnlich reichen und vielfältigen Plastik der Tschokwe wider. Der bei der Männerweihe auftretende *Mukishi Wa Pwo*-Tänzer tanzt im Kostüm einer Frau und trägt eine Frauenmaske. Zahlreich sind weiblich gestaltete Ahnenfiguren; auch die figuralen Verzierungen auf Häuptlingsstühlen und Würdezeichen, auf Hockern und Gebrauchsgegenständen sind weiblich.

Es gibt jedoch keine ausgesprochen religiös orientierten Frauen- oder Männerbünde, obwohl die politische Macht einige religiöse Komponenten aufweist.

Die Tschokwe kennen auch einen fernen, weltentrückten Hochgott, *Kalunga* oder *Nzambi.* Er kommt nur in formelhaften Aussprüchen und Anrufungen vor, ihm wird aber nicht geopfert, und er wird auch nicht bildlich dargestellt. Er mischt sich nicht in die alltäglichen Auseinandersetzungen der Menschen ein. Dazu sind die Ahnen da. Die Geister der Verstorbenen können gut oder böse sein. Sie werden in Lehm- und Holzfiguren versinnbildlicht, die oft in besonderen Kralen neben den Hütten untergebracht sind. Vor allem spielen die *Mahamba,* die Ahnen- und Naturgeister, die Vermittlerrolle zwischen Schöpfergeist und Menschen. Auch Bäume, Kruzifixe, religiöse Medaillen, christliche Bilder und meteorologische Erscheinungen können *Mahamba* sein. Ihnen bringt man Opfer und Speisegaben. Die meisten bieten Schutz bei der Jagd und begünstigen die Fruchtbarkeit.

Der Glaube an magische Kräfte ist sehr stark. Die Zauberkraft *Wanga* befindet sich in verschiedenen Gegenständen, die meistens von Hexen für bösartige Zwecke benützt werden und sogar Menschen töten können. Die Hexen behaupten, übernatürliche, immer bösartige Mächte, für die nie Opfer dargebracht werden, in Behälter eingeschlossen zu haben. In diesen Behältern befinden sich tierische oder pflanzliche Substanzen, die für schwarze Magie geeignet sind: ein Auge, Zähne, ein Stück Herz usw. Die Hexen werden für „Seelenfresser" gehalten und werden immer als Ursache für verdächtiges Sterben angesehen. Ihr Feind ist der Wahrsager, der *Kabuma* („Hexenentdecker"), der sie in einer Wahrsagerzeremonie entdecken kann. Seine Wahrsagungen macht er mit Hilfe eines Korbes und aus der Lage der symbolischen Dinge des Inhaltes. Der Hexerei kann praktisch jeder beschuldigt werden.

Die männliche Jugend wird durch den Aufenthalt in der Buschschule zu echten Stammesmitgliedern (Mädchenlager gibt es nicht). Der Sinn der

Knabenweihe ist ein symbolischer Tod (Kindheit) und ein Auferstehen als Mitglied des Stammes. Am Anfang dieser Periode der Absonderung, *Mukanda,* die etwa ein bis eineinhalb Jahre dauert, findet die Beschneidung der Knaben zwischen dem achten und vierzehnten Lebensjahr statt. Eine Art Pate, der von den Eltern bezahlt wird, steht ihnen während der Operation bei, versorgt sie, belehrt sie über soziale Gesetze, führt sie in die Geschichte und das Leben ihres Stammes ein und bringt ihnen Tanzregeln, Maskenschnitzerei und die Möglichkeiten der Selbstversorgung bei. Die Geister der Ahnen, die in verschiedenen Masken dargestellt sind, schützen sie. Die Masken spielen überhaupt eine wichtige Rolle bei dieser Knabenweihe. Sie geben zuerst den Knaben das Zeichen, sich von ihrer Familie zu trennen und nach der Initiationszeit ins Dorf zurückzukehren. Sie holen das Essen für das Knabenlager im Dorf und vertreiben durch lautes Schreien mit hoher Fistelstimme, wodurch sie zu erkennen geben, daß sie übernatürliche Wesen sind, die Frauen, von denen sie nicht gesehen werden dürfen, und denen es nicht gestattet ist, sich in der Nähe des Knabenlagers aufzuhalten.

Bei der Rückkehr ins Dorf werden große Feste veranstaltet, die Initiierten tragen die für die Tschokwe typische breite Strohschürze und vollführen die in der Buschschule erlernten Tänze. Sie haben einen neuen Namen angenommen, den sie bei diesen Feierlichkeiten bekanntgeben. Ab nun werden sie als vollwertige Stammesmitglieder angesehen.

Die Initiation der Mädchen beschränkt sich am Anfang der Pubertät auf die Defloration durch eine ältere Frau, die sie in das sexuelle Leben einführt, und auf das Anbringen von Tätowierungen.

Die Tschokweschnitzer gehören zu den begabtesten Künstlern Afrikas. Die Kunsttradition wird vom Vater auf den Sohn weitergegeben. Tschokwekunst ist vorwiegend funktionell, obwohl auch Ritualfiguren und Masken angefertigt werden. Am auffallendsten äußert sich die Kunstfertigkeit im Schnitzen von Masken und kleinen Gebrauchsgegenständen: Nackenstützen, Kämmen, Griffen von Fliegenwedeln, Paradewaffen, Hoheitsabzeichen, Flöten und anderen Musikinstrumenten. Besonders imponieren die Königsstatuen mit ihren fülligen Gestalten, stark betonten Finger- und Zehennägeln und echtem Haar. Der Kopf bekommt durch die Königshaube, die ihn mit mächtig schwingenden Kurven einrahmt, eine wahrhaft königliche Haltung.

Für die Wiedergabe des Herrscherthrones haben die Tschokwe eine europäische Form mit hoher Rückenlehne gewählt. Die figürliche Ausstattung aber ist afrikanisch. Auf den Leisten von Lehne und Stuhlbeinen sind Geisterfiguren, mythologische Tiere und Ahnen zu finden. Es werden, für Afrika sehr selten, sehr lebendig auch kultische Bräuche, Legenden,

Szenen aus dem täglichen Leben, auffallende Ereignisse wie die Ankunft von Europäern in Hängematten oder Sänften, dargestellt. Auch die Masken der Tschokwe sind vielfältig und ausdrucksvoll, so z. B. die fast zwei Meter hohe Ritualmaske, Wächter des Buschlagers der Knaben, die gleichzeitig den Schutzgeist und Spender der Fruchtbarkeit inkarniert. Die *Tshikungu*-Maske mit dem breiten Kopfschmuck symbolisiert die Ahnen des Erdherrn und damit das heilige Recht des Herrschers. Die Masken, darunter viele Frauenmasken von Männern getragen, sind nicht selten eine Art Porträt, denen die Dimensionen eines bestimmten Gesichtes zugrunde liegen. Die heutige Tschokwekunst ist aber leider nur mehr ein schwacher Abglanz der Arbeiten früherer Perioden, aus denen Kraft, innere Vitalität, Macht und eine Spur Aggressivität strahlen.

Aus dem Märchenschatz der Tschokwe:
Warum der Mensch sterben muß.

Als die Sonne zu Gott kam, um ihm ihre Ehrerbietung zu erweisen, und am nächsten Tag den Hahn, der von Gott für ihr Abendessen bestimmt war, noch lebend vorweisen konnte, erhielt sie den Auftrag, von nun an jeden Morgen vor Gott zu erscheinen. Deshalb kreist die Sonne jeden Tag um die Welt.

Das gleiche passierte dem Mond, dem Gott befahl, sich im Abstand von 28 Tagen vor ihm zu zeigen.

Der Mensch aber, von Hunger gequält, verspeiste den Hahn und verlor damit seine Unsterblichkeit, um das gleiche Schicksal wie der Hahn zu erleiden. Ihm wird daher aufgetragen, sich erst bei seinem Tod wieder vor Gott einzufinden.

Auf der abgebildeten Sandskizze zeigt die obere Zeichnung Kalunga (Gott), die untere den Menschen, links die Sonne, rechts den Mond. Die vertikale Linie, die alle zentralen Punkte umschließt, bedeutet den Weg, der zu Gott führt. (Nach Bastin, 1961: 1, 39)

Das Weltbild der Xhosa (Südafrika)

Otto Friedrich Raum

Die Xhosa sind eine Völkergruppierung im östlichen Kapland Südafrikas. Nach Brauchtum und Sprache sind sie verwandt mit Zulu und Swazi, mit denen sie als Nguni zusammengefaßt werden. Sie bestehen aus drei großen und mehreren kleinen Stämmen, den Xhosa im engeren Sinn (Gcaleka, Rarabe), den Thembu (Dalindyebo, Matanzima) und Pondo (Qawukeni, Nyandeni) sowie den Mpondomise, Xesibe, Bhaca, Hlubi, Mfengu u. a. Sie alle sprechen heute *isiXhosa,* eine Bantusprache. (Ihr Hauptcharakteristikum ist das Klassensystem der Nomen mit der entsprechenden Konkordanz der Pronomen und Adjektive. Als Besonderheit besitzen die Ngunisprachen drei Schnalzlaute. Sie wurden von den benachbarten Khoisan, d. h. von Buschmännern und Hottentotten übernommen.) Die Xhosa zählen heute insgesamt rund vier Millionen. Die meisten siedeln in der Transkei, der Rest in der Ciskei. Etwa 40% der Bürger dieser beiden Länder leben im Gebiet der „weißen" Städte. Die Xhosa sind dem Äußeren nach Negride von brauner Hautfarbe, mittlerer Statur, relativ leichtem Körpergewicht und langen, oberen Gliedmaßen. Der Kopf ist langschädelig, das Gesicht schmal. Wichtiger als diese sichtbaren Merkmale ist für die humangenetische Zuordnung der Genotyp: Die Blutgruppe 0 ist zu 50—60% in der Bevölkerung vertreten, B zu beinahe 20% und AB zwischen 3—4%. Die Serumproteine zeigen, daß die eigentlichen Xhosa fast 60% San (Buschmann) = Beimischung haben, die östlichen Stämme dagegen weniger.

Die Xhosa waren ursprünglich ein Hirtenvolk, das nur geringen Bodenbau betrieb. Das Ngunirind war den Bedingungen von Klima und Weide gut angepaßt und gegen endemische Krankheiten widerstandsfähig. Hirten und Pfleger der Rinder waren die Männer. Sie hatten keine besondere Zuchtmethode und erzeugten keine Futtermittel. Als noch Land frei war, wurde die Sommerweide auf den Bergen gesucht, die Winterweide in Küstennähe. Für den Besitzer war die Stückzahl wichtiger als die Qualität der Tiere, obwohl die Xhosasprache für die Kennzeichnung des Äußeren der Tiere — Körperbau, Farbmuster des Fells, Hörnerform — viele Ausdrücke bereitstellt. Das Rind war die Einheit, in der Gebühren, Steuern und Strafen bezahlt wurden. Es diente als Tauschmittel und wichtiger noch als Opfer für die Ahnen bei Krankheit, gefährlichen Unternehmen und zur Weihe von Machtsymbolen. Seine Stellung im Weltbild war und ist von zentraler Bedeutung. Daneben hielten die Xhosa auch Ziegen, Schafe und Hühner.

In der Landwirtschaft rodeten die Männer das Land und düngten die Felder mit Asche. Aussaat, Jäten und Ernten oblag den Frauen. Ursprünglich wurden die Samenkörner in die unbearbeitete Erde geworfen, diese mit einem hölzernen Spaten umgegraben, das Feld gejätet und das Unkraut als Gründünger verwendet. Das gewonnene Korn wurde in Gruben und Speichern geborgen. Angebaut wurden Hirse (Sorghum), Bohnen und Kürbisse, seit dem 19. Jahrhundert zunehmend Mais. Weiße Händler und Missionare führten die Hacke, dann den Pflug ein. Die Anbaufläche konnte vergrößert werden. Das Pflügen brachte aber die Gefahr der Erosion mit sich. Die Anpassung der extensiven Feldwirtschaft an den Bevölkerungsdruck in den durch die Weißen begrenzten Reservaten wurde durch das Landrecht verhindert. Es sicherte jedem Stammesangehörigen Anspruch auf Ackerland und Weide. Neuere Kampagnen zur Modernisierung des Ackerbaus zielten zuerst darauf hin, den Boden zu stabilisieren. Der zweite Schritt war die Rationalisierung durch rotierende Beweidung eingezäunter Koppeln, dann das motorisierte Pflügen, die künstliche Düngung, verbesserte Saat und Verkaufsorganisation. Diese Maßnahmen haben die Produktion aber nicht wesentlich gehoben. Erst die Einführung von Marktprodukten — Manilahanf, Tee, Zitrusfrüchte, Ananas auf Plantagen — und der Bau von Bewässerungsanlagen geben in letzter Zeit neue positive Impulse.

Vor einhundertfünfzig Jahren ergänzte die Jagd die Wirtschaft der Xhosa. Die Savanne war Lebensraum für mehrere Antilopenarten, Gnus und Zebras, Warzenschweine, Elefanten und Wildvögel. Der Wert von Elfenbein, Hörnern, Fellen und Häuten im Handel mit den Weißen führte aber rasch zur Vernichtung des Wildbestandes.

Das traditionelle Handwerk war bei den Männern durch Schmiede, Messingarbeiter, Gerber, Schnitzer, Sandalen- und Pfeifenmacher vertreten. Die Schmiede stellten Speere verschiedener Formen, Beile und Ahlen her. Frauen nähten die Fellkleider, Schürzen und Kappen. Sie flochten Körbe und Matten aus Schilf und wasserdichte Schalen und Schüsseln aus Binsen. Sie waren geschickte Töpfer, die die Gefäße ohne Scheibe formten, brannten und glasierten. Die Anfertigung von buntem Glasperlenschmuck ist heute noch von Bedeutung.

Die Xhosa haben sich unter europäischem Einfluß beruflich spezialisiert. Zuerst sonderten sich Helfer europäischer Institutionen ab: Evangelisten, Lehrer, Polizisten, Krankenpfleger. Später entstanden akademische Berufe, wie Anwälte, Pfarrer, Beamte, Richter, Ärzte, Landvermesser usw. Die Ausbildung von Technikern und Ingenieuren hingegen hinkt heute noch nach. Inzwischen hatte die Industrialisierung Südafrikas zur Entstehung eines Arbeiterstandes geführt. So sind nun viele Xhosa im Bergbau, vor allem in den Goldminen, beschäftigt, aber auch in Textilfabriken, im Autobau, bei

Lebensmittel- und Getränkezubereitung, in zunehmendem Maß auch in der chemischen Industrie. Der Bevölkerungsdruck in den Reservaten und die Besteuerung der Schwarzen führen zum Anwachsen des Systems der Wanderarbeit. Es vermittelt heute Stellen im hochindustrialisierten PWV-Komplex (Pretoria-Witwatersrand-Vereeniging) und ermöglicht den Arbeitern, das geringe Einkommen der Familie auf dem Land durch den Lohn zu ergänzen, erzwingt aber auch die Trennung von Frau und Kindern mit einschneidenden sozialen Folgen.

Das Verständnis für das Weltbild der Xhosa setzt voraus, daß man ihre Sozialstruktur kennt. Die Familie ist dem Ideal nach polygyn, das heißt, sie besteht aus einem Mann und mehreren Frauen mit deren jeweiligen Kindern. Eine Mutter und ihre Kinder bilden eine wirtschaftliche und rechtliche Einheit, ein „Haus", mit eigener Wohnhütte, Küche, Speicher, Ackerland und Viehbestand. Die mütterlichen Teilfamilien oder Häuser regeln Nachfolge und Erbrecht. Sie sind für diesen Zweck nach Rängen geordnet. Die ranghöchste Frau, deren ältester Sohn Stellung und Ämter des Familienvaters erbt, steht dem „Großen Haus" vor. Der älteste Sohn des „Rechten Hauses", an dessen Spitze die Frau im zweithöchsten Rang steht, ist berechtigt, eine selbständige Familie zu gründen. Weitere Frauen des Familienhauptes werden einem der Haupthäuser zugeteilt. Aus diesen „Stützhäusern" kommen Kinder, die fehlende Kinder in Haupthäusern ersetzen.

Durch die Generationsfolge entsteht aus einer Familie ein Familienast (lineage). Dieser umfaßt mehrere Generationen einer Familie in der Vaterlinie. Die Verwandtschaft zwischen den Mitgliedern ist genealogisch nachweisbar. Familienriten werden gemeinsam gefeiert. Es besteht wirtschaftliche Zusammenarbeit; Rechtsansprüche, zum Beispiel auf Land, werden gemeinsam vertreten. Der Familienast bildet innerhalb der Ahnenkulte eine korporative Gemeinde. Die Xhosa kennen auch den Klan (Gruppe mit meist angenommener gemeinsamer Abstammung und ausgesprochenem Zusammengehörigkeitsgefühl). Ein Klan ist exogam, das heißt, seine Mitglieder können untereinander nicht heiraten, außer nach rituellen Sicherungen. Alle seine Untergruppen tragen denselben Namen. Die Verwandtschaft kann aber nicht mehr demonstriert werden. Der Zusammenhalt ist dementsprechend locker. Der Stamm, als politische Einheit unter einem Häuptling, besteht aus Klans, die rangmäßig geordnet sind. Man unterscheidet Gründungsklans von Klans, deren Führer Ritualfunktionen haben, Häuptlingsklans von solchen, die Amtsträger stellen (Ratsmitglieder, Kriegsführer), eingesessene von zugewanderten Klans und gemischtrassige von Flüchtlingsklans (z. B. Gqunukwebe gegenüber Mfengu). Wie der Familienvater seinen Teilfamilien als rechtliches und wirtschaftliches Oberhaupt vorsteht und diese Stellung durch magisch-rituelle Funktionen unterbaut, so ist der Häuptling die Spitze, in der die Interessen aller im Stamm vertretenen Klans zusammenlaufen. Er ist der erste Rechtsträger und Richter, Verwalter des Landbesitzes, war früher Befehlshaber des Heeres und steht als religiöses Haupt den Stammesritualen vor. Seine Autorität gründet auf der rechtlichen Annahme, daß die Ahnen der Dynastie die Seniorität über die Ahnen der Klans besitzen, wie diese die Seniorität über die Ahnen der in ihnen zusammengefaßten Familien beanspruchen.

Der strukturelle Aufbau der Familie des Stammes ergibt eine Situation der Konflikte. Die bevorzugte Stellung des ältesten Sohnes in der Teilfamilie wird nicht immer von jüngeren Söhnen anerkannt. Abgesehen davon macht die Ausschließung der Töchter vom Erbgang die Familienstruktur asymmetrisch. Dem Konflikt zwischen den zwei Haupthäusern begegnet zwar die rechtliche Möglichkeit für die Verselbständigung des „Rechten Hauses". Da aber die rituelle Führung in der Familie und die darauf fußenden politischen Machtansprüche im „Großen Haus" ruhen, sind Streitereien zwischen diesen Häusern häufig. Die „Stützhäuser" fühlen sich benachteiligt, wenn sie einem Haupthaus einen Erben oder ein durch den Brautpreis Rinder bringendes Mädchen geliefert haben. Auch zwischen den Zweigen eines Familienastes gibt es Konflikte, die in der Familienstruktur angelegt sind: sie gehen um Art und Ausmaß der wirtschaftlichen Zusammenarbeit, der rechtlichen Ansprüche und Verpflichtungen. Alle Konflikte werden letzten Endes durch Auseinandersetzungen zwischen den Müttern der verschiedenen Häuser im Interesse ihrer Kinder, vor allem der Söhne verursacht. Sie werden verschärft durch die Konflikte im Verhältnis zwischen Mann (Familienvater) und Frau, deren Motive im persönlichen, sexuellen, aber auch im wirtschaftlichen und rechtlichen Bereich liegen. Bei den Auseinandersetzungen in der Großfamilie sucht das Familienoberhaupt einen Verbündeten in der Familie seiner Mutter. Dieser wird dann nicht nur gegen die Teilfamilien der Frauen eingesetzt, sondern auch im Streit mit Agnaten, das heißt, seinen eigenen Brüdern oder Verwandten in der väterlichen Linie. In der Häuptlingsfamilie werden diese Konflikte ins Große geschrieben. Die Geschichte der Xhosa im weiteren Sinn ist die der innerdynastischen Kämpfe zwischen den Familienästen der Häuptlinge und deren Unterstützung durch mächtige Mutterfamilien (zum Beispiel Rarabe durch Thembu).

Die Erhaltung der Solidarität der Familienäste und die Lösung der Konflikte in ihnen erfolgt durch den Ahnenkult. Er untermauert die rituelle Funktion des ältesten Sohnes im „Großen Haus" und den damit verbundenen Machtanspruch. Das Prinzip der Seniorität ist also sowohl

Grundsatz der Sozialstruktur als auch Hauptmotiv im Weltbild der Xhosa. Dieses Prinzip wird allerdings in Fällen, bei denen es dem Ältesten an persönlichen Qualitäten wie an politischem Rückhalt mangelt, durch fiktive Ansprüche, Anmaßung von Titeln und den Raub von Machtsymbolen aber nur selten durch offene Rebellion seitens jüngerer Söhne gelegentlich überspielt. Es sind die Ahnen einer Vaterlinie, die der Familienstruktur entsprechend das Schicksal der Mitglieder bestimmen und die Beziehungen der Gruppen innerhalb eines Familienastes ordnen. Die Ahnen regeln vor allem den Zugang zu den begrenzt vorhandenen Rechtsgütern, wie Land, Vieh, Frauen, durch Rechtsnormen und Tabus (z. B. Exogamie). Die Geister der Verstorbenen eines Familienastes *(isinyanya umathongo)* bewahren Heimstatt und Nachkommen vor Gefahren, sichern ihnen Erfolg im Leben und Fruchtbarkeit an Kindern, Herden und Ackerfrüchten. Werden sie rituell vernachlässigt, senden sie Unheil und beunruhigen die Familie durch Träume und schlechte Omen. Eine verheiratete Frau steht unter dem Einfluß der Ahnen ihres Mannes. Bei großen Sorgen, z. B. Unfruchtbarkeit, wendet sie sich jedoch an die Ahnen ihres Vaters, und zwar in dessen Heimstatt. Alte Menschen werden schon als Ahnen — *amathongo* — bezeichnet. Das Mittel, mit dem sie mißliebige Verwandte zügeln, ist der Fluch. Fühlen sie sich dem Tode nah, so fordern sie das Schlachten eines Stück Viehs für sich und die Familie, eine Art Abschiedsopfer.

Die Mittlerstellung zwischen Lebenden und Toten einer Familie wird von den Rindern, die von diesen auf jene überkommen sind, eingenommen. Das Rind stellt nicht nur bei der Befriedigung wirtschaftlicher und kraft seiner Bedeutung im Brautpreis auch sexueller Bedürfnisse eine Rolle, sondern es versinnbildlicht die gesellschaftliche Stellung des Eigentümers. Das Vieh ist in gewissem Sinn heilig, da es durch den Eintausch für gebärfähige Frauen die Fortsetzung der Familie gewährleistet und durch das Blutopfer die Verbindung zwischen Lebenden und Toten herstellt. Es bildet sozusagen das religiöse Rückgrat der Familie. Dem entspricht das Brauchtum: Jedes Rind hat einen Namen, sein Äußeres und sein Charakter werden genauestens registriert. In jedem Kral steht ein Tier, das den Ahnen geweiht ist, und wenn nötig, geopfert wird. Das Haupt einer Großfamilie nennt sich nach einem Lieblingsochsen, dichtet Preislieder auf ihn und identifiziert sich mit dessen Schicksal. Wenn der Gründer eines neuen Familienastes ohne Erben stirbt, wird ein entfernter Verwandter in der Manneslinie in seine Stellung eingesetzt und der Ast nun nicht nach ihm, sondern nach seinem Leibochsen benannt. Familienäste können also Rindernamen tragen. Strenge Vorschriften gestatten nur agnatischen Mitgliedern des Familienastes, die Milch und gewisse Fleischteile *(intsonyama, umrotsho)* zu genießen. Eine eingeheiratete Frau darf zu Beginn der Ehe die Milch der Kühe ihres Mannes nicht trinken, ihr Fleisch nicht essen und wird erst nach rituellen Sicherungen in die volle Eßgemeinschaft aufgenommen.

Wichtige Tabus werden durch schädliche Folgen für die Rinder magisch sanktioniert; werden sie gebrochen, so fallen die unheilvollen Folgen über die Tiere auf den Übeltäter zurück. Das Benehmen bestimmter Tiere bei der Annäherung an Opferstätten und ihr Todesschrei wird als Benachrichtigung der Lebenden durch die Toten gedeutet. Kurz, das Scharnier zwischen Lebenden und Toten dreht sich um die Rinderherde. Außerdem schützt ein Amulett aus den Schwanzhaaren eines bestimmten Rindes gegen vielerlei Gefahren. Ein solches Amulett tragen die Knaben während der Isolierung in der Initiationshütte, eine Ehefrau während ihrer frühen Schwangerschaften, ein Häuptling in den ersten Jahren seiner Herrschaft.

Die Mittel des Ahnendienstes sind vor allem das Gebet und Opfer. Die Gebetsanliegen sind vielfältig: Sicherung der Heimstatt vor Unbilden des Wetters, den Nachstellungen von Feinden; Gunstbeweise bei Reisen, Gerichtsverhandlungen und kriegerischen Unternehmungen; Förderung der Fruchtbarkeit in der Herde, auf den Feldern, bei den Frauen; Stärkung der Beziehung zu den politischen Autoritäten, Schwächung der Feinde, usw. Fleischopfer werden in den Lebenskrisen der Familienmitglieder den Ahnen dargeboten, bei Krankheiten, die von ihnen verursacht werden, zum Schutz gegen Unheil und zur Reinigung darnach. Bieropfer sind bei geringeren Anlässen vorgeschrieben und Schnupftabakopfer, wenn der betreffende Ahne als Schnupfer bekannt war. Die Gaben werden im Hinterteil der Hütte dargeboten. Die Totengeister beteiligen sich an der Mahlzeit, die keine Vereinigung von Gott und Mensch bedeutet, sondern die Zugehörigkeit der Lebenden zu den Toten dokumentiert. Beim Opfer muß die Familie den Ahnen deshalb geschlossen gegenübertreten. Abwesende setzen sich dem Vorwurf aus, sich durch Schadenzauber an einem Familienangehörigen vergangen zu haben. Die Teilnehmer müssen sowohl rituell rein, wie auch von Gewissensbissen frei sein. Der Familienpriester — der Senior der Familie — bringt das Opfer dar und vermittelt die mystischen Kräfte. Im Stamm ist der Häuptling der Opferpriester und vermittelt für alle seine Untertanen Gunst und Schutz der Ahnen seiner Dynastie. Ein den ganzen Stamm treffendes Unheil wird ihm zugeschrieben; er ist für das Wohl des Stammes verantwortlich. Es gibt keine Tempel, aber geweihte Orte: der obere Teil des Viehkrals, der hintere Teil der Wohnhütte des „Großen Hauses“, das Grab der Vorfahren eines Häuptlings oder ein Tümpel im Fluß.

Die Welt der Ahnen wird zumeist als unter der Erde, oder im Flußbett liegend, aufgefaßt. Man sieht sie als Parallele des Diesseits; Eheleute leben dort immer zusammen, Herden gedeihen, Unglücke fehlen, die Nahrung wird ohne Arbeit gewonnen und es gibt keinen Tod. Besuche in der

Unterwelt haben einen Platz in den Mythen der Xhosa und deuten die Möglichkeit an, daß in den Kindern Ahnen zurückkehren.

Das Weltbild der Xhosa hat auch einen magischen Aspekt, der auf der Annahme von manipulierbaren Kräften beruht. Eine Anzahl von „Doktoren" (Experten) haben die Macht, diese Kräfte entweder zum Guten oder zum Bösen einzusetzen. Der Wahrsager ist ein Diagnostiker bei Krankheiten und Detektiv bei Diebstahl und Raub. Der „Doktor des Spatens" ist Kräuter und Wurzelarzt, der die Heilkunst betreibt; manche seiner Mittel haben therapeutischen Wert. Der „Auszieher" (Extraktor) entfernt unheilbringende Wirkstoffe aus dem Körper von Patienten. Der „Regendoktor" sorgt sich um das Wetter, der „Kriegsdoktor" stärkte früher das Heer vor einem Feldzug und gibt dem Häuptling Kraft beim jährlichen Erntefest. Der „Ausriecher" entdeckt Schadzauber und Hexen. Die Hexerei wird zum Schaden von Feinden vor allem von Frauen betrieben und zwar unbewußt. Die Fähigkeit ist ihnen angeboren. Man bezichtigt sie, zu diesem Zweck dienstbare Wesen einzusetzen (Zwerg, Vogel, Schlange, Pavian = *tikoloshe, umpundulu, ichanti, mfene).* Da es häufig auch Frauen sind, die den Beruf des Wahrsagers ausüben und damit ihre rechtliche Unterordnung in der Familie kompensieren, ist die gegen sie gerichtete Anklage der Hexerei eine Reaktion auf diesen mystischen Anspruch. Männer bedienen sich des Schadzaubers, indem sie mittels erlernbarer Methoden Gifte und Fluchformeln bewußt gegen ihre Feinde, oft Rivalen im Familienast, einsetzen. Sie wagen diesen Einsatz im Kampf um ihre Stellung in Familie und Stamm. Während die Hexerei wohl ein imaginäres Verbrechen ist, das aber dennoch von der Gesellschaft grausam geahndet wird, verwendet der Schadzauber Stoffe, die magische *und* toxische Wirkung haben. Die Ahnen einer Person können im allgemeinen gegen Hexerei und Schadzauber nur warnen, nicht schützen. Der dynamistische Glaube weist also gewisse Schwächen der Totengeister auf!

Im Gegensatz zu den komplexen Vorstellungen über die Ahnen und das reiche Ritual, das sich an diese Vorstellungen knüpft (siehe unten), sind die Auffassungen der Xhosa über die Schöpfung einfach und klar. Sie sagen: Die ersten Menschen kamen aus Höhlen bzw. aus einem Schilfröhricht (= Urstock, Sinnbild für die Teilung der Familienäste) hervor. Sie gruppierten sich von Anfang an in exogame Klans. Der Schöpfer wird *umDali,* auch *umEnzi* und *Qamatha* genannt. Für den christlich beeinflußten Gott hat sich das Hottentottenwort *uTixo* durchgesetzt. Neben den Menschen wurden die Tiere, vor allem Rinder, Elefanten und Raubwild geschaffen sowie die (Kultur-) Pflanzen. Der Schöpfer gilt auch als Kulturbringer, besonders von Waffen. *UmDali* wird als Hochgott anerkannt, der den Weltlauf regelt, die Menschheit regiert und deren Ordnungen sanktioniert, d. h. das Gute lohnt,

Bei der Graduierung eines Wahrsagers der Xhosa erfolgt eine mehrtägige Feier mit Opfer an die Ahnen des Betreffenden. Die Kollegen und Kolleginnen des zu Graduierenden beweisen ihre Fähigkeiten im Tanz und in der Wahrsagekunst. Der Wahrsagemeister führt den Zug an, die Wahrsager tragen je nach Rang und individuellem Geschmack unterschiedlichen Schmuck bei gemeinsamem Grundmuster. Die Augen bleiben durch Perlengehänge verdeckt, der Meister trägt eine Fellmütze. Aufnahme auf einer Farm im Ciskei. (Foto O. F. Raum)

Seite 210:
„Damenwahl" bei Xhosa (Gcaleka) des Transkei: Zwischen Initiation und Eheschließung treffen sich junge Männer und Frauen zu Ringtänzen. Frauen im äußeren Kreis, Männer im inneren. In der Mitte einige junge Frauen, die die Männer ihrer Wahl durch bunte Tücher auszeichnen. Hier eine junge Frau vor dem Wahltanz. (Foto O. F. Raum)

Anpassung an die neue Zeit, besonders bei der Hochzeit der Xhosa. Bräutigam mit Brautjungfern und Blumenmädchen, Braut im Schleier, von Schwester und Mutter betreut. Das Wohnhaus frisch mit Lehm verputzt. (Foto O. F. Raum)

Seite 211:
Eine Hochzeit bei den Xhosa zieht neben den durch die Verwandtschaft mit dem Brautpaar berechtigten Gästen auch „Schnorrer“ an. Die Frau in bestem Schmuck, mit farbigem Wimpel an perlenumwundenen Stock, erwartet Einladung zu festlichem Schmauß und Trank, im Hintergrund eine Vorratshütte. (Foto O. F. Raum)

das Böse straft. Er wird jedoch nicht verehrt. Man nähert sich ihm durch die Ahnen, die ihm näher stehen und mehr wissen als die Lebenden. Anfangs gab es nach Auffassung der Xhosa keinen Tod. Er sei durch die Verfälschung einer Gottesbotschaft durch das Chamäleon in die Welt gekommen. Eine Himmelsgottheit, die Gewitter, Hagel, Regen und Dürren schickt, wird auf unbestimmte Weise mit *umDali* gleichgesetzt. Sie kann durch magische Handlungen, besonders durch Opfer beeinflußt werden, sei es zum Guten (Regen für das Land), sei es zum Bösen (Blitzschaden für einen persönlichen Feind). Zaubermittel verschaffen Schutz gegen sie. Freie, sogenannte Naturgeister, werden von den Xhosa mehr als von anderen Nguni anerkannt. Sie halten sich an unheimlichen Orten auf: in Flußtümpeln, auf einsamen Bergkuppen, in dichten Wäldern. In gewisser Weise sind sie der Verwandtschaftsstruktur angeglichen. Gewisse Klans opfern ihnen dort; die Häuptlinge sehen in den Flußgeistern Bewacher der Landesgrenzen; angehende Wahrsager werden von ihnen besessen.

Das Weltbild findet seine Entsprechung in einem System ritueller Handlungen. Es kann ohne diese nicht begriffen werden. Auf ihnen, nicht etwa auf theoretischen Formulierungen, liegt bei den Xhosa die Betonung. Im Ritual sucht man durch traditionelle, feierliche Handlungen ein symbolisches Ziel: die Ein- und Zustimmung der Ahnen in gewissen Situationen. Sie gelten als geistige Wirkkräfte. Da man die Natur als System abstrakter Kräfte nur undeutlich erkennt, den Zufall meist personifiziert, sieht man in den Ahnen, d. h. in den lebenden *und* verstorbenen Mitgliedern älterer Generationen, deren Eingriffe in das Leben man häufig erfahren hat, die Verursacher von Glück und Unglück, von Erfolg und Niederlagen und sucht sich durch das Ritual ihres Rückhaltes zu versichern. Das Ritual ist daher nur wirksam, wenn die Familie in Eintracht lebt, der Stamm seinem Häuptling ergeben ist, wenn mit den Nachbarn Friede herrscht. So gehen allen Riten Versöhnungshandlungen (z. B. Trankopfer) voraus und es besteht Anwesenheitspflicht. Beim Ritual kann man unterscheiden zwischen individuellen Entwicklungsriten und Gemeinschaftsriten. Zu ersteren gehören die Feiern der Geburt, Initiation, Eheschließung und des Begräbnisses, zu letzteren die Regenrituale, das „Fest der Ersten Früchte", die Stärkung des Heeres und die Befestigung der Häuptlingsmacht. In allen wird die Ein- und Zustimmung der Ahnen, sei es der Familie oder des Stammes, in Lebenskrisen ihrer Nachkommen gesucht.

Bei der Geburt eines Kindes wird eine Ziege *(imbeleko)* geopfert, um es dadurch in den Schutz seiner väterlichen Ahnen zu stellen. Es wird auch durch den Rauch von Kräutern, die jedem Klan eigentümlich sind, gegen Krankheiten gefeit. Die Initiation von Knaben (in Gruppen von je drei bis acht) wird durch ein Opfer *(umngcamo)* eröffnet, das sie den Ahnen anmeldet. Auf die Beschneidung folgt die Isolierung der Jungen in einer Nothütte im Busch. Sie sind weiß bemalt, um sie den die Fruchtbarkeit bestimmenden Ahnen anzuähneln, sprechen eine Meidungssprache und essen besondere Speisen. (Die Meidungssprache verwendet in der Umgangssprache nicht bekannte Wörter für Speisen, geschlechtliche Dinge, Rufnamen, Autoritätstitel, gewisse Pflanzen und Tiere. Die Meidungssprache der Frauen gegenüber ihren Männern und den Ältesten von deren Familien sowie die der Männer gegenüber Häuptling und Adel des Stammes verwenden andere Ausdrücke).

Nach dem Heilen der Beschneidungswunde dürfen die Jungen Fleisch zu sich nehmen und ziehen zu Tänzen in Palmblattröcken und Gesichtsmasken umher. Für die Rückkehr in die Gemeinschaft der Lebenden waschen sie die weiße Farbe ab, werden von einem würdigen Alten gesalbt, mit einer Decke und dem „Stab des Friedens" ausgestattet und durch Speerschlag — auch heute noch — in die Kriegerschaft aufgenommen, obgleich diese in unserer Zeit keine militärische Bedeutung mehr hat. Beim Fest im Gehöft werden sie über Rechte und Pflichten eines Familiengründers belehrt und durch Gaben der Eltern und Geliebten dafür beschenkt. Die Initiation der Mädchen wird in Einzelisolierung durchgeführt und kennt keine Operation.

Bei der Eheschließung folgen zunächst die Verhandlungen um den Brautpreis, d. h. Verhandlungen betreffend der Übertragung sexueller und reproduktiver Rechte über die Frau aus einem fremden Klan auf den Mann, was durch die Abtretung von Vieh an die Familie und damit an die Ahnen ihres Vaters vollzogen wird. Damit werden auch die zu erwartenden Kinder legitimiert. Dann folgen die Riten der Hochzeit, wobei die wichtigste Handlung die Aufnahme der Frau in die Eßgemeinschaft (betreffs Fleisch und Milch) der Familie ihres Mannes ist. Die Eingliederung in die gesellschaftliche und wirtschaftliche Ordnung der Heimstatt des Mannes erfolgt durch Meidungen der Frau gegenüber Schwiegereltern und Schwagern und durch die Zuweisung einer eigenen Hütte und der zugehörigen Produktionsmittel (Küche, Ackerland, Vieh) an sie.

Beim Begräbnis eines Familienvaters werden ihm intime Kleidungsstücke und Waffen ins Grab mitgegeben, aber auch Samenkörner der verschiedenen Kulturpflanzen, denn er soll deren Gedeihen vom Jenseits aus günstig beeinflussen können. Die Totengräber wie die Hinterbliebenen reinigen sich durch Waschungen vom Tod und beobachten Trauer. Die Tabus in Tracht, Sprache, Speisen, gesellschaftlichen und sexuellen Kontakten sind für die Witwen streng und dauern Jahre, für Witwer und Kinder milde und kurzfristig. Durch ein Opfer *(ukukhapha)* bald nach der

Bestattung eines Familienvaters werden die Speise- und Arbeitstabus aufgehoben. Der Name des Opfers deutet an, daß das Tier den Toten auf seinem Weg begleiten soll. Ein Jahr später wird im *ukubuyisa*-Opfer der Geist des Verstorbenen als Schutzgeist in die Heimstätte zurückgebracht. Ein Familienmitglied, das an diesem Opfer nicht teilnimmt, schließt sich von anderen Beerdigungen in der Nachbarschaft und damit von der Gemeinschaft überhaupt aus.

Auch bei der Berufsausbildung der rituellen Experten, z. B. des Wahrsagers, spielen die Ahnen eine Rolle. Der Anwärter erkrankt an unnatürlichen Verhaltensweisen, die von einem Geist — sei es aus der Vater- oder Mutterlinie oder aus beiden — verursacht werden. Kann dieser nicht gebannt werden, wird den Geistern das *umhlwayelelo*-Opfer, oft an Flußtümpeln, angeboten, um den Patienten für die Ausbildung durch einen Meister des Faches bei ihnen anzumelden und ihren Segen zu erwirken. Nach mehrjähriger Unterweisung in der Xhosa-Pharmakopie, den Methoden der Wahrsagerei, und nach der Ablegung von Prüfungen an immer schwieriger werdenden Testfällen, erfolgt schließlich wieder durch ein Dank- und Bestätigungsopfer die Aufnahme des Graduanten in die örtliche Zunft der Wahrsager. Tänze, ein Festschmaus und Gelage sowie die kostenlose Zurschaustellung der Fähigkeiten der anwesenden Wahrsager vor den Zuschauern bestätigen die Gunst der jeweiligen Ahnen.

Das Fest der Ersten Früchte *(ulibo)* wird durch das Anschmecken *(ukushwamisa)* ausgewählter Erntefrüchte durch den Häuptling eingeleitet. Er wird für diese Handlung, die ihn magischen Gefahren aussetzt, durch den Doktor gestärkt. Er beißt die Früchte als Mittler zwischen seinen Untertanen und den Ahnen des Landes, die den Erntesegen gegeben haben, an. Darauf folgen Feiern gleicher Art in jeder Heimstatt, wobei der Familienvater als Mittler auftritt und durch Versöhnungsriten (Spützen, Aufnahme der Speise vom Handrücken) und das Versprechen, das Fest auch in Zukunft zu halten, seine Ahnen günstig stimmt.

Die magische Stärkung des Häuptlings durch einen Spezialisten erfolgt zu Anfang seiner Regierungszeit und wird jährlich zur Zeit der „Ersten Früchte" wiederholt. Die Behandlung des Herrschers besteht aus seiner Isolierung in einer den Ahnen geweihten Hütte. Der Doktor bemalt den Herrscher dreimal mit einer magischen Mischung aus zerriebenen Pflanzen, tierischen Substanzen, Erden und Wasserproben, die in allen Teilen des Landes, an seinen Grenzen und am Meeresstrand gesammelt wurden. Dabei beobachtet der Häuptling strenge Speise- und Sexualtabus. Schließlich werden die drei Schichten der mit Fett und Farben (Ruß, Ocker, Tone) aufgetragenen Bemalung abgewaschen und die abgeriebenen magischen Mittel dem Symbol der Herrschaft und territorialen Einheit, oft ein in der

Ritualhütte verborgener Reifen, jährlich hinzugefügt. Die magische Stärkung des Heeres erfolgte früher erst, nachdem jeder Krieger von den Ahnen seiner Familie Schutz und Erfolg erfleht hatte. Die Krieger versammelten sich am Häuptlingshof und wurden durch den Kriegsdoktor *(itola)* im Auftrag des Häuptlings und seiner Ahnen mutig und unverwundbar gemacht. Sie nahmen eine aus Wurzeln und Rindergalle vermischte Medizin ein, wurden mit einem Absud bespritzt und erhielten auf die Stirn ein Zeichen aus Fett und Kohle. Nach der Waschung im Fluß bekamen sie ein Amulett, das ihre Behandlung dokumentierte. (Übungen mit der Truppe und körperliches Training galten aber auch als erforderlich).

Von dem traditionellen Ritual für die Gemeinschaft ist noch heute das Regenmachen bekannt. Ein Regendoktor veranlaßt nach Aufforderung durch den Häuptling und seine Räte ein Brandopfer an die Landesahnen, bei dem er aus pflanzlichen und tierischen Substanzen seine Medizin quirlt. Wenn alle Knochen des schwarzen Opferrindes verbrannt sind, steigen die Wolken empor. Erst wenn der Regenzauber erfolgreich ist, wird die Gebühr bezahlt; ist er es nicht, wird der Regendoktor bestraft, früher wurde er sogar getötet. Das Regenmachen ist auch ein politisches Anliegen, denn falls die Dürre von örtlichen Doktoren nicht gemeistert wird, schickt der Häuptling zu fernen Potentaten, um sich durch Vertrag die Dienste eines fremden Regenmachers zu sichern.

Zusammenfassend läßt sich sagen: Die Xhosa besaßen und besitzen kein theoretisches Weltsystem, kein orthodoxes Dogma ihrer religiösen Auffassungen. Sie verfügen jedoch über ein von ihrer Kultur und Sozialstruktur geprägtes anschauliches Weltbild. In ihm spielen das verwickelte Verwandtschaftssystem und das ihm entsprechende Ethos eine entscheidende Rolle. Der Ahnendienst, der die Verwandtschaftsstruktur religiös unterbaut, sichert die wirtschaftliche und rechtliche Zusammenarbeit eines Familienastes über drei bis fünf Generationen. Es läßt sich nachweisen, daß die Ahnen ihre Nachkommen auch in die Stadt begleiten, ihnen dort durch Träume Aufträge erteilen (z. B. beim Eintritt in eine Sekte oder betreffs der Berufswahl), durch Grabsteine und Totenopfer geehrt sein wollen, aber auch politische Forderungen stellen und entsprechende Bewegungen unterstützen. Gewiß ist der Ahnendienst ein partikularistischer Kult, denn die Ahnen einer fremden Familie gehen einen nichts an, selbst die der angeheirateten Frauen nicht. Dennoch erfolgt die rituelle Verbindung zwischen Lebenden und Toten bei allen Familien in den gleichen Formen des Gebets und des Opfers, so daß einheitliche Haltungen, gemeinsame ethische Auffassungen aus den mit diesen Mitteln verknüpften Erwartungen hervorgehen. Die Einzelriten geben dem Statuswandel des einzelnen von der Geburt bis zum Tod unter den Auspizien der Familienahnen Ausdruck. Die

Gemeinschaftsriten betonen die Solidarität der verschiedenen Abstammungsgruppen (Klans) im Kampf gegen die feindliche Natur und die äußeren Gegner des Stammes unter der Vollmacht der Häuptlingsahnen.

Das Weltbild gestattet historische Anpassungen. Wenn die Interessen eines Familienastes im Laufe der Zeit so weit auseinanderstreben, daß der Zusammenhalt unmöglich wird, bahnt sich eine religiös-rituelle Neuordnung an. In den sich absetzenden Familienästen werden neue kultische Mittelpunkte geschaffen. Der Ahnenkult multipliziert sich sozusagen. Im politischen Bereich wiederholt sich die Auffächerung des Ahnenkults auf höherer Ebene. Die räumliche Trennung des „Rechten Hauses" vom „Großen Haus" innerhalb der herrschenden Dynastie leitet unvermeidlich die politische Verselbständigung des jüngeren Hauses ein. Sie endet in der religiös-rituellen Unabhängigkeit. Im 19. Jahrhundert gelang es mehrmals Xhosa-Propheten, durch die Verbreitung von Heil und Gerechtigkeit verheißenden Nahenderwartungen, die durch die Häuptlingsahnen verwirklicht werden sollten, die Stämme zu geschlossenem kriegerischem Auftreten gegen die Weißen zu begeistern. Der Sieg sollte durch die opfer-ähnliche Vernichtung von religiös-materiellen Mitteln, d. h. der eigenen Rinderherden und Kornvorräte durch jeden Einzelnen erwirkt werden. Im 20. Jahrhundert drückt sich diese weltanschauliche Selbstbestimmung in einer Vielfalt von Sekten aus, die teils afrikanische und christliche Elemente (synkretistisch) vermischen, teils heilsuchend Gesundheit, Wirtschaft und Gemeindeleben (millenaristisch) organisieren. Der Gedanke an den Schöpfer aller Kreaturen, an Gott und den Verursacher des Wetters, das eminent wichtig für die Wirtschaft der Xhosa ist, bildet die Keimzelle einer universalen Deutung des religiösen Elementes im Weltbild der Xhosa.

Buschmänner (Südafrika)

Walter Hirschberg

Die ersten Nachrichten über die Buschmänner in Südafrika verdanken wir dem Deutschen Johann Wintervogel (1655), der im Auftrage des Holländers Van Riebeek in das Innere des Kaplandes reiste, um dort nach Edelsteinen zu suchen und Vieh von den Hottentotten einzutauschen. Seitdem war zunehmend häufiger von Buschmännern (Bosmanneken, Bosjesmann) die Rede, die, weil sie selbst kein Vieh besaßen, dieses von den Hottentotten raubten. 1657 schrieb Van Riebeek, daß die „Sonqua" oder „Banditen" niemand untertan wären, sondern nur von ihren Pfeilen, Assageien (Speeren) und Viehdiebstählen lebten. Ihrer ständigen Räubereien wegen waren die Buschmänner bald die gemeinsamen Feinde der Hottentotten und europäischen Siedler im Kapland und wurden deshalb von ihnen aus der offenen Landschaft in die Berge vertrieben. Peter Kolb (1719) faßte schließlich die auf den Bergen lebenden kleinwüchsigen Gruppen, die sich von Wild, Wurzeln, wilden Früchten und Honig ernährten, unter dem Sammelnamen „Buschjes Mannes", Strauchdiebe oder Räuber zusammen, wohl mit der damals herrschenden Auffassung, sie für herabgekommene und degenerierte Hottentotten zu halten. Zuguterletzt war Leonhard Schultze (1928) es gewesen, der für Hottentotten *und* Buschmänner ihrer nahen sprachlichen und rassischen Verwandtschaft wegen, einen gemeinsamen Namen vorgeschlagen hatte: *Khoisan.* Khoi-Khoin, d. h. Mensch der Menschen, nennen sich die Hottentotten, und San werden die Buschmänner von den Hottentotten genannt. Beide Ethnien oder Völker besaßen einst eine weitaus größere Verbreitung in Südafrika als dies heute der Fall ist.

Das Mittel der Körpergröße beträgt bei den Buschmännern bloß 144 Zentimeter und ein fahles Gelb oder Rötlichbraun der Hautfarbe unterscheidet sie deutlich von den Negriden. Dunklere Hauttöne und ein meist parallel dazu gehender höherer Körperwuchs der Buschmänner im Süden Angolas finden in einer negriden Beimischung ihre Erklärung. Weiterhin typisch für die Khoisaniden ist deren Neigung zu einer ungewöhnlich starken Runzel- und Faltenbildung der Haut, selbst schon bei jugendlichen Individuen. Dazu kommen eine spärliche Körperbehaarung, kurzes, ganz enge Spiralen bildendes Kopfhaar, das sogenannte „Pfefferkornhaar", und Neigung zu Fettsteißbildung (Steatopygie), insbesondere bei den Hottentotten. Die Zahl der in freier Wildbahn in der Kalahari samt den in dem sich anschließenden versandeten Otjimpolofeld im Südosten von Angola lebenden Buschmännern beruht bloß auf Schätzungen. Martin Gusinde (1954) schätzte die Zahl der in der „Republic of South Africa" und in

Angola lebenden Buschmänner auf etwa 10.000 Köpfe und George B. Silberbauer (1965) nannte als Zahl der in Botswana lebenden Buschmänner 24.652. Traditionsgemäß werden die durch vier Klickse oder Schnalzlaute ausgezeichneten Buschmannsprachen in drei Hauptgruppen eingeteilt: in eine Nordgruppe (Kung, Auin, Angolabuschmänner u. a.), eine Zentralgruppe (Naron oder Aikwe, Hukwe, Ganin u. a.) und eine Südgruppe mit den bereits ausgestorbenen Xam oder Kapbuschmännern.

Als Jäger und Sammler ist den Männern die Treib- und Hetzjagd vorbehalten, den Frauen das Sammeln eßbarer Wurzeln, Knollen, Zwiebeln und verschiedenen Kleingetiers; mit Grabstöcken graben die Frauen nach pflanzlicher Kost. Zumindest überwiegt in der Gegenwart der tägliche Sammelertrag der Frauen die oft nur kärgliche Jagdbeute der Männer. Das von diesen verfolgte Wild wird zu Tode gehetzt; oft werden bei der Jagd mit Bogen und vergifteten Pfeilen auch Jagdmasken verwendet, so etwa das Fell einer Antilope oder der Balg eines Straußes, um an die Tiere nahe heranzukommen. Als Allesesser (Omnivore) nimmt der in der Regel an karge Kost gewöhnte Buschmann mit allem nur erdenkbar Eßbaren vorlieb. Lederschürze und Lederumhänge bieten Männern und Frauen die Kleidung; die Kinder gehen nackt. Manche Gruppen, wie etwa die Hukwe und Tannekwe, beziehen zur Regenzeit vorübergehend feste Lager, doch gilt in der Regel die der Jagd- und Sammelwirtschaft entsprechende vollnomadische Lebensweise. Windschirme aus Ästen und Gras bilden die Bleibe zur Nachtzeit in der offenen Landschaft; in Gebirgen und felsreichen Landschaften waren es einst auch Höhlen und Felsüberhänge. Das gesellige Leben spielt sich in Familien- oder Lokalgruppen ab mit einer Kopfzahl etwa zwischen fünfzig und hundert. Der älteste und erfahrenste Mann gilt für gewöhnlich als Führer einer solchen Gruppe, ohne daß von einem eigentlichen Häuptlingstum gesprochen werden darf, wenn auch gewisse Anzeichen für ein solches in früherer Zeit vorhanden waren. Das Jagd- und Sammelgebiet der einzelnen Buschmanngruppen ist an bestimmte Gebiete (Reviere) gebunden, ist Gemeineigentum der jeweiligen Gruppe und darf von keinem Fremden ungestraft betreten werden. Der Buschmann kennt genau die Grenzen seines Jagd- und Sammelgebietes und ist auf dessen Unverletzlichkeit bedacht. Die Einehe (Monogamie) herrscht vor, doch ist die Polygynie (Vielehe), wenn es die wirtschaftlichen Verhältnisse erlauben, nicht verboten. Die wirtschaftlich gleichwertige Arbeitsleistung der beiden Geschlechter führte im Rahmen der Familie zu einer Art Gleichrecht, wenn auch bei einigen Gruppen nach der Hochzeit mutterrechtliche Züge zu verzeichnen sind, das heißt, daß sich der Mann der Familie seiner Frau anschließt und damit zum Mitglied ihrer Gruppe wird.

Die Gottesanbeterin (Mantis religiosa), eine Fangheuschrecke, spielt eine enorm wichtige Rolle in der Religion und Mythologie der Kap-Buschmänner. Die vielen Mantisgeschichten bestimmten und bestimmen weithin das allgemeine Urteil über Mythen und Religion der Buschmänner *und* Hottentotten in Südafrika. *Kaggen* benannten die Kap-Buschmänner (Xam) dieses räuberische Insekt. Dieser Name ist zugleich auch der Name eines Kulturheros' bzw. Kulturbringers (Demiurgen). Mitunter wurde *Kaggen* aber mit „Teufel“ übersetzt. Zu den frühesten Aufzeichnungen über die Mantis bei den Kap-Buschmännern gehören jene des aus Berlin stammenden Sprachforschers Wilhelm Heinrich Immanuel Bleek (1827 bis 1875). Hinzu kommen die Ergebnisse zahlreicher Forscher aus jüngerer Zeit.

Die Mantisheuschrecke wird als ein Wesen mit übernatürlichen Kräften ausgestattet gedacht, besitzt oft einen geradezu perversen und stupiden Charakter, gilt als mutwillig und ausgelassen und ist stets zu Zwistigkeiten aufgelegt. Ihr widersprüchlicher Charakter verstrickt die Mantis in zahllose Abenteuer, von denen die Buschmänner erzählen. Die Mantis besitzt die Macht der Sprache und ihre Träume gehen in Erfüllung; auch kann sie sich in verschiedene Tiere verwandeln. Stirbt die Mantis, erwacht sie wieder zu neuem Leben, und außerdem verfügt sie über Schöpferqualitäten, ohne daß jemals Gebete an sie gerichtet werden oder sie Gegenstand eigens für sie abgehaltener Festlichkeiten wäre.

Die Mantis ist wie *Cagn* (Kaggen), *Huwe, Xu, Hise* und andere Wesen der Schöpfer aller Dinge, „und es kann kein Zweifel darüber sein, daß die Mantisheuschrecke sehr viele Eigenschaften der unter dem Namen Cagn bekannten Gottheit widerspiegelt und ihr gleichzusetzen ist. Auch bei den Hottentotten findet sich eine enge Verbindung der Mantis mit einer Gottheit, hier allerdings mit Gaumab“ (Immenroth). Wenn also der Mantis Züge einer Schöpfergottheit zugeschrieben werden, so ist sie doch noch nicht im Sinne eines höchsten Wesens aufzufassen. *Cagn* oder *Kaang* hat auch den Tieren ihre Eigenschaften verliehen; ihm (bzw. der Mantisheuschrecke) verdankt man bei der Jagd den Erfolg, und in Zeiten des Hungers richtet man bei den südöstlichen Buschmännern Gebete an ihn. Er schuf, das heißt die Mantis, die hier mit *Cagn* gleichzusetzen ist, Himmel, Mond und die Sterne, Berge und Tiere. Die Buschmänner beten: „O Cagn! O Cagn! Sind wir nicht deine Kinder, siehst du nicht unseren Hunger? Gib uns zu essen!“

P. W. Schmidt, P. M. Gusinde, P. P. Schebesta u. a. Forscher meinten, das *alte* religiöse Weltbild der Buschmänner gipfle in der Vorstellung eines höchsten Wesens, dem die einzelnen Buschmannstämme unter verschiedenen

Rechte Seite:
Die Neigung zu ungewöhnlich starker Runzel- und Faltenbildung der Buschmänner im Okowango-Sumpfgebiet (Botswana) ist nicht nur diesen, sondern allen Buschmännern eigen. (Foto H. Schneider)

Der mit Hilfe des Feuerbohrers zum Glimmen gebrachte Zunder wird bis zu heller Flamme angeblasen; die Feuerstöcke gehören zur täglichen Ausrüstung der Männer. (Foto M. Gusinde)

Linke Seite:
Mit dem Grabstock graben die Frauen der Buschmänner nach pflanzlicher Kost. Ihr Sammelertrag an eßbaren Wurzeln, Knollen, Zwiebeln und verschiedenem Kleingetier überwiegt in der Regel die Jagdbeute der Männer. (Foto H. C. B. Woodhouse)

Seite 224:
Miniaturbögen (10 bis 11 cm), -Pfeile und -Köcher der Buschmänner. Durch Abschießen der Pfeile werden verhaßte Gegner magisch getötet. Staatliches Museum für Völkerkunde München. (Foto S. Autrum-Mulzer)

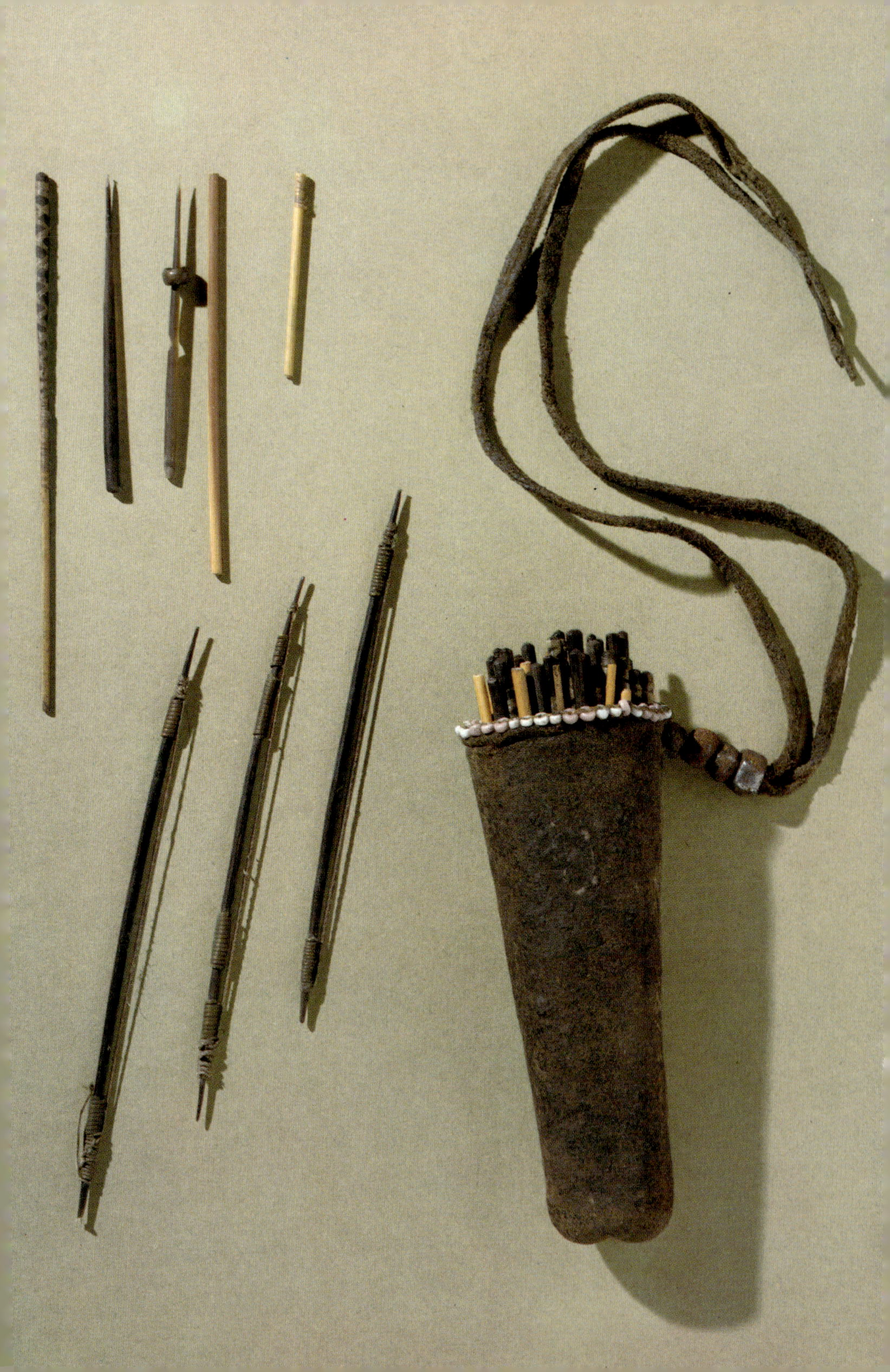

Namen als einen persönlichen Gott durch Gebete und Opfer ihre Verehrung erwiesen. All die anderen religiösen Elemente der Buschmannreligion, wie Naturpersonifikationen, astralmythologische Vorstellungen (Bedeutung des Mondes im Sinne von Tod und Wiederkehr), Naturbeseelung (Animismus), Toten- und Ahnenkult, Magie u. a. m., wären bloß von sekundärer Bedeutung und hätten den alten Glauben an ein höchstes Wesen weitgehend verdrängt.

Dem gegenüber verlagerte der Kulturhistoriker H. Baumann bei seinen Deutungsversuchen den Schwerpunkt auf eine sogenannte „vielgesichtige protototemistische Mythik und Religion". Diese umfasse zahllose Mythen und Tiergeschichten von einem „Herrn der Tiere", von Buschgeistern und Buschdämonen in Tiergestalt, von göttlichen Wildhütern und Tierheroen, von Tierverwandlungen und Tiertänzen, von Tierpantomimen und Tiervermehrungsriten, die in einer phantastischen Fülle bei Buschmännern und Hottentotten in Erscheinung treten. Der mythische Busch- oder Wildgeist bilde als Heilbringer oder Nationalheros das „Lieblingsobjekt buschmännischer Mythik" und habe stellenweise die Vorstellungen von einer Hochgottidee, wie sie P. W. Schmidt z. B. für die Buschmänner herauszuarbeiten versuchte, ganz zu verdunkeln oder zu verdrängen bzw. diese durch Verschmelzung umzugestalten vermocht.

Nicht selten fließen die Geschichten von der Mantisheuschrecke mit den Vorstellungen von einem Hochgott zusammen. Ob wir es dabei mit einer besonderen Konzeption innerhalb des Hochgottglaubens oder mit einer Hypostase im Sinne einer Verselbständigung zu tun haben, ist hier schwer zu entscheiden. Doch sollte bei all diesen Rekonstruktionsversuchen einer alten Buschmannreligion nicht übersehen werden, daß es, abgesehen von den Einflußmöglichkeiten durch die frühen europäischen Siedler im Kapland, bereits um 1870 zur Gründung zahlreicher Missionsstationen weit im Inneren des Landes gekommen war, nachdem ein erster im Jahre 1803 von einem evangelischen Missionar erfolgter Versuch, eine Schule aufzubauen, wieder aufgegeben worden war. Es sind in erster Linie evangelische Missionare gewesen, unter anderem von der Rheinischen Missionsgesellschaft, der Londoner Missionary Society, der Basler Missionsgesellschaft und der Berliner Brüdergemeinde, die zuerst bei den Hottentotten missionierten. Weit später erfolgten dagegen bei den Buschmännern die Bekehrungsversuche zum Christentum.

Analog zu der Doppelnatur *Kaggens* (Insekt und Demiurg) ist auch der Regen, *Khwa*, ein mythisches Vorzeitwesen. Dieses tritt als Bulle oder als Elandantilope in Erscheinung oder auch in Gestalt eines in einem Wasserloch hausenden Tieres, eines Frosches, Fisches, einer Schildkröte oder einer Schlange. Es sind dies chthonische Tiere, die ihrer Lebensweise wegen mit

Regen und Wasser in Verbindung gebracht werden. Es gehörte bei den Kap-Buschmännern zu den vornehmsten Aufgaben des Regendoktors oder Medizinmannes, den Regenbullen einzufangen und ihn über weite Strecken des Landes zu jagen, damit es überall dort regne. Wo immer *Khwa* als Regenbulle oder Regeneland hinkam, begann es zu regnen. Es ist nicht unwahrscheinlich, daß verschiedene, oft nur schwer zu deutende Darstellungen in den Buschmannmalereien Südafrikas mythische Mischwesen sind, so die Schlangen mit Elandköpfen und Menschenarmen, Affen mit Antilopenhörnern oder Antilopenmenschen, Darstellungen, die von der Ferne an die tierköpfigen Gottheiten der Altägypter erinnern. Beeindruckend ist eine Darstellung in der Gegend von Rietfontein, die H. Pager in Zusammenhang mit einer Regenbullenzeremonie bringt: Unter einem Regenbogen tanzen Männer und Frauen um einen Regenbullen herum, aus dessen Maul und Bauch reichlich Regen strömt und dessen Körper mit vielen hellen Tupfen besät erscheint, als ob dies lebensspendende Regentropfen wären. Zahlreich sind die Verbote, die insbesondere junge Menschen davor warnen, den Regen, bzw. seine Repräsentanten zu kränken, denn fühlt sich der Regen von einem Menschen beleidigt, zerstört er dessen Hütte oder Windschirm und jagt den Übeltäter ins Freie. Nicht viel besser ergeht es seinen Verwandten. Ihre Lederumhänge (Karosse) verwandeln sich wieder in Springböcke zurück, aus deren Fellen die Mäntel angefertigt wurden, das Gerüst der Windschirme wird zu Buschwerk und die Schäfte der Pfeile zu gewöhnlichem Schilfrohr.

Heitse Eibib (Heiseb, Hiseb, Heigeib), der große Verwandlungskünstler und Nationalheros der Hottentotten, wohl verwandt mit dem *Hiseb* der Buschmänner, vermag sich gelegentlich auch in einen Frosch zu verwandeln, um sodann die Gestalt eines „Regentieres“ den Kampf mit dem „fliegenden Löwen“, der Sonne, aufzunehmen und der Sonne ihre Flugkraft zu rauben. Bei dem mythischen Gegensatzpaar Löwe (Sonne) und *Heiseb* (Mond) entpuppt sich der Frosch gleich der die Wasserflut hervorrufenden Schlange als ein typisches Regen- oder Gewitterwesen. Das Wasser wird während der vom Juni bis September andauernden Trockenzeit (Winter) von dämonischen Wesen aufgespeichert, bewacht und durch das Eingreifen des Buschgeistes *Heitsi Eibib* zur Herausgabe des lebensspendenden Nass veranlaßt. Dieser Mythos spiegelt deutlich das Einsetzen der ersten Gewitterstürme wider.

Der zweite große Mythenkomplex umschließt die zahlreichen *Gaua*-Gestalten *(Gaua, Gauab, Gamab, Gaumab,* usw.) in der Buschmann-Hottentottenmythik. Sie treten vor allem bei den Buschmännern im Nordwesten und im Nordosten in Erscheinung. Das Wort *Gaua* bedeutet Tote und Geister, die als die Urheber von Krankheit und Tod gefürchtet werden. Bei den Auin ist der *Gaua* dem *Hise* sehr ähnlich und tritt als beherrschender Buschdämon bei den Initiationsweihen der Knaben auf. Es wird von ihm erzählt, er hätte einen Buschmann im Gebrauch des sogenannten „Buschmannrevolvers" (Baumann spricht von einem „Buschmannzauberbogen") unterwiesen und damit den Buschmännern das Zaubern gelehrt. Dieser „Buschmannrevolver" besteht aus einem kleinen Lederbeutel, in dem ein oder zwei winzige Bogen aus Horn und eine kleine Reihe zum Teil vergifteter Pfeile und winziger Rohrhalme stecken. Da man den etwa zehn Zentimeter langen Bogen leicht verbergen kann, nennt man ihn „Buschmannrevolver". Die kleine Bogenausrüstung wird jedoch für Zauberzwecke verwendet, indem die Miniaturpfeile unter Verwünschungen in Richtung eines vermeintlichen Feindes abgeschossen werden.

Die Kung-Buschmänner sehen in *Gaua* einen in der Erde hockenden Wind- und Gewitterdämon. Er ist Vorstand der Mädchenweihe, während sein Partner *Huwe* bisweilen als zweigeschlechtliches Wesen im Verlauf der Jünglingsweihen im Busch erscheint. Vom *Nawa-Gauab* berichten die Buschmänner, daß am Vorabend einer Jagd die Doktoren ihn um Hilfe bitten, damit er die Jäger auf die richtige Wildspur führe, die Pfeile lenke und ihre Waffen wirken lasse. Zum Dank dafür opfere man *Gauab* vom Fleisch des erlegten Wildes. *Nawa-Gauab* gilt bei den Kung als „Vormann" der Geister. Er wird für gut und böse gehalten und ist der Anführer aller kleinen *Gauab,* die nach V. Lebzelter aus dem Grabe auferstandene Tote sind. Die Vorstellung vom „lebenden Leichnam" tritt hier in Erscheinung, ein Glaube, daß der Verstorbene im Grabe, zumindest eine Zeit lang, in einer Form weiterlebt, die seinem Erdendasein ähnlich sei. Man versorgt daher den Toten mit Nahrungsmitteln und anderen Gaben, um ihm einerseits bei seiner Verwandlung in eine neue, postmortale Daseinsform zu helfen und andererseits eine mögliche und gefürchtete Wiederkehr des Verstorbenen zu verhindern. Die Nogau erzählen von *Gauab,* er habe Himmel und Erde geschaffen und mache auch wieder die Menschen lebendig. In mancherlei Hinsicht ähneln diese Vorstellungen der Kung jenen der Kap-Buschmänner und Hottentotten, die unter anderem ihren personifizierten Regen auch donnern und blitzen lassen.

Der Medizinmann oder Zauberdoktor spielte und spielt bei den Buschmännern eine bedeutende Rolle, wenn er auch heute an Bedeutung verloren hat. (Es gibt auch medizinkundige Frauen.) „Der Medizinmann ist Zauberer, Arzt und Mittelsperson im Verkehr mit den Geistern oder der Gottheit. Unter den Zauberhandlungen standen und stehen natürlich die Jagd- und Regenzauber an erster Stelle. Während aber der Regenzauber nur vom Medizinmann ausgeführt werden kann, sind andere magische Handlungen auch allen übrigen Buschmännern möglich, so das Betanzen der

Tiere oder Feinde“ (Immenroth). Zahlreiche Tänze, so wie der Regenbullentanz, haben ihre Wurzeln in zauberischen und kultischen Handlungen. Dazu gehören auch die Tänze, die bei Neumond beginnen und bei Vollmond zu Ende gehen. Sie haben mit der Mondmythologie im Sinne eines Sterbens und Wiederauferstehens zu tun. Magische Tänze vor Antritt einer Jagd dienen dem sogenannten Analogiezauber, bei dem die angestrebte Wirkung durch einen entsprechenden Vorgang oder durch Nachahmung, im konkreten Fall durch einen Tanz, erzielt werden soll. Auch auf den Felsbildern findet man die Darstellung solcher Tänze, wobei zum Teil Masken getragen wurden. Es ist im Einzelfall jedoch nicht immer klar, ob es sich dabei um Fabel- oder Mischwesen oder um maskierte Tänzer handelt. Es könnte sich außerdem um tiernachahmende Tänze handeln.

Die Zauberdoktoren sind Krankenheiler. Sie versuchen, die Geister und Dämonen durch Tanz und Ekstase in ihre Gewalt zu bringen oder durch bestimmte magische Handlungen auf das Geschehen in der Natur Einfluß zu gewinnen. Die Zauberdoktoren *oder Medizinmänner* weihen junge Leute in „Schulen“ und „Lehrgängen“ in ihre Zauberkünste mit der Absicht ein, die jungen heranwachsenden Zauberlehrlinge mit der Wirkung verschiedener Gifte vertraut und sie gegen diese immun zu machen. Auch werden die jungen Leute geschult, körperliche Schmerzen standhaft zu ertragen. Es ist bekannt, daß sich einzelne Medizinmänner tatsächlich gegen gewisse Gifte immun machen können. Nach einem Bericht von Schinz hatte er einem alten Zauberer zwölf selbst gesuchte Skorpione an den empfindlichen Stellen auf den Körper gesetzt, die ihn sofort stachen. Der Mann habe keinen Schmerz empfunden, und es gäbe keinen Grund, ihm zu mißtrauen, da er sich kaum der Wißbegierde des Europäers zuliebe hätte stechen lassen (siehe Immenroth). Auch in der Herstellung von Amuletten, die unter vielen geheimnisvollen Zeremonien mit einer zauber- oder heilkräftigen Medizin versehen werden, erhalten die Lehrlinge eine entsprechende Schulung. Nicht minder gehört das Wahrsagen zu den Aufgaben eines Zauberdoktors sowie das Werfen der Orakelhölzchen. Kraft ihrer Begabung sehen die Zauberer die Totengeister und können auch mit ihnen sprechen, um sich ihrer Hilfe zu versichern, und sie heilen auch Kranke.

Im Gesamten bietet die Religion der Buschmänner (und auch der Hottentotten) ein einem Kaleidoskop vergleichbares Bild, das, wie man es auch immer dreht, dem Beschauer ständig neue Aspekte vor Augen führt. Präanimistische, protototemistische und pseudoanimistische Vorstellungen verbinden sich mit einem betont magischen Denken. Zwischen natur- und gestirnmythologischen Phantasien kann man auch Züge hoher und niederer Gottheiten bald mehr, bald weniger ausgeprägt entdecken, ohne jedoch im einzelnen ein klares Bild von diesen übernatürlichen Wesen zu erhalten.

Weiterführende Literatur

Die katholische Kirche in Afrika

Secretariatus Staus: Annuarium Statisticum Ecclesiae 1976. Roma 1978.

Emmerich, H.: Atlas Hierarchicus. Mödling bei Wien 1976.

Groves, C. P.: The planting of christianity in Africa, 4 vols. London 1958.

Bühlmann, W.: Wo der Glaube lebt. Einblicke in die Lage der Weltkirche. Freiburg i. Br. 1978.

Bühlmann, W.: Die Kirche unter den Völkern, Afrika. Mainz 1963.

Bühlmann, W.: Missionsprozeß in Addis Abeba. Frankfurt a. M. 1977.

Barrett, D. B.: A. D. 2000: 350 million christians in Africa. In: International Review of Mission, Ginevra 1970, 39-54.

Das protestantische Christentum in Afrika

Barrett, D. B.: Schism and renewal in Africa (An analysis of six thousend contemporary religious movements). Nairobi 1968.

Barrett, D. B.: Frontier situations for Evangelisation in Africa 1972 (A survey report). Nairobi 1972.

Bürkle, Horst (Hg.): Theologie und Kirche in Afrika. Stuttgart 1968.

Häselbarth, Hans: Die Auferstehung der Toten in Afrika. Gütersloh 1972.

Kirche und Dritte Welt im Jahre 2000, hg. v. Schweizerischen Katholischen Missionsrat. Zürich, Einsiedeln, Köln 1974.

Mbiti, John S.: Afrikanische Religion und Weltanschauung. Berlin 1974.

Senghor, Leopold: Negritude und Humanismus. Düsseldorf, Köln 1964.

Sundkler, Bengt G. M.: Bantupropheten in Südafrika. Stuttgart 1964.

Taylor, John V.: Du findest mich, wenn du den Stein aufhebst. Christliche Präsenz im Leben Afrikas. München 1965.

Theologische Stimmen aus Asien, Afrika und Lateinamerika, Bd. I-III (Hg. H. W. Gensichen, G. Rosenkranz, G. F. Vicedom, P. Beyerhaus). München 1965 ff.

Islam in Afrika

Ibn, Hisham: Sira. Ed. Kairo 1939.

Ibn, Khaldun: Histoire des Berbères. Algiers 1847.

Kitab al-Zunudj (trad. Cerulli): Somalia, Scritti editi e inediti 1957.

—

Cuoq, J. M.: Les Musulmans en Afrique. Paris 1975.

Deniel, R.: Croyances religieuses et Vie quotidienne. Paris 1970.

Froelich J. C.: Les Musulmans d'Afrique Noire. 1962.

Fiskett, M.: Der Islam in der politischen Verspropaganda in Hausa. In: Zeitschrift für Kulturaustausch 1979, 4.

O'Brien, D. C.: Mohammedanische Bruderschaften in Schwarzafrika. In: Zeitschrift für Kulturaustausch 1979, 4.

Reusch, R.: Der Islam in Ostafrika mit besonderer Berücksichtigung der muhammedanischen Geheimorden. Leipzig 1931.

Ryan, P. R.: Imale, Yoruba Participation in the Muslim Process. 1975. Missoula 1978.

Trimingham, J. S.: A History of Islam in West Africa. London 1962.

Bullom, Temne, Mende und Krio

Baumann, Hermann: Afrikanische Plastik und sakrales Königtum. In: Bayrische Akademie der Wissenschaften, Phil. hist. kl. Sitzungsberichte, Jahrgang 1968, Heft 5.

Dittmer, Kunz: Bedeutung, Datierung und kulturhistorische Zusammenhänge der „prähistorischen" Steinfiguren in Sierra Leone und Guinée. In: Baessler Archiv, N. F. Bd. XV, 1967.

Dorjahn, Vernon, R.: Ancastor Worship. In: The Sierra Leone Bulletin of Religion, Vol. IV, No. 1, June 1962.

Duchâteau, Armand: André Alvares de Almada und Andre Dornelas. Zwei portugiesische Quellen über Westafrika aus dem 16. Jahrhundert. Zur Theorie und Praxis der Ethnohistorie. In: Wiener Ethnohistorische Blätter, Beiheft 3, Wien 1974.

Eberl-Elber, Ralph: Sierra Leone. Allein durch Westafrikas Tropen. Berlin o. J.

Fage, J. D.: A History of Sierra Leone. London 1969.

Finnegen, R. H.: Survey of the Limba People of Northern Sierra Leone. London 1965.

Fyfe, Christopher: Sierra Leone Inheritance. London 1964.

Hildebrand, Eugen: Die Geheimbünde Westafrikas als Problem der Religionswissenschaft. Leipzig 1937.

Hirschberg, Walter: Religionsethnologie und Ethnohistorische Religionsforschung. Eine Gegenüberstellung. In: Wiener Ethnohistorische Blätter, Beiheft 1, 2. Auflage, Wien 1976.

Hirschberg, W. und Armand Duchâteau: Die Glaubensvorstellungen in Sierra Leone um 1500. In: Wiener Ethnohistorische Blätter, Heft 4, Wien 1972.

Kreutzinger, Helga: Die Eri Devils in Freetown, Sierra Leone. Diss. Wien 1965. (The Eri Devils in Freetown, Sierra Leone. In: Acta Ethnologica et Linguistica, Nr. 9, Wien 1966).

Kup, A. P.: A History of Sierra Leone 1400—1787. Cambridge 1962.

Kup, A. P.: Jesuit and Capuchin Missions of the Seventeenth Century. In: The Sierra Leone Bulletin of Religion, Vol. V, No. 1, June 1963.

Little, K. L.: The Mende of Sierra Leone. London 1951.

Roy Lewis: Sierra Leone. London 1954.

Saywerr, Harry: Ancestor Worship. In: The Sierra Leone Bulletin of Religion. Vol. VI, No. 2, December 1964.

Sigge-Taupe, Dietlinde: Die Glaubensvorstellungen der Timne und Bullom 1562—1800. Ein Beitrag zur Ethnohistorie Sierra Leones. In: Wiener Ethnohistorische Blätter, Beiheft 4, Wien 1975.

Tagliaferri, Aldo und Arno Hammacher: Die steinernen Ahnen. Alte Steinplastik aus Sierra Leone und Guinéa. Graz 1974.

Taqi, Hamid: Das Tene Chiefship. Ein Beitrag zur Ethnographie der Themne. Diss. Wien 1968.

Westermann, Diedrich: Geschichte Afrikas. Wien 1952.

Himmel, Erde und Buschgeister im Glauben der Moba

Benzing, Brigitta: Über die Seelenvorstellungen der südöstlichen Gurvölker. In: Wort und Wirklichkeit, Studien zur Afrikanistik und Orientalistik, Teil II Linguistik und Kulturwissenschaft, herausgegeben von B. Benzing, O. Böcher und G. Mayer, Meisenheim am Glan 1977.

Cornevin, Robert: Notes sur le Cercle de Dapango (République du Togo) et l'histoire de ses habitants. In: Le Monde Non-Chrétien, no. 67, 1963.

Frobenius, Leo: Und Afrika sprach . . ., Band 3. Unter den unsträflichen Äthiopen. Berlin 1913.

Froelich, J. C., P. Alexandre et R. Cornevin: Les populations du Nord-Togo. Paris 1963.

Zwernemann, Jürgen: Präexistenz und Prädestination im Voltagebiet und in Oberguinea. In: Zeitschrift für Ethnologie, Band 85, 1960.

Zwernemann, Jürgen: Les notions du dieu-ciel chez quelques tribus voltaiques. In: Bulletin de l'Institut Français d'Afrique Noire, série B, T. XXIII, Dakar 1961.

Zwernemann, Jürgen: Die Erde in Vorstellungswelt und Kultpraktiken der sudanischen Völker. Berlin 1968.

Zwernemann, Jürgen: Mündliche Überlieferungen zur Geschichte der Moba (Togo). In: Afrika und Übersee, Band LX, 1977.

Rituale des Lebens

Bamunoba Y. K. et B. Adoukonou: La mort dans la vie africaine. Paris, Prèsence Africaine/ Unesco, 1979.

Dammann, E.: Die Religionen Afrikas. Stuttgart 1959.

Huber, H.: L'existance humaine en face du monde sacré: Rites domestiques chez les Nyende du Dahomey. In: Anthropos 68, 1973.

Huber, H.: Tod und Auferstehung: Organisation, rituelle Symbolik und Lehrprogramm einer westafrikanischen Initiationsfeier. Fribourg 1979.

Thomas L.V. et R. Luneau: Les sages dépossédés. Paris 1977.

Zahan, D. (Ed.): Réincarnation et vie mystique en Afrique noire. Paris 1965.

Zahan, D.: (Ed.): Religion, spiritualité et pensée africaines. Paris 1970.

Die Kurumba von Lurum

Schweeger-Hefel, Annemarie: Begräbnis und Totenfeier der Kurumba von Mengao. In: Archiv für Völkerkunde, Wien, Band XVI/1962.

Les insignes royeux des Kouroumba. In: Journal de la Société des Africanistes, tom. XXXII/1962.

Kunst der Nyonyosi. In: Baessler Archiv XIV/1960.

Die Kurumba-Mythe von der Entstehung des Todes. In: Ethnologische Zeitschrift Zürich II/1974.

Der Hangar. In: Festschrift Wilhelm Staude, Ethnologische Zeitschrift Zürich I/1975.

Les tambours de Lurum. In: Système de signes, Paris 1978.

Masken und Mythen der Nyonyosi und Sikomse. Wien 1980.

Staude, Wilhelm: La légende royale des Kouroumba. In: Journal de la Société des Africanistes, tom. XXXI/1961.

La structure de la chefferie chez les Kouroumba. In: Anthropos, Band 57/1962.

Une certaine brimade dans la légende l'initiation es le jeu. In: Archiv für Völkerkunde, Wien, Band XVII/XVIII, 1962/63.

Der Tod des a-yo von Lurum. In: Mitteilungen der Anthropologischen Gesellschaft, Wien, Band 99/1969.

Le maison en fer à Ourè. In: Système des signes, Paris 1978.

Schweeger-Hefel, Annemarie und Wilhelm Staude: Die Kurumba von Lurum. Monographie eines Volkes aus Obervolta. Wien 1972.

Schweeger-Hefel, Annemarie und Wilhelm Staude: Oralliteratur der Kurumba, in Vorbereitung.

Götter und Ahnen, Hexen und Medizin Zum Weltbild in Oku

Die Forschungsarbeit im Kameruner Grasland konnte mit Hilfe der Deutschen Forschungsgemeinschaft durchgeführt werden. Sie wurde im November 1975 begonnen und erstreckte sich bei fünf Reisen auf einen Zeitraum von insgesamt zwanzig Monaten.

Über Oku selbst sind bisher keine nennenswerten ethnologischen Arbeiten veröffentlicht worden. Ergebnisse der eigenen Forschungen in Oku (wobei jedoch nur die beiden ersten von bisher vier stattgefundenen Forschungsreisen berücksichtigt werden konnten) wurden publiziert in dem Ausstellungskatalog, der auch ein umfangreiches Literaturverzeichnis zur allgemeinen Grasland-Ethnologie enthält:

Koloß, Hans-Joachim: Kamerun. Könige, Masken, Feste. Ethnologische Forschungen im Grasland der Nordwestprovinz von Kamerun. Institut für Auslandsbeziehungen Stuttgart und Lindenmuseum Stuttgart 1977.

Weiterhin seien einige der wichtigsten neueren Arbeiten über das Grasland genannt, zum Teil über Königreiche, die Oku unmittelbar benachbart sind. Alle diese Arbeiten enthalten ausführliche Bibliographien.

Chilver, Elizabeth and Phyllis M. Kaberry: Traditional Bamenda. The Pre-Colonial History and Ethnography of the Bamenda Grassfields. Buea (Cameroon) 1967.

Geary, Christraud: We. Die Genese eines Häuptlingtums im Grasland von Kamerun. In: Studien zur Kulturkunde, Band 38, Wiesbaden 1976.

Kaberry, Phyllis M.: Women of the Grassfields. London 1952.

Nkwi, Paul Nchoji: Traditional Government and Social Change. A study of the political institutions among the Kom of the Cameroon Grassfields. In: Studia Ethnographica Friburgensia, Band 6 Fribourg (Schweiz) 1976.

Die Hadjerai

Fuchs, Peter: Kult- und Autorität — Die Religion der Hadjerai. Berlin 1970.

Fuchs, Peter: Tschad und Sahara. Ethnographische Filmdokumente. Publikationen zu wissenschaftlichen Filmen. Sektion Völkerkunde-Volkskunde. Ergänzungsband 6. Institut für den wissenschaftlichen Film, Göttingen 1976.

Die Nuba

Faris, James, C.: Nuba Personal Art. London 1972.

Iten, Oswald: Schwarzer Sudan. Kreuzlingen/München 1978.

Iten, Oswald: Economic Pressures on Traditional Society. A case study of Southeastern Nuba economy. Bern/Frankfurt 1979.

Nadel, S. F.: The Nuba. London 1947.

Seligman, C. G.: Pagan Tribes of the Nilotic Sudan. London 1932 und 1965.

Das christliche Äthiopien

Chojnacki Stanislaw: Short Introduction to Ethiopian Traditional Painting. In: Journal of Ethiopian Studies vol 2, No 2 1964.

Chojnacki Stanislaw: Äthiopische Malerei. In: „Religiöse Kunst Äthiopiens", Stuttgart-Wien-Zurüch 1973.

Gerster, Georg:	Kirchen im Fels. Stuttgart 1968 (2. Auflage 1974).
Hammerschmidt, Ernst:	Kultsymbolik der koptischen und äthiopischen Kirche. Stuttgart 1962.
Hammerschmidt, Ernst:	Äthiopien - Christliches Reich zwischen Gestern und Morgen. Wiesbaden 1967.
Hube, Walter:	Die Abessinische Malerei. Diss. 2 Bände. Wien 1950.
Hyatt, H. M.:	The Church of Abyssinia. London 1928.
Jäger, Otto A.:	Äthiopische Miniaturen. Berlin 1957 (2. Auflage 1967).
Jones A. H. M. and Elizabeth Monroe:	A History of Ethiopia. London 1978.
Moore, Eine:	Ethiopian Processional Crosses. Addis Ababa 1971.
Moore, Eine:	Äthiopische Kreuze. In: „Religiöse Kunst Äthiopiens". Stuttgart-Wien-Zürich 1973.
Kriss Rudolf und Hubert Kriss-Heinrich:	Volkskundliche Anteile in Kult und Legende äthiopischer Heiliger. Wiesbaden 1975.
Mercier, Jacques:	Zauberrollen aus Äthiopien. München 1979.
Pankhurst, Estelle, Silvia:	Ethiopia; a cultural history. London 1955.
Pankhurst, Richard:	Das Christentum in Äthiopien. In: „Religiöse Kunst Äthiopiens", Stuttgart-Wien-Zürich 1973.
Raunig, Walter:	Bernstein, Weihrauch, Seide - Waren und Wege der antiken Welt. Wien-München 1971.
Raunig, Walter:	Religiöse Kunst in Äthiopien. In: Turicum, Zürich 1973.
Raunig, Walter:	Zwei Ikonen aus der Äthiopiensammlung des Völkerkundemuseums der Universität Zürich. In: Ethnologische Zeitschrift Zürich 1, 1975.
„Religiöse Kunst Äthiopiens - Religious Art of Ethiopia". Stuttgart-Wien-Zürich 1973.	
Staude, Wilhelm:	Die Profilregel in der christlichen Malerei Äthiopiens und die Furcht vor dem „Bösen Blick". In: Archiv für Völkerkunde, Band 9, 1954.
Staude Wilhelm:	Blick und Geste. In: Archiv für Völkerkunde, Band 11, 1956.
Ullendorff, Edward:	The Ethiopians. London — New York — Toronto 1960.
„Zeitschrift für Kulturaustausch:	Äthiopien". Stuttgart 1973.

Seßhafte Fischer und nomadisierende Viehzüchter der Turkana und Elmolo

Adamson, J.:	The Peoples of Kenya. London 1967.
Barton, J.:	Notes on the Turkana Tribe of British East Africa. On: Journal of the Roy. Anthr. Soc. 20, 1920/21.
Best, G.:	Vom Rindernomadismus zum Fischfang. Der soziokulturelle Wandel bei den Turkana am Rudolfsee, Kenia. Wiesbaden 1978.
Dundas, K. R.:	Notes on the Tribes Inhabiting the Baringo District. In: Journal of the Roy. Anthr. Inst. 60, 1910.
Dyson, W. S. and V. E. Fuchs:	The Elmolo. In: The Journal of the Roy. Anthr. Inst. 67, 1937.

Emley, E. D.: The Turkana of Kolosia District. In: The Journal of the Roy. Anthr. Inst. 57, 1927.

Evans-Pritchard, E.: Afrika zwischen Sahara und Sambesi. Bild der Völker, Band 2. Wiesbaden 1974.

Fedders, A. and C. Salvadori: Turkana pastoral craftsmen. Nairobi 1977.

Gulliver, P. and P. H.: The Central Nilo-Hamites. Ethn. Survey of Africa, E. C. Afr. 7, London Int. Afr. Inst. London 1953.

Gulliver, P. H.: The Karamajong Cluster. In: Africa 22, 1952.

Gulliver, P. H.: A Preliminary Survey of the Turkana: A Report Compiled for the Government of Kenya. In: Communications from the School of African Studies, University of Cape Town, No. 26, 1963.

Gulliver, P. H.: The Family Herds. A Study of two pastoral Tribes in East Africa. The Jie and Turkana. London 1966.

Harrer, H.: Geheimnis Afrika. Frankfurt 1979.

Höhnel, L. R. v.: Zum Rudolphsee und Stephaniesee. Die Forschungsreise des Grafen Samuel Teleki in Ost-Äquatorial-Afrika, 1887—1888, Wien 1892.

Jonston, H.: The Unganda Protectorate. Vol. 2, London 1902.

Kenntner, G.: Rassen aus Erbe und Umwelt. Berlin 1975.

Kenntner, G.: Die Elmolo vom Lake Turkana. In: Fridericiana — Zeitschrift der Universität Karlsruhe — Heft 23, 1978.

Kenntner, G. und E. Ludwig: Untersuchungen an der Ostafrikanischen Population der Elmolo am Lake Turkana — Ein Beitrag zur biogeographischen Forschung. In: Biogeographica 16, 1979.

Kenntner, G. und K. H. Pfannkuch: Elmolo. Ein Volksstamm stirbt. Bild der Wissenschaft 12, 1976.

Middleton, J.: Peoples of Africa. London und New York, 1978.

Matthiessen, P. und E. Porter: Der Baum der Schöpfung. Wien, Zürich, München 1973.

Penley, E. W.: Superstition among the Turkana. A Southern Heven. In: Man 30, 1930.

Phillipson, D. W.: Fishermen and the Beginnings of East African Farming: New light from Northern Kenya. . In: Kenya Past ans Present 7, 1976.

Robbins, L. H.: The Lothagam Site. In: Michigan State University, Anthro. Ser. 1, No. 2, 1974.

Spencer, P.: Nomads in Alliance. London 1973.

Vagnby, B. and A. H. Jacobs: Kenya traditional housing of the Elmolo. In: Ekistics 38, No. 227, 1974.

Willock, C.: Das Afrikanische Riftvalley, Amsterdam 1974.

White, R. F.: Notes on the Turkana Tribe. In: Sudan Notes and Records 3, 1920.

Die Rendille

Fedders, A. and C. Salvadori: Peoples and Cultures of Kenya. Nairobi — London 1979.

Mbiti, J.: African Religions and Philosophy. London — Nairobi 1973.

Beaman, A. W.: The Making of a Man. In: Africana, Vol. 7, No. 1, 1979, 24 ff.

Allan, W.: The African Husbandman. Edinburgh 1965.

Orde-Browne, G. St. J.: The Vanishing Tribes of Kenya. London 1925.

Tichy, Herbert: Traumland Kenia. Innsbruck-Frankfurt/Main 1978.

Das Weltbild der Pogoro

Abrahammsson, H.: The Origin of Death. Studies in African Mythology. In: Studia Ethnographica Upsaliensia III, Uppsala 1951.

Baumann, Hermann: Schöpfung und Urzeit der Menschen im Mythus der Afrikanischen Völker. Berlin 1936.

Baumann, Hermann (Hrsg.): Die Völker Afrikas und ihre traditionellen Kulturen. Studien zur Kulturkunde, Band 34, Band 35, Wiesbaden 1975/79.

Bühlmann, Walbert: Die Christliche Terminologie als missionsmethodisches Problem. Schöneck-Beckenried 1950.

Afrika, gestern, heute, morgen. Freiburg in Breisgau 1960.

Hirschberg, Walter: Die Kulturen Afrikas. Handbuch der Kulturgeschichte, 2. Abt. (Kulturen der Völker), Frankfurt am Main 1974.

Käppeli, Guido, OFM Cap.: Zwei Bruchstücke der Urüberliefer Wung aus den Bergen der Wapogoro in Ostafrika. Seraphisches Weltapostolat des Hl. Franz von Assisi, 7, 1931.

Meinhof, Carl: Grundriß einer Lautlehre der Bantusprachen. Berlin (2. Auflage) 1910.

Schoenaker, Harry: Die ideologischen Hintergründe im Gemeinschaftsleben der Pogoro. In: Acta ethnologica et linguistica Nr. 7, Wien 1965.

Schoenaker, Harry: Die Geschichte der Mlolere-Dynastie der Pogoro im Ulanga-Distrikt. Dissertationen der Universität Wien Nr. 12, Wien 1968.

Das Weltbild der zentralafrikanischen Pygmäen

Schebesta, P.: Vollblutneger und Halbzwerge. Forschungen unter Waldnegern und Halbpygmäen am Ituri in Belgisch Kongo. Salzburg und Leipzig 1934.

Schebesta, P.: Der Urwald ruft wieder. Meine zweite Forschungsreise zu den Iturizwergen. Salzburg und Leipzig 1936.

Schebesta, P.: Die Bambutipygmäen vom Ituri. Ergebnisse zweier Forschungsreisen zu den zentralafrikanischen Pygmäen. Band 2: Ethnographie der Ituri-Bambuti. 1. Teil: Die Wirtschaft der Ituri-Bambuti. 2. Teil: Das soziale Leben. 3. Teil: Die Religion. Wien-Mödling 1941/8 und 1950.

Seitz, St.: Die zentralafrikanischen Wildbeuterkulturen. Studien zur Kulturkunde 45, Wiesbaden 1977.

Turnbull, C. M.: The Forest People. New York 1961.

Turnbull, C. M.: Wayward Servants: The Two Worlds of the African Pygmies. London 1966.

Vorbichler, A.: Das Opfer auf den uns heute noch erreichbaren ältesten Stufen der Menschheitsgeschichte. In: St. Gabrieler Studien 15, Mödling 1956.

Vorbichler, A.: Die Oralliteratur der Balese-Efe im Ituriwald (Nordost-Zaïre). Mit einem musikwissenschaftlichen Anhang von Rudolf Maria Brandl. In: Studia Instituti Anthropos 34. St. Augustin 1979.

Die Nkundu

Bittremieux, L. et J. Lestaeghe: Godsdienstbegrippen bij de Nkundu's van 't Leopoldsmeer (Kongo). In: Anthropos XVI-XVII, 1921/22.

Hulstaert, Gustave: Le Dieu des Mongo (Zaïre). In: Anthropos 75, 1980 — 1/2.

Die Tschokwe

Bastin, M.-L.: Art Décoratif Tshokwe. 2 Bände, Lissabon 1961.

Baumann, H.: Die Völker Afrikas. Band 1, Wiesbaden 1975.

Baumann, H.: Lunda. Bei Frauen und Jägern in Angola. Berlin 1935.

Carvalho, H. A. Dias de: Expedição portuguesa ao Matuatiânvua (1884—88). 4 Bände, Lissabon 1891—94.

Estermann, C.: Etnografia do sudoeste de Angola. 3 Bände, Porto 1956, 1957, 1963.

Dos Santos, E.: Religiões de Angola. Lissabon 1969.

Dos Santos, E.: A religião dos Quiocos. In: Bol. do Inst. de Angola (Luanda), 11, 1958.

Dos Santos, E.: Sôbre a „medicina" e magio dos Quiocos. Lissabon 1960.

Duysters, L.: Histoire des Aluunda. In: Problemes d'Afrique Centrale (Brüssel), 40, 1958.

Graça, J. R.: Expedição a Muatayanvua. In: Bol. da Soc. de Geografia (Lissabon), 1890.

Hamelberger, E.: Ecrit sur le sable: In: Annales Spiritaines, 1951.

Himmelheber, E.: Art et artistes Batshiok. In: Brousse (Léopoldville), 3, 1939.

Lima, M.: Fonctions sociologiques des figurines des Culte Hamba dans la societé et dans la culture Tshokwé (Angola). Luanda 1971.

Mac Culloch, M.: The Southern Lunda and related peoples. London 1951.

Schütt, O.: Reisen im Südwestlichen Becken des Congo. Berlin 1881.

Struyf, Y.: L'être suprême chez les Tutshokwe. In: Congo (Brüssel), I, 4, 1939.

Vansina, J.: Kingdoms of the Savanna. Wisconsin 1966.

Das Weltbild der Xhosa

Alberti, L.: De Kaffers aan de Zuidkust van Afrika, Natuur- en Geschied kundig beschreven. Amsterdam 1810.

Backer, W. (ed.): The Economic Development of the Transkei. Fort Hare, C. P. 1970.

Blohm, W.: Das Opfer und dessen Sinn bei den Xosa in Südafrika. In: Archiv für Anthropologie, N. F. 23, 1933.

Cook, P. A. V.: The Social Organisation and Ceremonial Institutions emong the Bomvana of the Transkei. Kapstadt 1931.

Ertle, E. D.: Das traditionelle Eigentumsrecht der Kap-Nguni. Bonn 1969.

Gitywa, V. Z.: The Arts and Crafts of the Xhosa in the Ciskei. Fort Hare, C. P. 1970.

Gitywa, V. Z.: Male Initiation in the Ciskei: Formal Incorporation into Bantu Society. Fort Hare, C. P. 1976.

Hammond-Tooke, W. D.: The Tribes of Mount Frere District. Pretoria 1956.

Hammond-Tooke, W. D.: The Tribes of Umtata District. Pretoria 1956.

Hammond-Tooke, W. D.: The Tribes of Willowvale District. Pretoria 1957.

Hammond-Tooke, W. D.: The Tribes of King William's Town District. Pretoria 1958.

Hammond-Tooke, W. D.: Bhaca Society: A People of the Transkeian Uplands. Kapstadt 1962.

Houghton, D. H. and E. M. Walton: The Economy of a Native Reserve: Keiskamahoek Rural Survey. Pietermaritzburg 1952.

Hunter, M.: Reaction to Conquest; Effects of contact with Europeans on the Pondo of South Africa. London 1936 und 1961.

Kropf, A.: Das Volk der Xosa-Kaffern im östlichen Südafrika. Berlin 1889.

Kropf, A.: A Kafir-English Dictionary. Lovedale, C. P. 1915.

Laubscher, B. J. F.: Sex, Custom and Psychopathology (Thembu). London 1937.

Lichtenstein, H.: Reisen im südlichen Afrika. 2 Bände. Berlin 1812.

Maclean, J.: A Compendium of Kafir Laws and Customs. Mount Coke, C. P. 1858.

Mayer, P.: Townsmen or Tribesmen: Conservatism and the Process of Urbanization in a South African City. Kapstadt 1961.

Mayer, P.: „Witches". Inaugural Lecture. Grahamstown, C. P. 1954.

Mqotsi, L. and N. Mkele: A separatist church: Ibandla lika Kristu. In: African Studies, 5, 1946.

Ndamase, Poto V.: Ama-Mpondo; Ibali ne-Ntlala. Lovedale, C. P. 1925.

Pauw, B. A.: The Second Generation: A Study of the Family among urbanized Bantu in East London. Kapstadt 1963.

Pauw, B. A.: Christianity and Xhosa Tradition. Kapstadt 1975.

Raum, J. W.: Über die Jünglingsweihe bei den Xhosa. In: Paideuma 14, 1968.

Raum, O. F.: Von Stammespropheten zu Sektenführern. In: Benz, E.: Messianische Kirchen, Sekten und Bewegungen im heutigen Afrika. Leiden 1965.

Raum, O. F. and E. J. de Jager: Transition and Change in a rural community. A survey of acculturation in the Ciskei. Fort Hare, C. P. 1972.

Schlosser, K.: Eingeborenenkirchen in Süd- und Südwestafrika. Ihre Geschichte und Sozialstruktur. Kiel 1958.

Soga, J. H.: The South-Eastern Bantu. Johannesburg 1930.

Soga, J. H.: The Ama-Xosa: Life and Customs. Lovedale, C. P. 1932.

Tromp, J. van.: Xhosa Law of Persons. Kapstadt 1948.

Tyrrell, B.: Tribal Peoples of South Africa. Kapstadt 1968.

Wilson, M.: The early history of the Transkei and Ciskei. In: African Studies 18, 1959.

Wilson M. and A. Mafeje: Langa, a study of social groups in an African township. Kapstadt 1963.

Wilson, M. and L. Thompson: The Oxford History of South Africa. 2 Bände, London 1969, Oxford 1971.

Buschmänner

Baumann, Hermann: Afrikanische Wild- und Buschgeister. In: Zeitschrift für Ethnologie, 70. Jahrgang, 1938/39.

Bleek, Wilhelm Heinrich Immanuel: Reynard the Fox in South Africa; or Hottentot Fables and Tales. London 1869.

Bleek, W. H. I. and L. C. Lloyd: Specimens of the Bushman Folklore. London 1911.

Bleek, Dorothea: The Mantis and his Friends. Kapstadt 1923.

Bleek, Dorothea: Belief and Customs on the Xam Bushmen. In: Bantu Studies V-X, Johannesburg 1931—1936.

Fleischhacker, H.: Die Anthropologie der Bewohner Afrikas. In: H. Baumann: Die Völker Afrikas und ihre traditionellen Kulturen. Band I, Wiesbaden 1975 (Literaturhinweise).

Gusinde, Martin: Von gelben und schwarzen Buschmännern. Graz 1966.

Hirschberg, Walter: Die Mantisheuschrecke bei den Hottentotten in ethnologischer Sicht. In: Zur Sprachgeschichte und Ethnohistorie in Afrika, Berlin 1977.

Immenroth, Wilhelm: Kultur und Umwelt der Kleinwüchsigen. Leipzig 1933 (Literaturhinweise).

Köhler, Otto: Geschichte und Probleme der Gliederung der Sprachen Afrikas. In: H. Baumann: Die Völker Afrikas und ihre traditionellen Kulturen. Band I. Wiesbaden 1975.

Kolb, Peter: Caput Bonae Spei Hodiernum, das ist vollständige Beschreibung des afrikanischen Vorgebirges der guten Hoffnung. Nürnberg 1719.

Lebzelter, V.: Die Eingeborenenkulturen in Südwest- und Südafrika. Leipzig 1934.

Pager, Harald: Stone Age Myth and Magic. Graz 1975.

Schapera, I.: The Khoisan Peoples of South Africa. London 1930 (Literatur).

Schmidt, Sigrid: Die Mantis religiosa in den Glaubensvorstellungen der Khoisanvölker. In: Zeitschrift für Ethnologie, Band 98, H. 1, 1973.

Schmidt, P. Wilhelm: Die Religionen der Urvölker Afrikas. Der Ursprung der Gottesidee. Band IV, Münster in W. 1933.

Schultze-Jena, Leonhard: Aus Namaland und Kalahari. Jena 1907.

Silberbauer, G. B.: Report to the Government of Bechuanaland on the Busman Survey Bechuanaland Government. Gaberones 1965.

Sachwortregister

Die kursiv gedruckten Ziffern weisen auf Abbildungen hin

Marokko
Algerien
Tunesien
Libyen
Ägypten
Mauretanien
Mali
Niger
Tschad
Sudan
Senegal
Gambia
Guinea Biscau
Guinea
Kurumba
Obervolta
Hadjerai
Nuba
Sierra Leone
Bullom
Mende
Temne
Krio
Liberia
Elfenbein-küste
Ghana
Togo
Moba
Benin
Nyende
Nigeria
Oku
Zentral-Afrika
Kamerun
Äquat. Guinea
Gabun
Rep. Kongo
Nkundu
Pygmäen
Uganda
Ru
Bur
Zaïre
Cabinda
Tschokwe
Angola
Sambia
Zimbabwe (Rhodesien)
Buschmänner
Südwest-Afrika (Namibia)
Botswana
Namib-Buschmänner
Südafrikanische Republik
Sw
Les
Xhosa